新一轮科技革命和产业变革发展趋势与对策

——2017年中韩经济合作研讨会文集

王昌林　主编

中 国 计 划 出 版 社

图书在版编目（CIP）数据

新一轮科技革命和产业变革发展趋势与对策 : 2017年中韩经济合作研讨会文集 / 王昌林主编. -- 北京 : 中国计划出版社, 2018.6
ISBN 978-7-5182-0844-9

Ⅰ. ①新… Ⅱ. ①王… Ⅲ. ①科技革命—关系—关系—国际合作—经济合作—中国、韩国—文集 Ⅳ. ①F125.531.26-53②G301-53

中国版本图书馆CIP数据核字(2018)第084878号

新一轮科技革命和产业变革发展趋势与对策
——2017 年中韩经济合作研讨会文集
王昌林　主编

中国计划出版社出版
网址：www.jhpress.com
地址：北京市西城区木樨地北里甲 11 号国宏大厦 C 座 3 层
邮政编码：100038　电话：（010）63906433（发行部）
新华书店经销
北京虎彩文化传播有限公司印刷

787mm×1092mm　1/16　13.75 印张　228 千字
2018 年 6 月第 1 版　2018 年 6 月第 1 次印刷

ISBN 978-7-5182-0844-9
定价：50.00 元

前　言

2000年10月，时任国务院总理朱镕基访韩期间，与韩国领导人就成立中韩经济合作研究会达成共识。2001年6月，韩国总理访华期间，中韩两国政府研究机构——原国家计委宏观经济研究院和韩国对外经济政策研究院共同签署了“中韩经济合作研究会备忘录”，两国总理出席了签字仪式。2002年5月13日，中韩经济合作研究会正式成立。按照机构设置基本对等的原则，中韩双方各自成立研究会，中方研究会设在原国家计委宏观经济研究院（现国家发展和改革委员会宏观经济研究院），韩方研究会设在韩国对外经济政策研究院。

中韩经济合作研究会的宗旨，是加强中韩两国经济合作的长期研究，将研究成果提交两国政府相关部门，供政府部门制定有关政策时参考，推动两国经贸合作的深入发展。

经中韩双方历史联席会议讨论，中韩经济合作研究会的主要工作内容有两个方面：一是根据不同时期中韩经济发展与合作的实际需要，设立研究课题，各自独立地开展研究，不定期进行阶段性成果交流；二是每年共同举办一次研讨会，就双方商议的主题进行学术交流。第一次研讨会于2003年12月在中国北京举办，自此开始，中韩经济合作研讨会每年在中韩两国轮流举行。

第十五届中韩经济合作研讨会于2017年10月在中国成都举办，会议主题为“新一轮科技革命和产业变革的发展趋势与对策”。中国国家发展和改革委员会宏观经济研究院毕吉耀副院长率国家发改委宏观经济研究院科研管理部、对外经济研究所、产业经济与技术经济研究所的专家学者参加了会议。韩国对外经济政策研究院金準东副院长率韩方课题组一行十二人与会交流。会上，双方围绕新一轮科技革命和产业变革背景下，世界经济格局和全球贸易格局受到的影响以及中韩两国在创新创业、制造业、服务业和区域合作等领域所面对的挑战和机遇进行了深入的探讨。在双方的共同努力下，会议取得了圆满成功。

为了加强与社会的交流，与社会各界分享中韩经济合作研讨会的成果，我们将中韩两国专家在研讨会上的演讲稿编辑出版。我们期待社会各界提出批评意见，以帮助我们更好地加强中韩两国经济合作研究，推动两国经贸合作深入发展。

2018 年 2 月

目 录

新一轮科技革命和产业变革的发展趋势与对策

王昌林　刘旭　杜琼

内容提要：新一轮科技革命和产业变革加速推进，全球科技创新呈现新的发展态势和特征，将从根本上为世界各国经济发展提供新的科学技术、生产要素和组织方式，也给中国经济发展和产业转型升级带来了新的机遇和挑战。对中国而言，迎接新一轮科技革命，关键在于创造良好的体制机制和政策环境，建立开放、公平竞争的市场环境，使企业真正成为研究开发投入的主体、技术创新活动的主体和创新成果应用的主体，完善知识产权认定和保护制度，深化科研院所体制改革，建立良好的生态系统。

当前，世界经济在深度调整中曲折复苏，新一轮科技革命和产业变革正在孕育兴起，带动了关键技术交叉融合、群体跃进，变革突破的能量正在不断积累，成为重塑世界格局、创造人类未来的主导力量。

一、新一轮科技革命和产业变革的发展趋势

（一）　基础科学和高新技术群体跃进态势明显

随着科学技术的快速发展，新兴学科不断涌现，前沿领域不断延伸，物质结构、宇宙演化、生命起源、意识本质等基础科学领域有望取得重大进展。例如，合成生物学进入快速发展阶段，有助于人类从系统整体的角度和量子的微观层面认识生命活动的规律，为探索生命起源和进化开辟了崭新途径，这将掀起新一轮生物技术发展的浪潮。在信息网络、生物科技、清洁能源、新材料与先进制造等领域，正在孕育一批具有广泛应用前景的新兴技术，例如量子计算机与量子通信、干细胞与再生医学、合成生物和“人造叶绿体”、纳米科技和

量子点技术、石墨烯材料等，可能对经济社会发展带来重大影响，从而推动经济格局和产业形态深刻调整。

（二） 信息、生物、制造、新能源等技术加快向生产生活各领域渗透

信息技术、生物技术、制造技术、新材料技术、新能源技术广泛渗透到几乎所有领域，带动了以绿色、智能、泛在为特征的群体性重大技术变革。信息技术加快向交通、物流、城市建设和生活等领域的渗透，智慧地球、智慧城市、智慧物流、智能生活等应用技术不断拓展。生命科学和生物技术在推动健康、农业、资源环境等领域发展中的作用更加凸显，成为改善民生福祉的重要力量。人机共融的智能制造模式、智能材料与3D打印结合形成的4D打印技术，将推动工业品由大批量集中式生产向定制化分布式生产转变。分布式、智能化、低碳化的新能源技术正在改变经济社会发展的动力结构，可再生能源、非常规油气技术大规模应用，第四代核能技术有望取得重大突破。

专栏　主要国际机构对未来技术的预测

2013年麦肯锡全球研究所（McKinsey Global Institute）发布研究报告，公布未来12项可能改变生活、企业与全球经济的颠覆性科技（disruptive technologies）。第一名：移动互联网；第二名：无线技术、小型、成本低廉的运算与储存，例如以智能软件系统取代人工来处理顾客服务电话；第三名：物联网；第四名：云计算；第五名：机器人技术；第六名：自动或半自动导航与驾驶的交通工具；第七名：新一代基因组学；排名八到十二的其他技术包括能源储存、3D打印、更强韧和更有传导性的先进材料、石油和天然气探勘与发现，以及再生能源。

2017年1月，美国国家情报委员会（NIC）发布了每四年一度的全球趋势预测报告《全球趋势2035——进步的悖论》。报告主要采用情景分析方法对2035年前可能出现的世界性趋势进行综合预测，包括人类生活方式、科技创新、经济发展、社会思潮、政府治理、战争和恐怖主义等。“人们将如何创造和创新”一章重点预测了未来20年信息技术、生物和健康技术、能源技术、气候影响技术、先进材料和制造技术、空间技术六大主要领域的创新发展

趋势，并讨论了技术进步有可能对经济和社会带来的方方面面影响，以及潜在的风险和问题。

（三） 小型化、专业化、扁平化的产业组织特征日益明显

随着计算机设计技术、3D打印技术、人工智能技术等新技术的不断突破，在相当一部分产品领域，产品的设计环节和生产环节已经可以单独存在，人与人、企业和企业之间的信息交流成本大幅度降低，每个微观主体可以以平等的方式参与研发和生产活动，产业组织方式将改变以往集中化、扩张化的趋势，代之以小型化、专业化、扁平化。例如，在制造业领域，很多处在不同地区的设计者共同参与设计生产方案，并运用人工智能技术指挥相关的企业进行定制化生产。相较传统的生产组织方式，这种新方式有如下两方面的优点：一是灵活性较强，能够针对不同用户的特定需求提供针对性的生产和服务；二是与传统的生产方式相比，这种方式更为尊重个体价值。

（四） 创新战略成为世界主要国家核心战略

科学技术的发展将给人类社会带来难以估量的作用和影响，可能颠覆现有很多产业的形态、分工和组织方式，重塑国家竞争力在全球的位置。为抢占未来经济科技制高点，在新的国际竞争中赢得先发优势，世界主要国家都提前部署面向未来的科技创新战略和行动。美国从奥巴马总统上台后连续三次推出国家创新战略；德国颁布高技术战略和工业4.0计划；日本、韩国以及俄罗斯、巴西、印度等新兴经济体，都在积极部署出台国家创新发展战略或规划。整体来看，发达国家的创新优势依然明显，科技顶尖人才、专利等创新资源仍以发达国家为主导，但新兴经济体和发展中国家的创新能力显著增强。21世纪以来，美欧占全球研发投入总量的比例明显下降，亚洲经济体的比例显著提高。

（五） 国际科技合作围绕应对全球挑战深入推进

人类面临共同挑战的复杂性和风险性，以及科学研究本身的艰巨性和高昂的成本，使各国相互依存与协同合作日趋加深，将大大促进国际合作研究和资

源共享，推动高水平科技合作广泛深入开展。例如，全球气候变化、能源资源短缺、粮食和食品安全、网络信息安全、大气海洋等生态环境污染、重大自然灾害、传染性疾病疫情和贫困等一系列重要问题，事关人类共同安危，携手合作应对挑战成为世界各国的共同选择。可以预见，未来各国将围绕面临的全球挑战，加强资源共享平台建设，推进合作研究，破解人类共同面临的难题。

二、对新一轮科技革命和产业变革的主要判断

（一）短期内科学技术的发展难以带来革命性的变化

科技革命和产业变革发展一般应具备以下标志：一是有科学技术的革命性突破为基础和先导。二是有紧迫和现实的重大需求。三是对经济社会发展带来革命性的变化，包括引发生产方式、产业结构和组织等方面的变革，对人们生活方式带来革命性变化。按照这些标准，科学技术发展尚未实现突破性、革命性的进展，短期内还难以判断会对生产、生活带来的革命性影响。

具体来看，信息技术的发展将会继续深刻改变人类的生产方式和生活方式，但难以像蒸汽机、电力、个人计算机、互联网等的出现那样给人类生产生活带来革命性的变化。虽然人工智能、人体增强等新技术发展潜力巨大，已经逐渐成为经济增长的主要动力，但其核心理念仍然沿袭了20世纪下半叶以来的信息技术革命相关理念在平台技术上的扩展，对全要素生产率的提升作用尚有待观察。生物技术的发展将揭示生命的本质和奥秘，引发医疗、农业等领域的深刻变革，但是如果管理不善，也隐含着给人类社会发展带来颠覆性破坏的担忧，因此生物产业发展的市场需求并非想象的那么大。新能源的发展将为解决近200多年工业化以来日趋紧迫的资源环境等全球性问题提供新的手段，如光伏、风电等分布式能源发展将会引发能源工业的变革，但不会像电的发明和广泛应用那样给生产和生活带来革命性的变化。

（二）真正的科技革命和产业变革可能在2030年左右到来

信息技术仍具有较大发展空间。20世纪50年代以来，信息技术取得一系

列革命性突破，先后发生几波大的创新浪潮，主要是集成电路的大规模商业化应用、个人电脑进入家庭以及互联网的出现和广泛应用。随着云计算、物联网、数字制造以及信息技术与其他产业的融合发展，信息技术将进一步深刻改变人们的生产方式和生活方式。

新能源技术的大规模产业化在2020年以后。专家估计，风电的成本2020年为0.4—0.8元/千瓦时，2030年为0.3—0.6元/千瓦时。2020年太阳能发电成本将低于1元/千瓦时。同时，到2020年纤维素乙醇等生物燃料、新能源汽车将进入产业化阶段。因此，2020年左右新能源技术可能进入规模化发展阶段。然而，今后10年到15年，新能源要大规模取代化石能源、新能源汽车大规模取代燃油汽车是不现实的。国际上有关机构普遍预测，到2020年新能源占能源消费的比重为20%左右，到2030年将超过30%。

生物技术的革命性突破和大规模产业化需要更长的过程，估计在2030年后。近年来，基因测序、蛋白质组学、再生医学等生命科学和技术发展取得了一系列重大突破，但要破解生命的奥秘还有很长的路要走，比想象的难度要大。生物技术产业发展还没有出现能够大规模应用于经济社会各个领域的标志性产品。同时，生物技术发展将会带来生物安全、伦理等一系列问题，给人类现有的观念和制度带来重大挑战。因此，生物技术的大规模产业化还需要一个漫长的过程。

（三） 新一轮科技革命和产业变革将以智能、绿色、健康为主题

关于新一轮科技革命和产业变革的内涵，存在很多争议。有学者认为，新一轮科技革命是信息化和智能化的融合发展，关键技术有信息、云计算、量子通信、智能和绿色能源等技术，主导产业包括信息产业、电子商务、物联网、无线网、大数据、智能制造、先进材料、智能机器人、智慧城市、绿色能源和生物产业等。里夫金提出的“第三次工业革命”，指的是把互联网技术与可再生能源相结合，在能源开采、配送和利用上从传统的集中式变为智能化的分散式，从而将全球的电网变成能源共享网络。也有的学者认为，新一轮科技革命和产业变革，除了与信息技术革命交叉进行，呈现融合发展的态势之外，正以紧迫和现实的重大需求为导向，或将形成农业、医疗、工业、能源等领域科学

技术的革命性突破，并引发深刻变革，为解决人类社会发展面临的资源环境、粮食安全、健康等问题提供强有力的手段。

但从各国科技研发和风险投资的重点看，信息技术、能源与环境、生物是各国发展的优先领域。目前，全球风险投资的重点主要集中在软件、互联网、生物技术、清洁能源等领域，表明信息网络技术仍是今后一段时期的重要发展方向，同时生物技术、清洁能源也是未来发展的重点。因此，整体上看，新一轮科技革命和产业变革将以智能、绿色、健康为主题，并将呈现以下特点：一是新一轮科技革命和产业变革将引发农业、医疗、工业、能源等领域的深刻变革，为解决人类社会发展面临的资源环境、粮食安全、健康等问题提供强有力的手段；二是新一轮科技革命和产业变革与全球化相互推动，将促进全球性产业结构大调整和世界经济格局的深刻变化；三是新一轮科技革命和产业变革将呈现融合发展的态势，与信息技术革命交叉进行。

（四） 新领域经贸规则将逐渐成形

科学技术的迅速发展，将会进一步降低各种生产要素和商品跨境流动的成本，并产生新的经贸合作方式，使得各个阶层能够从自由贸易中获取更多利益，从而进一步推动贸易自由化的发展。具体表现：一是人工智能等新技术逐渐进入推广应用阶段，各个经济体将更多依据自身的市场优势、新型技术优势和新型生产组织方式优势，形成新型大规模产业集群参与国际分工；二是不同经济体在大多数零部件生产和最终产品组装的要素禀赋差异明显缩小，跨国公司在全球范围内配置价值链的动力将明显减弱，产品内贸易在全球贸易中占比将明显下降；三是广大中小企业甚至自然人之间在新型合作网络下的经贸合作将迅速发展，跨国公司在全球贸易中的主导地位将受到削弱；四是各种新型感知技术和移动互联网技术的融合应用使得各类服务所面临的空间物理障碍大幅度缩小，服务业和制造业跨境合作的空间也将明显扩大，从而推动全球服务贸易规模的高速增长。

新型贸易方式的迅速发展必然会催生新兴领域经贸规则的逐渐成熟。随着跨境电子商务这一贸易方式的飞速发展，关于跨境电子商务的关税、检验检疫以及质量检查的标准等方面会形成新的规则体系。随着跨境研发合作的日益密切，知识产权方面的规则体系也需要日益规范化，大量中小企业之间的合作也会导致专门针对中小企业贸易制定新的规则体系。从长远看，如果人体增强技术全面广泛投入应用，届时将会成为影响各国比较优势的重要因素，制定对人体增强技术应用规范的国际规则体系也将势在必行。

（五） 新一轮科技革命和产业变革将会带来多方面挑战

新一轮科技革命的发展存在巨大的不确定性，未知远大于已知，会带来多方面挑战。首先，科技发展对就业产生负面影响，新技术对劳动力的替代作用可能远大于对新岗位的创造效应。未来需要较强认知性和创造性的工作机会可能增加，但包括制造业、建筑业、安装业等领域的多数体力劳动，以及接线员、零售员、行政秘书等常规性脑力劳动等都可能被自动化技术取代，就业市场的两极分化趋势加剧。据牛津大学研究，美国 2010 年的各项职业中有高达 47%的工作在今后 10 到 20 年可以被机器人和人工智能所取代。其次，科技发展可能进一步扩大贫富差距。财富将日益向创新者、投资人和股东等技术与资本所有者集聚，企业组织平台化也会加速财富与权力向少数平台集中。同时，很多人无论是技能还是思维模式还没有赶上，成为时代的落伍者，在收入、生活水平等各个方面都会落后于这个社会。最后，科技发展还可能带来安全和伦理方面的问题。例如，基因编辑等生化技术将彻底改变医药和其他领域，并将引发更多道德问题。这就意味着在市场竞争规则、劳动力就业培训、财富分配和伦理道德风险控制等方面，各国政府将面临更多的监管责任。

三、新一轮科技革命和产业变革背景下中国面临的机遇与挑战

（一） 给中国经济发展带来的机遇

新一轮科技革命和产业变革从根本上为经济发展提供了新的科学技术、生产要素和组织方式，使传统经济发展模式转型有了新的物质基础，也将为中国经济升级转型提供重要的历史机遇。

一是有利于传统产业的优化升级和转型发展。中国虽然已经进入工业化的中后期，但传统产业仍然是国民经济中比重最高、创造税收最多、吸纳就业最

广泛的产业部门，其运行状况直接关系国民经济持续发展和社会稳定。目前，中国传统产业普遍存在增速下滑和效益下降的问题，其中既有产业生命周期规律性原因，也与传统产业改造升级动力不足有关。新一轮科技革命和产业变革为传统产业改造提供技术动力和发展方向：新技术、新工艺将大量应用于传统行业，大幅提升传统产业的技术含量和生产效率；一些传统产业将实现技术改造，转型升级为使用新技术、采用新生产方式、满足新市场需求的新产业。

二是有利于制造业和服务业融合发展。中国正致力于加快服务业发展，培育发展现代服务业是其中的核心内容，而通过产业融合发展，加快创造和发展服务业新业态则是现代服务业发展的关键环节。科技革命和产业变革带来新技术、新模式、新产业，加速资源和要素的全球配置，影响到服务业领域的业态创新。随着数字化、智能化技术向二、三产业各个领域渗透与融合，智能制造、新一代高端装备、智能交通、精准医疗、高效节能环保、虚拟现实与互动影视等将日益取代传统产品与服务模式，二、三产业融合发展、线上线下融合发展成为大势所趋。我国不断提升的创新能力，为迎接新一轮科技革命和产业变革提供了基础条件。根据世界知识产权组织和康奈尔大学等机构联合发布的《2017年全球创新指数报告》，我国创新能力的国际排名从2016年的25位升至22位，成为唯一进入前25名集团的中等收入国家（见表1）。

表1　2017年中国和世界主要国家创新指数排名

指　　标	中国	美国	德国	印度
整体	22	4	9	60
制度	78	17	18	92
人力资本与研究	25	13	10	64
基础设施	27	21	20	73
市场成熟度	28	1	16	39
商业成熟度	9	8	15	55
知识与技术产出	4	7	8	38
创意产出	26	10	7	85

资料来源：《2017年全球创新指数报告》。

三是有利于推动创新创业蓬勃发展。新一轮科技革命和产业变革将推动中国创新创业进一步加快发展，创新型企业不断涌现，创业群体更加多元，新技术新业态新产业领域的创业备受资本市场青睐。这将进一步释放企业、科研院校、科研人员、大学生等创新潜力，激发其创新热情，助力其实现创业梦想。基于现有资源开发、客户关系维护、商业模式创新的创业越来越难以在激烈的竞争中长期生存下去，相反，以技术进步及应用为基础的创业将展现出较强的生命力，是未来创业的主流。个人实现基于创新的创业梦想，都将更加依赖各类创新资源在更大范围内、更深层次上的合作协同。

四是有利于缓解资源要素和生态环境约束。随着中国工业化进程的推进，包括土地、劳动力、能源和自然生态在内的生产资源要素约束已经成为中国经济发展的重要瓶颈之一。新一轮科技革命和产业变革将催生一大批以信息技术、数字制造技术、新材料技术和人工智能技术为核心的新兴产业。这些产业属于资源集约型和环境友好型行业，智力投入比重相对较高，产品大多是实物与服务的结合，实物生产部分模块化、标准化程度较高，对资源能源消耗小，污染排放较少。与此同时，新一轮的科技革命和产业变革所催生的新能源产业，将有助于改变中国主要依赖化石能源的能源消费结构，有效解决中国能源供应紧张的发展瓶颈。

（二） 给中国经济转型升级带来的挑战

中国正处于经济转型升级的关键时期，传统比较优势逐步消退，新的竞争优势尚未建立，新一轮科技革命和产业变革也将给中国经济转型升级带来严峻挑战。

一是科技革命可能导致国际竞争力格局再次发生深刻变化。以往的经验表明，谁在科技革命中占得先机，谁就能在综合国力竞争中赢得优势。新一轮科技革命的前一阶段，美国虽然是信息技术革命发源地，但随着信息技术在全世界范围内大规模扩散和运用，以及经济全球化深入推进，包括中国在内不少发展中国家抓住机遇实现快速发展。进入 21 世纪后，世界近代史上首次出现大分流向大趋同的转变，发达经济体与发展中国家的经济实力差距从持续扩大转向逐渐缩小。如果这一趋势继续下去，人类发展鸿沟有望逐渐弥合，发展中国家在全球经济治理规则制定中将发挥越来越大的作用。然而，新一轮科技革命可能延缓甚至逆转这一进程，发达经济体与发展中国家的发展差距可能再次拉大，发达经济体在全球经济治理中的主导地位或进一步巩固。这是因为，在新一轮科技革命的关键领域，发达经济体牢牢掌握技术优势、资金优势和规则优势。

二是我国传统的成本比较优势加速削弱。改革开放以来，中国以低廉劳动力的比较成本优势参与全球产业分工，承接了全球最大规模的国际产业转移，制造业总体规模已经跃升全球第一，并实现了30多年的经济持续高速增长。但是，随着发展环境的变化，中国的土地、资源、环境成本不断上升，传统的比较优势正在逐步削弱。而在新的科技发展与产业变革的浪潮中，随着制造环节本身重要性的下降，直接从事制造行业人数将逐步减少，导致制造中装配组装成本比重不断下降，中国现有低成本劳动力比较优势将被加速削弱。例如，随着3D打印机的大型化和集成化，制造环节可能在不久的将来就不需要在工厂中完成，劳动成本占生产总成本的比重将迅速下降。同时，随着技术标准化和组件模块化发展，核心、关键零部件生产成本和利润占整个制造环节成本和利润的比重将不断提高，装配、组装的成本和利润占比将不断下降，这将对以装配、组装为重点的中国制造业造成巨大冲击，中国传统产业转型升级失去了缓冲期。

三是中国产业转型升级面临新的挑战。以科技创新为核心的国际竞争更为突出、更加激烈，技术保护和垄断将制约中国产业的发展空间。例如，有关国家依托强大的技术和经济实力，通过掌握互联网核心技术和资源，构建互联网制度规则，不断强化对互联网的绝对控制权，限制了中国利用新技术拓展服务业新空间的机会。此外，为实施“再工业化”战略，发达国家必然会利用国际知识产权保护协议和高技术产品出口管制构筑技术壁垒，更加严格地控制高端技术出口。多年来，我国企业在核心技术领域仍主要依赖进口，并且随着经济发展，我国技术进口费用呈现出显著上升态势，逆差明显扩大（见图1）。但从长期来看，中国靠引进高端技术发挥后发优势的空间将大大缩小，这无疑会增加中国产业向价值链高端提升的难度。

四是我国创新创业制度建设的短板制约凸显。目前，从中央政府到地方政府，相对比较重视创业创新的物理基础设施建设，但在制度安排等软环境方面不适应新技术、新模式、新产业发展的需要。一是市场准入与监管、知识产权保护等软环境不完善。现行监管方式严重不适应“双创”与新技术、新产品、新业态和新模式发展要求。新技术带来互联网金融、滴滴打车、共享单车等新业态快速发展，但由于缺乏有效监管，导致服务市场无序竞争，部分领域风险隐患较大，制约了行业健康成长壮大。二是科技创新体系不健全。基础研究不足，部分关键技术和共性技术平台缺乏，科技投入分散、重点不突出，企业创新能力缺乏，科技与经济结合不紧密、研发与产业化推广脱节的问题比较突出。三是政策法制环境有待完善。对可再生能源、新能源汽车、生物医药等产业发展的激励和补贴政策有待加强，标准体系、相关的基础设施建设滞后。天使投资、风险投资等不发达，金融创新不足，引导社会多元资本向信息、生物、可再生能源等领域倾斜的投融资体系尚未形成。地方保护、行业垄断以及知识产权保护和运营制度等方面存在的问题也制约了我国创新创业制度建设。

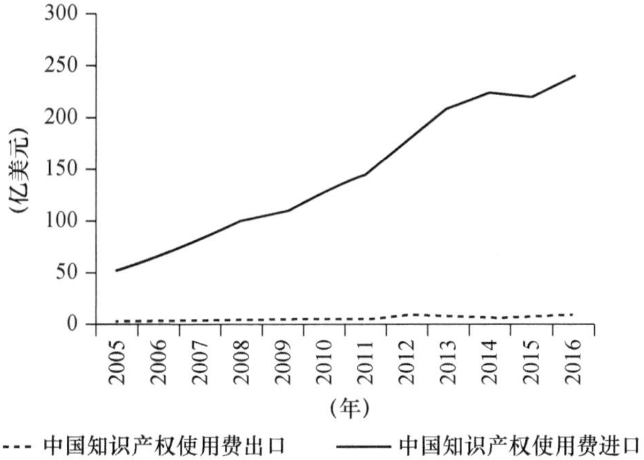

图1　2005—2016年中国知识产权使用费进出口趋势

资料来源：联合国贸易与发展组织数据库。

四、对策思路

（一）建立开放、公平竞争的市场环境

在市场体系完善、市场机制充分发挥作用的情况下，激烈的市场竞争将迫使企业不能简单依靠价格竞争、成本竞争取胜，必须转向创新。一是推动监管

模式逐渐由前期管理向事先设置安全阀和红线的底线监管模式转变。针对新一轮科技革命和产业变革有关的重点产业领域轻资产、重知识、跨界融合、无先例可循等特征，加快变革前期以批代管、偏重目录准入管理的方式，逐步向以负面清单为主的产业准入制度过渡。二是深化资源要素改革。加快资源价格形成机制改革步伐，完善资源、环境税费制度和征地补偿机制，建立劳动报酬增长与劳动生产率提高的同步机制，利用生产要素成本上升、资源环境约束强化以及目前诸多产业产能过剩矛盾凸显的“倒逼”机制，促使企业自觉转向以创新求生存谋发展，由同质化的低水平竞争转向差异化的高水平竞争。三是在新科技革命和产业变革重点领域发展中的制度补位方面，加快出台电子商务、个人信息保护、数据资源管理、新能源发电并网等新的法律法规，加快推动药品上市许可持有人制度试点，出台促进分享经济发展的指导意见等。

（二） 着力提升企业创新能力

企业是新科技革命和产业变革的载体和主阵地，在迎接新一轮科技革命中起着基础和关键作用。建设和完善创新创业载体，发展创客经济，形成大众创业、万众创新的生动局面。一是大力发展众创空间。依托移动互联网、大数据、云计算等现代信息技术，发展新型创业服务模式，建立一批低成本、便利化、开放式众创空间和虚拟创新社区，建设多种形式的孵化机构，构建“孵化＋创投”的创业模式，为创业者提供工作空间、网络空间、社交空间、共享空间，降低大众参与创新创业的成本和门槛。二是孵化培育创新型小微企业。适应小型化、智能化、专业化的产业组织新特征，推动分布式、网络化的创新，鼓励企业开展商业模式创新，推动小微企业向“专精特新”发展，让大批创新活力旺盛的小微企业不断涌现。三是建立支持企业创新的金融体系和资本市场。着力推进金融体制改革，调整优化金融组织体系，支持服务实体经济的金融创新和面向中小企业的民营金融机构规范发展，发展天使投资、创业风险投资，建立支持创新的金融体系。要加快注册制改革，进一步增加新三板的流动性，完善创业投资退出渠道。对于国资背景的创投基金，应适应创业投资的特点，建立有别于一般国有企业的考核机制，促进天使投资和创业投资发展。

（三） 深化科研院所体制改革

改革开放以来，按照“面向、依靠”以及“稳住一头、放开一片”的原则，我国采取了一系列措施将科研院所推向市场，包括减少对科研机构的财政拨款、对242家行业科研院所企业化转制等，这对促进科技与经济结合、增强科研人员市场意识发挥了重要作用，但在市场化改革中也暴露出一些问题，主要是：国家长期目标淡化、短期行为、学术浮躁等问题比较严重，缺乏市场经济条件下的整合能力等。为此，建议围绕以下三个方向深化改革：一是加强产业共性技术和关键技术研发体系，以新的机制建设一批从事产业共性技术和关键技术研发的研究机构。二是加大对基础和前沿研究的支持力度。基础与前沿研究具有周期长、风险大、难度高的特点，需要长期潜心研究、持续攻关。三是结合事业单位改革，加快建设“职责明确、评价科学、开放有序、管理规范”的现代科研院所制度，厚植创业创新的土壤，支持建设世界一流的研究型大学和科研机构。四是改进科研项目资助和评价机制，着力完善评审制度，更大程度给科研院所和高校松绑减负，推动更多国家重大科研基础设施和科学数据、仪器设备向各类创新主体开放，打造汇聚各方力量的创新大军。

（四） 完善知识产权认定和保护制度

在制造业“数字化”和“大规模定制”生产方式下，知识产权是影响产业竞争力的核心要素，能否有效认定和保护知识产权，决定了产业能否良性发展。建议围绕以下领域完善知识产权认定和保护制度。一是探索建立与网络信息时代相适应的知识产权认定制度，完善知识产权的申报和形成机制，简化申报手续，缩短申报周期。二是实行知识产权登记、注册和申请的资助政策，为数字化制造及新材料、新能源开发类知识产权的获取和保护提供跟踪服务；开展针对数字化制造技术、新能源、新材料开发技术的知识产权保护模式创新试点，推行知识产权专业代理制度，为知识产权转让和产业化提供良好市场环境。三是建立知识产权维权援助机制，对具有较大影响的知识产权纠纷及无能力支付纠纷处理和诉讼费用的当事人提供经费资助。四是加快建立与国际接轨的知识产权保护法律法规体系，完善侵犯知识产权惩戒制度，建立跨地区、跨部门执法协作机制，杜绝打击知识产权侵犯行为中的地方保护主义，并建立企业失信惩戒制度。

（王昌林，国家发展和改革委员会宏观经济研究院常务副院长、研究员；刘旭，国家发展和改革委员会宏观经济研究院科研管理部副主任、研究员；杜琼，国家发展和改革委员会宏观经济研究院科研管理部智库协调处副处长、副研究员）

参考文献：

1. 万钢. 全球科技创新发展历程和竞争态势［J］. 行政管理改革，2016（2）.

2. 白春礼. 创造未来的科技发展新趋势［J］. 中国科学院院刊，2015（4）.

3. 王昌林，等. 大国崛起与科技创新［J］. 全球化，2015（9）.

4. 王昌林，等. 着力推进生物产业供给侧结构性改革［J］. 中国生物工程杂志，2017（7）.

5. 王昌林. 对第三次工业革命几个问题的认识［J］. 宏观经济管理，2013（6）.

6. 何传启. 第六次科技革命的中国战略机遇［J］. 决策与信息，2012（6）.

7. 隋玉龙. 科技革命、产业革命及其影响［J］. 国际研究参考，2013（6）.

8. 王庭东. 新科技革命、美欧"再工业化"与中国要素集聚模式嬗变［J］. 世界经济研究，2013（6）.

9. 孙早，等. 后危机时代的大国产业战略与新兴战略产业的发展［J］. 经济学家，2010（9）.

10. 吴金希. 创新生态体系的内涵、特征及其政策含义［J］. 科学学研究，2014（1）.

11. 美国国家情报委员会. 全球趋势2035——进步的悖论，2017.1.9.

12. 徐明棋. 论经济全球化的动力、效应与趋势［J］. 社会科学，2017（7）.

新一轮科技革命与韩国制造业应对现状及启示①

金準东　赵　　澈

内容提要：第四次产业革命将智能信息技术发展作为基础，有望大幅改变现有制造业和服务业的作用、结构以及范围。在韩国经济结构中，制造业占据着较大比重，在考虑这些因素的前提下，对于第四次产业革命的先发制人的应对，成为决定今后产业竞争力与经济发展的重要课题。然而，相比针对第四次产业革命所倾注的关注与政策上的努力，韩国对于制造业的关注仅仅处于概略性方向与推论水平，有关核心技术所产生的影响、途径、具体产业或部门等，均需要加深相应的理解。

在第四次产业革命中，人工智能（AI）、智能信息等技术不仅使产品、工艺发生变化，还会为价值链与商业模式、生产要素以及竞争源泉等带来全面变化。然而，在韩国国内，相关产业革命仍然处于讨论阶段，仅仅在制造、工程等部分领域得到了相应的推进。尽管如此，已经有更多核心企业开始关注第四次产业革命，对产业活动所产生的影响有望在今后3—5年之内日益凸显。核心制造业是韩国的产业根基，我们应该通过探索核心制造业应对第四次产业革命的能力与途径，转变政策模式，推行周密的相关政策，以促进技术可行性转化。在基于人工智能及大数据的生产方式变化与新产品开发中，可以充分利用韩中所具有的竞争优势因素，尽可能拓展两国合作空间。

① 摘自韩国产业研究院《第四次产业革命对韩国制造业所产生的影响》（2017）报告提要。

一、第四次产业革命的意义与重要性

（一） 制造业因素

物联网（Internet of Things，简称 IoT）、云（Cloud）、大数据（Big Data）、移动电话（Mobile）、人工智能（Artificial Intelligence，简称 AI）、增强现实（Augmented Reality，简称 AR）、虚拟现实（Virtual Reality，简称 VR）等智能信息技术是引领第四次产业革命的核心技术，不仅可以促进机器人、3D 打印等新产业的登场，还可以推进核心制造业现有生产与消费模式的革命性变化。第四次产业革命主要基于具有超自动化、超互联性、超智能化等特征的信息物理系统（Cyber-Physical Systems，简称 CPS），有望为以现有硬件产品为核心的制造、组装等主要生产方式带来变化。产品和设备中加载软件、通信系统等加速了产品智能化、互联化以及系统化进程。由此推动了基于超互联性的平台发展，促进了 O2O（On-line to Off-line）、共享经济等新的商业模式（见图 1）。

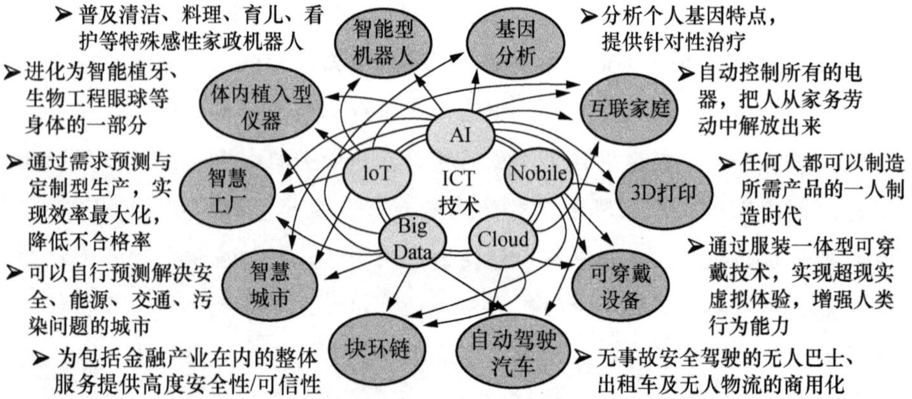

图 1 智能信息技术与其他产业技术融合例示

资料来源：相关部门联合数据（2016.12）。

现在，制造业除了开展产品和生产工艺革新，还在产品策划、研究开发、试制品制作、供应链网管理（SCM）、售后服务、流通、物流、顾客管理等整个价值链上，通过显著的费用节省、高附加值化以及相互联系，促进着制造业与服务业的融合。随着产业数字化发展、共享经济、网络应需型经济（On demand Economy）等消费者体验和数据导向型服务、SW、人工智能、大数据、企业之间各种形式的合作逐渐得到重视，制造业、服务业、IT 经济等之间的区分与边界变得更加模糊，从长期预测来看，这三个领域将趋向融合，最终有望使制造业转变为与智能系统互联的、基于平台的商务领域的一部分（见图 2)。

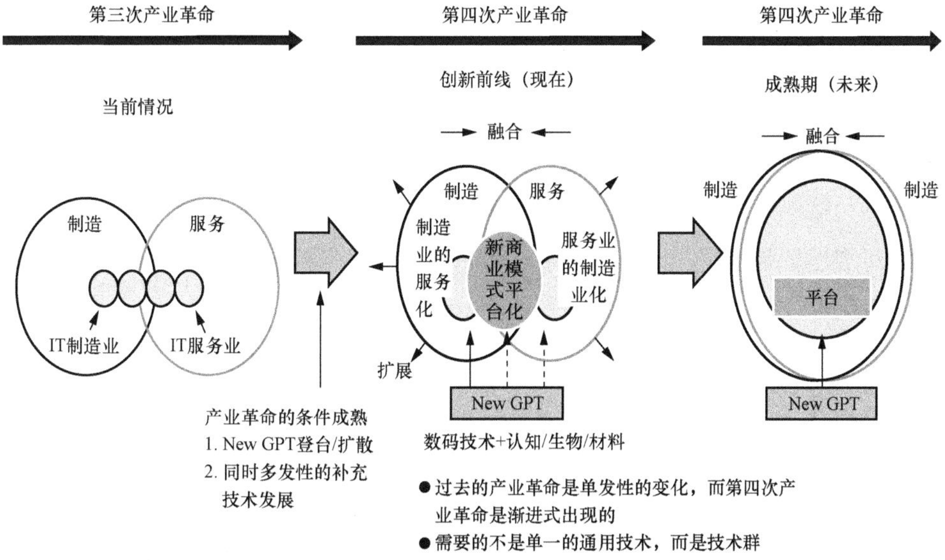

图 2　第四次产业革命与产业变化

（二）　企业因素

第四次产业革命具有超越简单工厂自动化或业务效率化的意义，同时，应该将其理解为在整个企业价值链中创造费用节省或新价值创造的过程。据第四次产业革命主导者德国以及美国制造企业分析，通过生产工艺革新、产品策划、新模型开发与试制品制作、SCM（供应链网）、销售产品远程管理等，可以达到节省费用或提高效益 15％—25％的效果。需要提醒的一点就是，在美国和德国完成对整个制造业价值链的升级之后，韩国仅仅依靠低费用优势或者性价比战略等老方式，越来越无法抗衡发达国家企业。①

而且，第四次产业革命所带来的技术发展，可以促进生产革命与消费市场

① 张锡仁（2017）。

的变化，同时呈现出减弱发达国家与不发达国家之间国际分工的可能性。已具备高技术基础设施的发达国家带动着物联网、大数据、人工智能以及自动化等技术革新，有利于向整体产业扩散，发达国家高人工成本的负面影响可通过生产自动化逐步抵消。定制型生产更靠近高端消费市场，更容易开展业务，因此价值链上的生产过程也容易回归发达国家。

发达国家在经历了全球性危机之后，针对生产革命、消费变化以及回流的增加，为了充分利用各国之间工资与技术的差距，通过参与全球价值链（Global Value Chain），让国家或企业不断追求相应的发展战略，由此呈现出竞争环境的变化。考虑到韩国制造业一直都在扩大国外生产，若将其基于制造、组装的大量生产方式提升为具有超自动化、超互联性、超智能化等特性的、基于虚拟物理系统的智慧工厂（Smart Factory），有必要斟酌一下其全球价值链战略（见图3）。

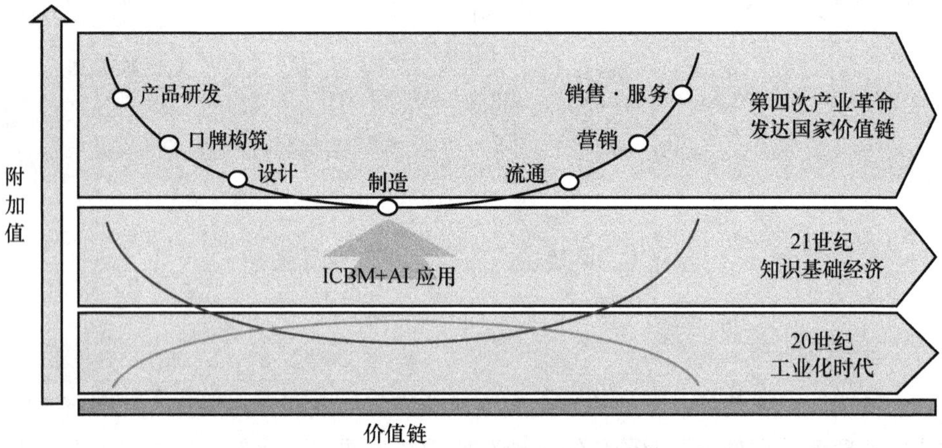

图3　通过第四次产业革命价值链向上移动

资料来源：张锡仁（2017）。

二、第四次产业革命对产业产生影响的途径

（一）　第四次产业革命核心技术的应用阶段

目前，韩国国内制造业在ICT（信息通信技术，Information Communications Technology，简称 ICT）技术与智能工厂等韩国强项技术领域，积极应用第四次产业革命的主要通用技术，以 CPS 为中心，已经过调研与检验阶段，进入了制订计划的初始阶段。目前，尽管韩国通过充分发挥 ICT 强大的实力，积极推动了大数据、移动电话、IoT、云技术应用，但人工智能多数还处于检验阶段。韩国还积极推动了语音识别技术、CPS 等的应用，从纳米技术（NT）的特点上看，原材料、生物技术（BT）和云技术分别积极应用在生物保健和通信产业中。

到了 2020 年，韩国国内多数制造商将完成有关第四次产业革命技术的应用计划制订，有望进入实施初始阶段。届时，大数据、IoT、移动电话、云、语音识别等技术得到积极应用，相比之下，当考虑技术发展速度时，有关 AI 的应用仍然存在局限性。从各产业群层面上看，在通信设备、家电、半导体等 IT 产业中，预计会出现主要技术的扩散与强化，而在生物保健领域，有望通过积极采用多数技术推动精密医疗、智慧医疗等的实施。在机械产业群中，预计会扩大大数据的应用范围，并通过全面应用 IoT、云、CPS 等技术，在产品、生产工艺创新的同时，产业将会呈现出服务化与融合化趋势（见图 4、图 5 及表 1）。

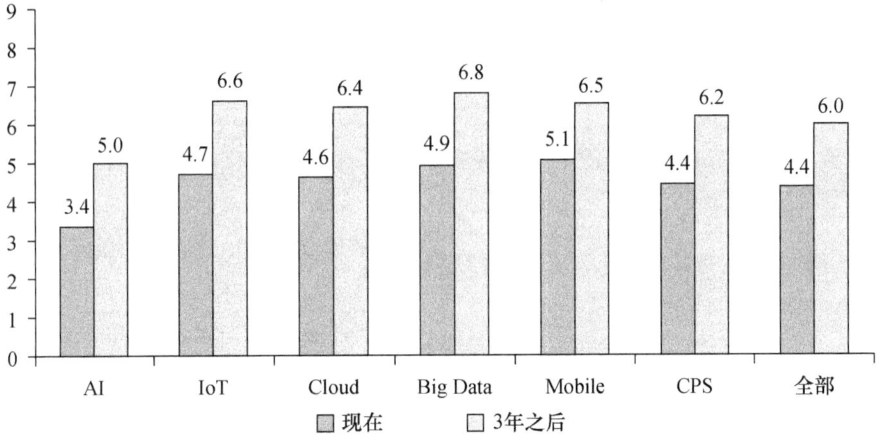

图 4　第四次产业革命核心技术在制造业中的应用阶段

注：将应用阶段划分为 9 个刻度，分别表示未执行（1）、调查审核（3）、制订计划（5）、执行初期（7）、扩散、强化阶段（9）等。

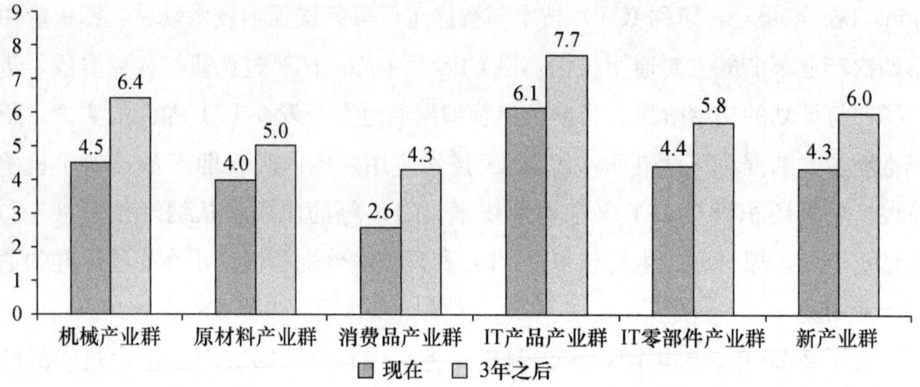

图 5　第四次产业革命核心技术在各产业群中应用阶段

注：1）将应用阶段划分为 9 个刻度，分别表示未执行（1）、调查审核（3）、制订计划（5）、执行初期（7）、扩散、强化阶段（9）等。

2）机械产业群包括汽车、造船、机器人、一般机械、工程等，原材料产业群包括钢铁、化学等，消费品产业群包括服装类、食品等，IT 产品产业群包括通信设备、家电等，IT 零部件产业群包括半导体、显示器等，新产业群包括智能电网、生物保健、3D 打印等。

表 1　第四次产业革命核心技术在各主要产业中的应用阶段以及相应特征

区分 / 产业	现　　在	3 年之后
汽车	积极利用大数据与网络技术，强化无人驾驶基础互联性	进入应用人工智能之前的研究开发阶段，扩散与强化互联性
造船	积极利用船舶设计、制造与运行相关大数据与网络技术	强化 IoT、云等智能传播技术应用
机器人	与云、IoT 以及低水平 AI 相结合的咖啡师机器人、比萨机器人等服务类机器人的首次引进	通过强化大数据与云计算，以及强化型 AI，扩大高难度服务型机器人的应用范围
一般机械	提供积极利用 Sensing、Networking 等 IoT 的综合解决方案（服务领域强化趋势）	多数核心技术预计会进入推广与强化阶段
工程	将第四次产业革命主要技术积极应用在策划、设计等制造服务领域内	预计将基于 AI 与大数据的 3D 智能型设计等多数技术推广到工程服务整个领域，并得到强化
钢铁	确认原材料属性、提高性能等所需纳米技术以及大数据技术已进入初始实施阶段	基于数据与工程技术，引进 IoT、云、移动电话、CPS 等，预计会发生相应的平台竞争
化学	为了提供最佳解决方案，开始采用一部分大数据、移动电话等技术，靠近实施初始阶段	IoT 与云技术在传感等技术中的普及，有望推广平台构筑所需基础技术应用

续表 1

区分 产业	现　在	3 年之后
服装类	目前处于为了开展原材料技术革新，检验大数据应用的阶段	纤维原材料开发领域大数据应用比较活跃，但其他技术的应用程度预计不会高
食品	原材料开发、消费者偏好调查，以及关于大数据应用的检验阶段	为了将消费者的偏好立即反映到生产工艺当中，有望进入智能信息技术应用计划制订阶段
通信设备	带有第四次产业革命特征的初级阶段已经开始	随着多种智能信息技术与生物技术的结合，预计会开展智能设备的超智能化
家电	从家庭网络家电转变为 IoT 家电，所有领域均进入制订计划的阶段	随着多种技术的推广应用，有望快速推动超链接和超智能化
半导体	从产品设计、研究开发转入改善性能和生产工艺所需的大数据、AI、VR 计划以及实施初始阶段	今后随着应用范围的扩大，预计会影响新产品开发与研究速度的进一步提升
显示器	机器人技术已投入生产工艺，但在智能信息技术的整理应用方面还处于调查与检验阶段	为了提高产量，有望扩大基于 IoT、大数据等的网络应用
智能电网	正在检验双向送电与配电 IoT 技术	智能型送配电将进一步得到推广，而其他技术的应用将在今后 3 年之内受到一定的限制
生物保健	启动智能信息技术应用，以确保健康、医疗信息应用	今后有望以智能健康管理平台为中心，使智能信息技术的应用得到推广和强化
3D 打印	将大数据、云以及移动电话技术应用在 3D 打印产业	关于 IoT 以及 CPS 等技术推广，预计还需要等待一段时间

（二）第四次产业革命核心技术对价值链所产生的影响

第四次产业革命对主要核心制造业价值链所产生的影响预计会逐渐增加。目前，在产品生产工艺中的变化速度相对快一些，今后将加速开展产品设计、研究开发、产品策划以及革新等。特别是随着产业之间互联性的提高，以及商业模式的变化，制造业的服务化进程加快，有望进一步推动产业之间以及产业内部的融合。

目前，在制造业内产生影响力的价值链领域包括生产工艺、原材料采购、R&D、物流、服务等领域，但这些领域仍然被评价为初级阶段。在制造、生产工艺中，部分技术的应用比较活跃，对提高产品竞争力所需信息收集、基于所收集的信息的策划与研究开发、反映消费者偏好所需销售服务领域等产生影响（见图 6）。

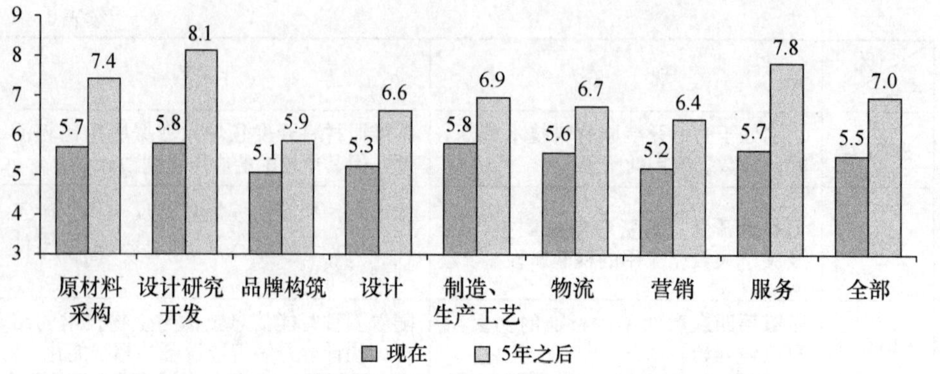

图6　第四次产业革命核心技术在各产业群中的应用阶段

注：将影响力强度划分为9个刻度，以现在（基准分为5分）作为基准，在价值链上的重要性显著降低时会接近1分，所产生的影响强度越大越接近9分。

通过对生产工艺中的数据进行收集和分析，预计5年之后，随着主要通用技术的应用得到进一步强化，有望使价值链产生更明显的变化，这将对产品设计与研究开发、原材料采购及设计等价值链上游环节产生更显著的影响，因为大数据、AI、云计算等相对更容易应用于产品设计、研究开发等环节。在产品制造、生产工艺中，需要综合利用IoT、CPS、移动电话、云计算、NT以及BT等，但由于设备全面更新需要较高投资，因此，相比其他领域，应用速度可能会相对缓慢（见表2）。

表2　第四次产业革命核心技术在各核心产业内的应用阶段以及相应特征

产业	主要影响
原材料采购	● 基于大数据的原材料属性分析（成型简易性、超轻、高功能性、环保等）； ● 建立互联平台所需信息（双向互联所需原材料的开发）
产品策划 ● 设计 ● 研究开发	● 积极开展原材料选择与新产品模拟研究； ● 利用大数据、云集成信息，大幅减少基于需求的产品策划和设计费用； ● 利用3D打印，增加远程试制品制作； ● 通过虚拟设计系统，扩大生产工艺运用与控制模拟（CPS）； ● 通过AI、AR/VR等，积极开展设计、检验
设计	● 扩大自助设计（利用3D打印的设计）； ● 强化基于大数据以及AI的消费者定制型设计

续表 2

产业	主 要 影 响
制造	● 扩充传感器→IoT→大数据→云计算等连贯的灵活流程； ● 推广定制型批量生产体系（Mass Customization）； ● 通过扩充 3D 打印、纳米/生物工程，实现超细生产工艺； ● 扩充制造的附加值创造能力； ● 可实现个人制造模式
物流	● 利用 IoT、大数据、AI 等技术优化物流； ● 强化产品履历管理等制造后续服务
营销	● 利用大数据强化网络营销； ● 扩充需求信息获取与分析相关 AI 的应用
服务	● 加强扩充制造领域服务部分（AS，产品维护、维修、管理）； ● 扩充与产品相结合的服务（商业模式革新）

第四次产业革命技术将对新产业、消费品产业、机械输送产业等整体价值链产生影响（见表 3）。5 年之后，有望对生物保健、智能电网等新产业从原材料采购到服务的整个价值链产生较大的影响，但对配件、IT、机械等产业的影响强度相对偏低，主要是因为新技术在这些产业领域已经有较高水平的应用。

表 3 第四次产业革命的主要核心技术对价值链的影响

价值链 主要技术	原材料采购	R&D	设计	制造	物流	营销	服务
AI		◉	◉	◉	◉	◉	◉
IoT				◉	◉		◉
大数据	◉	◉	◉	◉	◉	◉	◉
移动电话				◉	◉		◉
云		◉		◉	◉		◉
3D 打印				◉			
CPS				◉			
NT・BT				◉			

（三） 对生产产品所产生的影响

随着 ICT 技术的发展，产品特性正由硬件型转向软件型，通过与第四次产业革命主要核心技术相结合，产品正在演变为网络型。目前，以个体形式存在的产品通过网络相互连接，创造出新的功能和服务，由此逐渐削弱了以硬件型产品制造为主的竞争版图优势，让基于网络的服务平台竞争力变得更加重要。

在汽车产业领域有关现有动力传动系统的制造竞争中，安全解决方案、无人驾驶解决方案等网络平台完成度成为核心竞争力。在造船产业领域有关发动机、推进装置等的制造竞争中，状态监控（Condition Monitoring）、自我诊断（Self Diagnostics）、智能维护（Smart Maintenance）、能源优化、航运自动化、无人化等服务竞争力的重要性凸显。在一般机械领域，设计、生产工艺、制造过程中融入传感（Sensing）、驱动（Actuating）、联网（Networking）等IT技术，并通过内在化过程，降低交易费用，强化维修功能，使以顾客为中心的整合解决方案成为主要商业模式。

随着无人驾驶汽车、智能型机器人、智能工厂等的不断发展，采用加工简易性较高的超轻、高强度新材料的产品数量预计会逐渐增加。随着金属粉末材料技术的开发，强化3D打印、可黏结异种材质的原材料的使用，并在现有产品中植入IT技术，互联性能与传导性能优异的材料有望呈现出较高的应用性。

进入可以将顾客信息分析资料立即反映到设计、R&D、产品策划中的阶段以来，个人定制型产品生产的费用大幅降低。随着制造技术通用性的强化，预计会有越来越多的个人或小型创业企业投身于利基市场，有望带来融合了制造与流通的新型商务革新。

通过对用户的当前使用模式信息进行收集和分析，产品更加注重使用方便性，强化用户定制型服务的产品成为主打。例如，在家电产业领域，通过IoT收集冰箱门开启次数和时间等信息，根据该分析结果，在不开启冰箱门的时间段内将冰箱自动切换为节能模式。类似医疗保健注重个人信息的服务型产品，有望转变为针对个别消费者提供安全性、效果性最大化的产品和服务。

（四） 制造、生产工艺产生的影响

制造业通过积极应用推动第四次产业革命的主要核心技术，有望进行与价值链前阶段相关联的生产工艺革新。这是一种植入了IoT、大数据以及AI等技术的智能工厂，意味着可以按照批量生产的价格提供个人化产品，表现出与单纯自动化的差异。通过工厂内部机械设备之间的互联，生产可以自主运行，使产品反映各种个人需求，还可以转换为不会导致费用增加的轻松有弹性的生产结构。积极采用可以进行弹性生产、通过学习掌握作业流程并与人类协作的机

器人，大大提高了生产流程中的安全性和效率性。随着在生产现场中 3D 打印与机器人应用的增加，通过超互联性进行控制，投入生产的人力数量将会减少。相比之下，在危险系数相对较高的化学产业，通过实时控制、事先预警等过程，可以显著提高生产流程安全性，从而降低工伤概率。

随着大数据与云技术的推广，以软件为主的制造环境变得更加重要，在产业生态系统内部，将进一步增强 IT 企业的作用。在汽车产业领域，自从谷歌等 IT 企业设计出无人驾驶系统之后，将车辆硬件制作委托第三方生产企业进行的“Apple 式”产业生态系统也正在形成中。随着车辆设计、模块式组装方式的推广，基于开放源码的汽车制造，使消费者直接参与制造过程的个人制造得以实现。在基于遗传基因、医疗信息、生活方式信息等个人信息收集与分析的生物保健领域，也将以由企业组建的移动电话、可穿戴平台为中心，促使价值链结构发生变化。

对于智能工厂、CPS 等，通过在产品开发与设计阶段引进和推广互联性与智能性更强的生产流程，有望显著降低原材料开发与应用费用和时间。随着智能工厂与 CPS 的发展，原本按照需求产业（企业）的产品生产计划依次决定原材料开发、生产、交货的结构转变为与需求产业（企业）决策同步进行的结构。这将要求提高原材料产业流程弹性以及流程之间的整合实力，使定制型原材料供应成为产业核心竞争力，从而有效应对产品多样化需求。

在今后项目投资中，比起设备能力扩增投资，将有更多资金投入加强流程之间互联自动化及互联效率性项目。目前正在进行中的智能工厂已经取得了节省费用并提高生产率的成果，但还处于初期或中间阶段，有必要进一步发展到下一阶段。当产品需求与营销乃至设备、原材料等环节全部进入智能化阶段，制造与生产工艺才能取得强化智能工厂的阶段性成果。目前尚处于局部进程。尽管大企业引进智能工厂的情况相对较多，但这仅仅属于一部分，而在中小企业中的应用则仍然处于初始阶段，相应的推广与高度化成了迫在眉睫的课题。

从从业结构上看，加工与生产领域内需求将会减少，而设计、信息安全、新项目领域内的高级人才的需求将会增加。随着大数据和机器人的应用，从事单一业务的人数将会迅速下降，而编程、主要配件-SW 设计等从业人员数将会增加。

区分	现场自动化	工厂运营	企业资源管理	产品开发	供应链管理	
高度化	基于IoT/IoS的CPS化				互联网空间商务CPS网络协作	物联网(IoT),大数据连接(0)
	IoT/IoS化	IoT/IoS(模块)化 基于大数据的诊断与运营				
中间水平2	设备控制自动化	实时工厂控制	工厂运营整合	模拟以及整体流程自动化	多品种开发协作	设备控制自动化工厂运营整合(2.6%)
中间水平1	设备数据自动统计	实时决策	功能之间整合	生成技术信息自动化协作	多品种生产协作	自动统计设备数据，技术信息开发、运营(16.2%)
基础水平1	业绩统计自动化	工厂物流管理（POP）	管理功能为主功能个别运用	通过服务器进行技术/交货期管理	依赖单一母公司	业绩统计，自动化，制程物流管理（81.2%）
ICT未应用	手工作业	手工作业	手工作业	手工作业	电话与电子邮件协作	

劳动生产率提高32%，成本节省29.2%
不合格率减少27.6%，交货期缩短19%（以2016年末为准）

图 7　第四次产业革命与不同阶段过程革新

资料来源：韩国智能工厂促进团。

三、关于第四次产业革命的韩国国内产业应对水平

与发达国家相比，韩国制造业对第四次产业革命的应对水平大约落后了 4 年左右（见图 8）。据有关评价表明，从价值链层面上考察可以发现，目前在韩国，即使是应对水平最高的制造与生产工艺领域的企业，与其他先进企业相比，还是落后了 2 年左右。

韩国在制造与生产工艺领域内的差距相对于其他领域偏小的原因在于，早在人们提出第四次产业革命理论之前，就已经在制造领域内积极采用了 ICT 技术。以韩国的大企业为中心，生产工艺自动化得到了相当程度的发展。而从对个别生产工艺之间或价值链内的互联性，以及对庞大的生产工艺数据进行收集、分析、调整、控制的智能性进行整合的平台完成度等层面看，韩国与发达国家先进企业仍有较大的差距。

在原材料采购（原材料）、研究开发、设计等制造前阶段价值链领域，以

及物流、营销等制造后阶段领域内，韩国的应对措施显得不足。其原因可能在于产业结构特征上，由于长期固化的垂直产业分工体系，削弱了制造服务业的自生力与竞争力。这些留给我们的启示就是，在水平协作关系的扩散、利用制造企业的外部力量，以及连接融合与网络化等方面，表现出非常薄弱的景象。

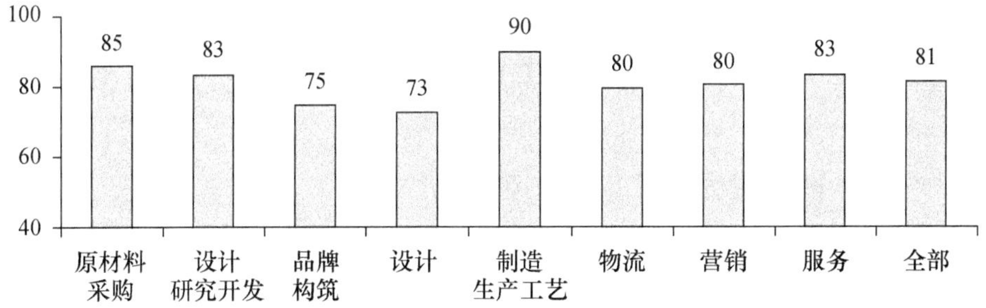

图 8　相比世界先进企业，韩国制造业应对第四次产业革命水平

注：将相应领域先进企业的基准水平设定为 100 分时，韩国领先企业的相对应对水平（如果与先进企业之间差距为 1 年时，所评价的对应换算分数为 5 分）。

从各产业群层面上看，在韩国具备的全球竞争力领先产业内，应对第四次产业革命的水平相对较高，而在新产业和原材料产业等领域内，其应对水平相当低（见表 4）。整个 IT 产业价值链应对第四次产业革命的水平大约在 97%，与先进企业相比，其差距不足 1 年。而原材料产业与新产业的应对水平大约表现为 75%，与先进企业相比，表现出较大的差距。而这种较大差距的原因在于原材料产业所具有的特性上。亦即，根据需求产业特性的变化，从原材料开发与策划，到商业化，需要投入较长时间。在消费品产业领域，与先进企业相比，应对第四次产业革命的水平接近 90%，表现出这种水平的主要原因在于，与这些跨国企业相比，韩国企业规模较小，竞争力也处于劣势。

表 4　相比发达国家，韩国各产业群、价值链应对第四次产业革命水平

产业群	原材料采购	R&D	设计	制造	物流	营销	服务
机械产业群	84	82	75	91	80	87	81
IT 产品产业群	98	98	98	99	93	95	100
IT 配件产业群	90	95	100	100	100	100	100
消费品产业群	88	88	88	88	88	88	88

续表4

产业群	原材料采购	R&D	设计	制造	物流	营销	服务
原材料产业群	80	85	85	78	78	73	70
新产业群	78	83	80	88	80	70	78

注：将相应领域先进企业的基准水平设定为100分时，韩国领先企业的相对应对水平（与先进企业之间差距为1年，相应的应对水平换算分数为5分）。

四、主要问题以及政策上的启示

（一） 商务方式与产业结构的变化

第四次产业革命将促进制造业领域价值链与其他产业或其他领域进行全面融合，由此产生新的商业模式，有望改变竞争模式。受商业模式变化以及CPS、智能工厂等因素的影响，让新的产品、服务早期市场化以及抢先占领市场更加重要，将进一步缩短产业链。对此，有必要采取灵活的战略应对措施，引导民间的转向，捕捉消费模式的变化。

第四次产业革命促使产业分化成各种形式和状态，促进未来产业结构转变。例如，机械产业中分出机器人产业，并通过与服务、平台的逐步融合扩充至工程产业，使产业结构发生剧烈变化。又如目前制药和医疗产业分别划入制造业和服务业，但正如随着IoT、移动通信、大数据等核心技术的推广与应用而出现智能医疗保健新产业一样，制药、医疗产业之间的边界线也可能逐渐消除。

（二） 竞争源泉的变化

第四次产业革命使产业之间的联系从原来的垂直分工关系加速转向水平协作关系，善于借用外部力量的能力将成为产业或企业的竞争源泉。超越现有生产效率性、产品革新等的划分，推进产业之间联系的同时性与整合性，密切应对从原料到制造、需求环境变化的能力，显得尤为重要。因此，有必要建立开放型、融合型革新生态系统，更重要的是确保生态系统稳健性与可持续性的体制。

第四次产业革命有望带来附加值链的整体升级，竞争源泉也将从制造、组装迅速转变为软件平台化。设计、工程的重要性进一步突出，同时，前后关联产业之间互联的平台将成为企业或产业生态系统生存的决定因素。制造业通过加速进军服务领域，以及加速扩大与服务部门的融合，平台不再是选择，而是必备。

在促进制造及生产工艺发生变化的同时，价值链上的人力资源结合关系也发生变化，不仅从雇佣方面发生量的变化，还会从结构上发生质的变化。通过大数据的应用与智能工厂的扩充，很有可能会减少特定产业和特定领域内的雇佣规模，也会增加数据收集与分析人才、投入智能工厂中的设备与软件生产产业雇员数。而且，开发、营销、制造等价值链对人力的职能水平要求，可能会趋于要么变复杂、要么变简单的两极分化。

在制造业内，确保软件、平台构筑与应用专业人才以及大数据积累与应用将成为关键环节。人才培养应致力于产业专业性以及系统掌握和应用 ICBM、AI 等第四次产业革命主要技术的能力，如果将培养人才力度放在以流通量为主的初级水平上，将无法做到更有效地应对第四次产业革命。

（三） 技术可行性与现实化之间的时差

在产业革命进程中，生产率的提高与产业整体结构的变化，革新了主导产业革命的技术基础，通用目的技术（General Purpose Technology）的革新以及推广不再局限于特定领域，而是呈现在各种产业领域，特别是优先呈现在制造业中，使生产方式的改变充满创新。

据麦肯锡（2017）① 分析结果，在产业革命过程中，通过自动化或智能化以及针对整体制造业结构的兼容与变化程度等提高生产率，取决于技术可行性、解决方案开发与应用费用、劳动力市场的可变性、经济利益、限制以及社会接受性等。同样，在韩国产业领域中，第四次产业革命的扩散速度与范围，除了受到以上所提及的技术可行性与各种费用的影响外，还会因引进技术的企业、工人、社会等利害关系人的认识以及适应性等发生变化。在第四次产业革命中，与技术可行性相比，还会存在产业结构与价值链变化的时差，但与以往产业革命相比，速度或范围变化会非常激烈，有必要进行先发制人的应对。

① Mckinsey Global Institute（2017）.

因此，在产业革命的持续进行过程中，韩国制造业应认识到巨大的变化与未来的方向，并为提高转型能力（Transformation Capability）而做好相应的准备。第四次产业革命打开新的商业机会的同时，也带来了风险与不确定性。而第四次产业革命的主要意义在于，必须摆脱原有的旧模式，大胆进行大转变(Great Transformation)。

（四） 第四次产业革命与韩国产业政策方向

第四次产业革命将会引发人类劳动从机械到智能的交替，使企业价值与所承担的社会责任更加重大，并引起全球价值链和物流链的巨大变化。这对韩国这样贸易依存度较高的国家，可能会带来较大的冲击，因此，政府有必要重新制定国家战略，提高民间企业革新能力，摆脱旧的制造业与产业政策固化观念以及制造业与服务业的两点思维模式，以迅速应对新的环境变化。

在第四次产业革命进程中，应促进并确保“配件—原材料—设备”三因素的战略。未来主要产业领域将发生产品资产组合与生产方式上的变化，如果无法配备相关核心原材料及配件供应体系，必然加大产业对国外的依赖度。例如，生产和应用机器人需要传感器，智能型汽车必须保证电装配件与信息安全。在OLED和显示器领域也应该以精密配件与原材料革新为前提，只有这样，才能有效应对第四次产业革命。因此，在第四次产业革命中出现高增长趋势的产业（产品），需要检验该产业发展路线图，并制定相应的精密配件与核心原材料确保战略。

第四次产业革命将以史无前例的速度在大范围内开展，这是一场革命，而非一次进化，因此有必要“断绝过去”，优先推动开放性与融合性。在民间领域，如果持续保持原有革新系统的思维，很有可能会成为产业革命的障碍，因此，需要以改革者的身份积极改变竞争方式，建立新的企业管理模式。在公共领域，促进利害关系人之间竞争，有效利用具备全球性实力的企业与人才。

在迎接第四次产业革命的过程中，政府的作用在于基于创意与革新（优先于R&D投资），进行制度改革，营造良好的环境条件。从技术为主转向需求导向，提高经济系统弹性，通过开放、融合、革新，全力建立生态系统。由于产业政策方面原有监管制度将会失去有效性，应摸索出应对技术成长阶段的企业政策。在新经济秩序建立阶段可预测性下降，要求制度与监管系统灵活转变，及时应对。

通过法律、制度性环境改善，提高第四次产业革命过程中金融、知识、劳动力市场的弹性。例如，在利用大数据推出新产业的过程中，成为产业发展障碍的并不是技术开发力度不足，而是保健福利法与个人信息法，因此，尤为重要的一点就是建立信息安全与数据应用平台。因此，从整体上看，第四次产业革命必须保证软件（平台）、信息以及相应的安全性能，为此，有必要扩充社会基础设施。

为了强化民间革新力度，需要积极支持创业，扩充更新系统基础设施，加大公共 R&D 投入等，对于第四次产业革命中关键的就业问题，政府应采取积极有效措施，积极解决消失岗位产生的失业人员在新岗位的就业。尽管第四次产业革命最初以大企业、制造企业为中心启动，但随着传感、计算容量技术的发展，进入门槛费用降低，必然会推广应用到中小企业。而在此过程中，如果中小企业无法参与大数据与平台应用，可能会加深大企业与中小企业的两极分化。因此，在第四次产业革命核心技术应用中，应发挥公共部门的作用，避免各经济主体之间发生反差。

（五） 韩中产业合作方向

韩中产业与贸易结构正从产业之间分工逐渐转向产业内部垂直分工、个别产品内部差别化战略等模式。尽管其中存在两国之间竞争加剧的情况，但为了追赶欧美国家，通过合作，有望形成韩中两国核心竞争因素的战略互补。美国产业互联网战略与德国工业 4.0 战略正在形成相互合作关系，为了应对这两国之间合作，有必要进一步加强韩中产业合作。从政策上看，韩中两国在应对第四次产业革命的层面上存在诸多相似之处，在智能工厂等生产方式变化与新产业培育中存在较大的合作空间，以确保发挥各自的特长。

目前，德国工业 4.0 平台、美国工业互联网联盟等在参考架构、标准以及测试等方面展开合作，力图在产业领域物联网发展中掌握新的主导权。2016 年 3 月，美国工业互联网联盟与德国工业 4.0 平台共同开展了 IIRA（Industrial Internet Reference Architecture）与工业 4.0 参考架构模型（RAMI 4.0）的潜在结合研究，通过双方组织标准和上层结构交流，解决了技术障碍，为推广和发展产业物联网应用取得了一定的效果。从技术测试与共享的实践平台建设层面上，美国工业互联网测试平台、德国工业4.0平台的发展蓝图等均取得了重要进展。韩中有必要通过大型企业在重点领域发展产业互联网，建设协作型产业互联网联盟平台，加强在标准、参考架构等方面合作，以建立由韩中主导的世界性产业互联网发展体系。

韩国在制造技术层面上独具优势，相比之下，中国在人工智能与大数据中表现出自己的优势。工业化与信息化的融合需要制造技术与互联网技术的合作，需要互联网企业与制造企业之间的结合。韩国以三星为代表的企业在电子信息技术发展领域内的优势非常明显，处于发展的最前沿。在汽车与一系列设备产业领域中，韩国企业同样拥有领头羊的发展能力。目前，中国互联网企业逐渐形成了自己的优势，阿里巴巴、腾讯等企业凭借在人工智能和大数据领域的高度竞争实力，逐步踏入了制造领域。中国互联网企业的优势如能与韩国的制造技术优势相结合，有望形成工业化与信息化之间的深层次融合。

韩中应在信息通信技术产业发展层面上，努力解决核心半导体、尖端服务器、尖端存储设备、数据库、中间件（Middleware）等脆弱产业领域内存在的问题，加速进行云OS、工业控制RTOS（Real Time Operating System）、智能终端操作系统等研究开发与应用领域合作。特别应重视智能终端机发展，共同解决包括可穿戴设备、机器人、无人驾驶汽车等在内的传感器、下一代互联网、人工智能等领域的问题。这一系列新硬件产业正在取得爆炸性发展，将快速成长为未来新产业。

（金準东，韩国对外经济政策研究院副院长；赵撤，韩国产业研究院、先任研究委员）

新一轮科技革命发展趋势对世界经济格局的影响

杨长湧

内容提要：与前两次工业革命类似，新一轮科技革命对世界经济格局的影响主要体现在总量和结构两方面。从总量看，新一轮科技革命将改变世界经济面临的供给侧约束，推动世界经济进入新一轮长周期的上升阶段。从结构看，新一轮科技革命将从微观企业结构、中观产业结构、宏观国家竞争力结构三个层面推动世界经济发生深刻变化。同时，新一轮科技革命对就业和收入分配的冲击可能更加明显，加剧冷战结束以来的不平等趋势，给世界经济带来新的风险和挑战。

一、新一轮科技革命的概念及发展趋势

（一） 关于新一轮科技革命内涵的探讨

关于新一轮科技革命的内涵，主要有单维论、双维论、多维论与主维论四种代表性观点。

单维论将新一轮科技革命限定在某项特定技术和产业领域。比如，英国《经济学人》编辑麦基里 2012 年 4 月发表《制造和创新：第三次工业革命》特别报告，认为新一轮科技革命的核心是机器人和 3D 打印机代表的制造业数字化。美国学者里夫金在《第三次工业革命》一书中认为新一轮科技革命是可再生能源和互联网技术相结合，从而根本上改变化石燃料时代的革命。

双维论认为新一轮科技革命包含两个主要领域。比如，演化经济学家佩蕾丝、中国学者贾根良等以诱发每次技术革命浪潮的重大技术突破为起点，划分

了六次技术革命浪潮（见附表1），并认为新一轮科技革命包含第五次技术革命即信息通信技术革命和第六次技术革命即可再生能源革命这两大领域。

多维论认为新一轮科技革命包含多领域技术创新和产业变革，如数字化制造、人工智能、新能源、量子通信、无人驾驶、虚拟现实、基因测序、新材料等，这些领域相互交叉渗透，但没有明显主次之分。比如，施瓦布认为新一轮工业革命与前几轮工业革命的一个明显区别就是深度和广度不同，在这一轮工业革命中，很多领域创新同时发展，通过相互作用产生出更多创新。

主维论承认新一轮科技革命包含众多技术和产业领域，但认为某个领域带有根本性和主导性，这个领域的技术突破与产业变革很大程度决定新一轮科技革命的整体进展。比如，中国科技部副部长王志刚认为，新一代人工智能是新一轮科技革命和产业变革的核心力量，也是引领未来的战略性技术。中国学者黄群慧认为，新一轮科技革命是以信息技术为核心，能源技术、材料技术和生物技术等共同构成的新一代高新技术群。

（二） 新一轮科技革命的发展趋势

关于新一轮科技革命的发展趋势，不少著名机构都做出过预测。比如，2015年9月，世界经济论坛发布一份调查报告，列举了2025年前可能出现的21个技术引爆点（见附表2）。麦肯锡全球研究所曾预测未来可能出现的12个最具颠覆性的科技趋势。总体看，多数主流预测都比较乐观，普遍估计各技术领域在2025—2030年间出现革命性突破或实现大规模产业化。

二、前两次工业革命影响世界经济格局的历史经验

前两次工业革命对世界经济格局的影响主要体现在总量和结构两方面。

（一） 对国际经济和贸易总量的影响

工业文明的扩张性使美欧发达国家在全球寻找原材料基地和商品市场，将工业革命下的生产生活方式带到了广大落后国家和地区，使其卷入工业革命历史进程中，成为西方工业文明链条上的重要组成部分。因此，尽管工业革命在不同国家呈现极大不平衡性，但各国或多或少都受到工业革命推动，全球经济和贸易总

量呈较快增长态势。据统计，1820—1870 年世界 GDP 年均复合增长率为 0.93%，大大快于 1500—1820 年均 0.32%的水平。1470—1780 年 310 年间世界船舶航运能力增长 363 万吨帆船当量，而 1780—1913 年 133 年间增长 16705 万吨。

（二） 对世界经济结构的影响

首先，工业革命导致世界能源结构和产业结构发生巨大变化。煤炭、石油等化石燃料成为主要能源，与之相关的采掘、冶炼、加工等产业及以之为动力的各种轻重工业成为发达国家经济的主导产业。随着能源和产业结构的巨大变化，人类进入城镇化加速时期，生产生活模式也随之发生根本性改变。

其次，工业革命导致各国经济实力出现显著不平衡，国际经济秩序的形成和变革都围绕强国的需要进行（见图 1）。这是工业革命对国际经济格局最深刻的影响。主要体现在两个层面：一是工业革命领先国与落后国间的不平衡。通过工业革命，美、欧、日率先进入工业化时期，与亚非拉落后国家形成工业文明与前工业文明两种对立的经济形态，国际经济逐步形成以工业国家为中心、广大殖民地半殖民地落后地区为外围的大格局。二是工业国家集团内部的不平衡。主要工业国历史条件不同，工业革命起步有早有迟、发展有快有慢，后起工业国往往要求分享老牌国家在国际经济和政治事务中的权力，从而形成工业国家之间的激烈斗争。第二次工业革命中崛起的德国、日本、美国等，就对以英国为主导的国际经济秩序发起冲击，最终导致美国取代英国成为西方的新核心。

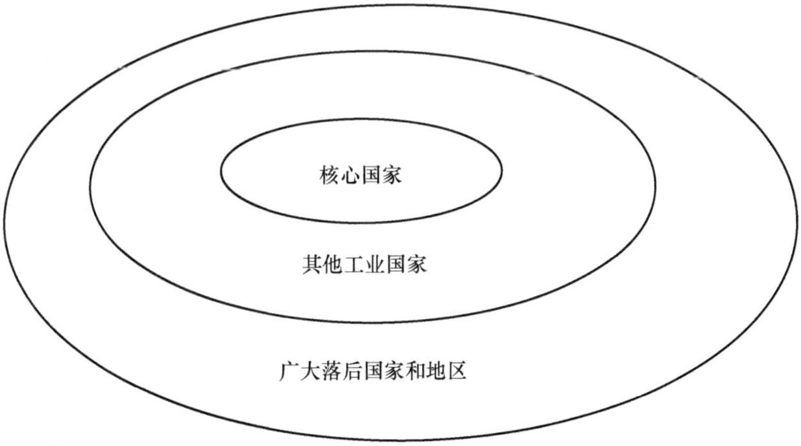

图 1 前两次工业革命形成的世界经济中心-外围结构

（三） 前两次工业革命影响国际经济格局的路径和具体表现

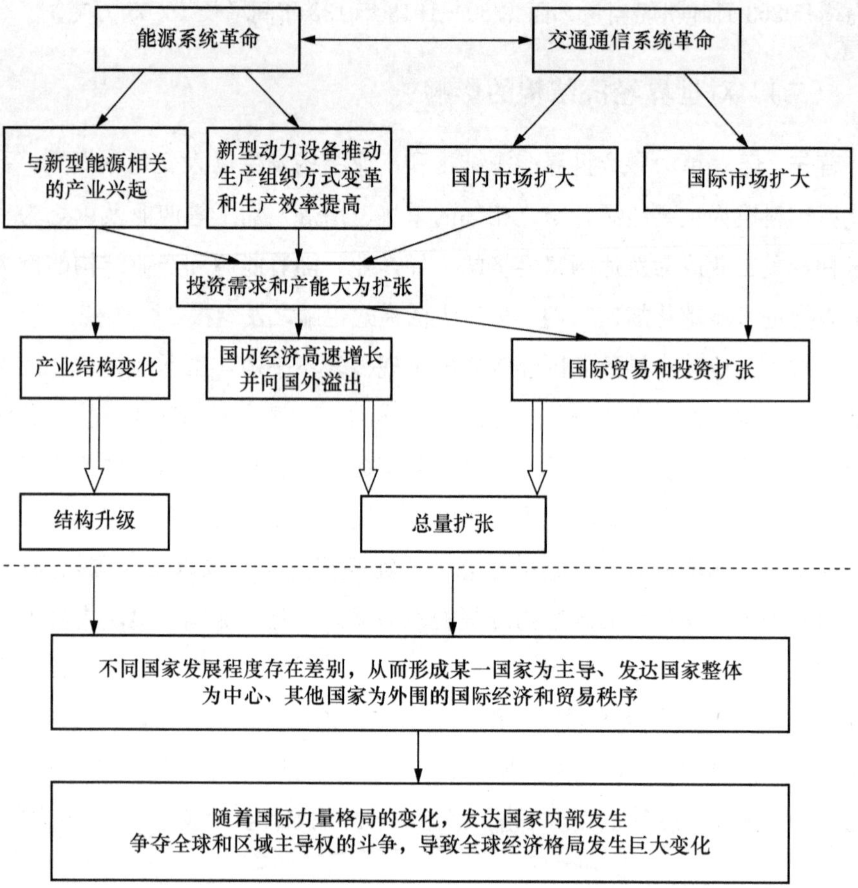

图2 前两次工业革命影响世界经济格局的路径

三、新一轮科技革命对世界经济格局的影响

当前，新一轮世界科技革命和产业变革孕育兴起，它具有极大冲击力，正在对人类社会带来难以估量的作用和影响，可能颠覆现有很多产业的形态、分工和组织方式，重塑国家竞争力在全球的位置，重构人们的生活、学习和思维方式，乃至改变人与世界的关系。这其中既蕴含着重大机遇，但也存在巨大不确定性，未知远大于已知。

（一）总量影响：改变世界经济面临的供给侧约束，推动世界经济进入新一轮长周期的上升阶段

在技术创新周期、信贷周期和制度变迁等因素交织作用下，工业革命以来世界经济大体经历了五轮长周期，每轮周期约50年左右（见表1）。2008年国际金融危机爆发是第五轮周期从上升阶段（1990—2008年）到下行阶段的转折点，世界经济从危机前近6%的中高速增长转向衰退、萧条和曲折复苏。

表1　工业革命以来世界经济长周期概况

周期	上升阶段（年）	下行阶段（年）	标志性技术和产业
第一轮	1795—1825	1825—1850	蒸汽机、纺织业
第二轮	1850—1873	1873—1890	钢铁、煤炭、铁路
第三轮	1890—1913	1913—1945	电气、汽车、化学
第四轮	1945—1971	1971—1990	计算机、汽车、生物
第五轮	1990—2008	2008—	信息技术、生产性服务业

资料来源：作者整理。

当前，主要发达经济体需求刺激空间大幅收窄，财政政策和货币政策已近极致，但世界经济增长仍然乏力。根本原因主要在供给侧，主要是还没有产生类似蒸汽机、电力和信息技术等的新通用技术（GPT），无法大量创造新的消费和投资需求，从而根本改变人类生产和生活方式，推动全要素生产率提高和资本深化（见表2）。随着新一代信息技术和人工智能为核心的新一轮科技革命实现突破，世界经济面临的供给侧约束将得到根本缓解，有望进入工业革命以来第六轮长周期的上升阶段。

表2　代表性通用技术创新对经济增长的贡献（年均）

代表性通用技术	时期（年）	全要素生产率（%）	资本深化（%）	对经济增长的总贡献（%）
蒸汽机（英国）	1780—1860	0.32	0.19	0.51
铁路（英国）	1840—1870	0.1	0.13	0.23
	1870—1890	0.09	0.14	0.23
铁路（美国）	1839—1870	0.09	0.12	0.21
	1870—1890	0.24	0.32	0.56
电力（美国）	1899—1919	0.07	0.34	0.41
	1919—1929	0.75	0.23	0.98

续表2

代表性通用技术	时期（年）	全要素生产率（%）	资本深化（%）	对经济增长的总贡献（%）
信息技术（美国）	1974—1990	0.27	0.41	0.68
	1991—1995	0.41	0.46	0.87
	1996—2001	0.77	1.02	1.79

资料来源：世界知识产权组织《World Intellectual Property Report 2015》、吴敬琏(2011)《中国经济增长模式抉择（增订版）》，上海远东出版社。

新一轮科技革命对世界经济增长的推动，将突出体现在数字化和智能化技术大规模运用给企业、居民和政府三大主体带来的深刻变化（见图3）。企业方面，将有机会参与更大范围的国际贸易，提高资本使用效率，并面临更多同行竞争以提高创新动力；居民方面，将有机会提高劳动生产率，并得到更多消费者福利；政府方面，将有机会提高公共服务能力，并对社会需求更好地做出回应。

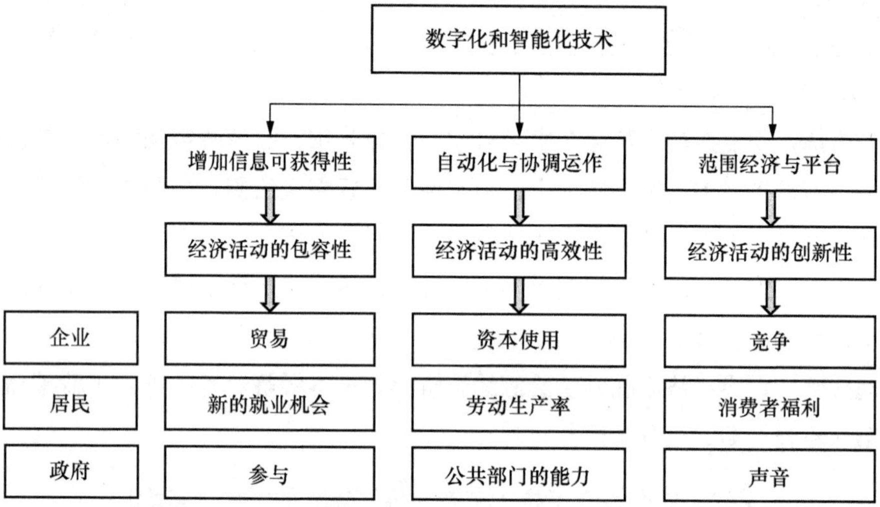

图3　新一轮科技革命推动世界经济增长的机理

资料来源：World Bank，World Development Report 2016.

（二） 结构影响：从微观到宏观深刻改变世界经济结构，重塑企业组织形态、全球产业结构和国家竞争力格局

1. 微观方面，企业组织形态逐步由大型公司转向平台化、分散化和普惠化

第一次工业革命推动人类社会生产方式由手工作坊迈向工厂，第二次

工业革命进一步推动生产集中和企业兼并，在各个产业领域特别是重化工业领域产生了不少世界著名的大型寡头企业，这些企业在当今世界仍发挥着强大影响力。但在新一轮科技革命影响下，经济组织方式将改变集中化、扩张化的趋势，代之以平台化和分散化，与之相伴的是经济活动参与的普惠化。

(1) 平台化。平台是数字化时代最重要的基础。在数字化和智能化大趋势下，组织内部的协调成本大幅下降，组织之间的边界也日益模糊，促使不少大型企业转型成为开放平台、搭建生态系统，为众多个体提供高效的基础服务和个性化服务。目前，平台企业正在迅速壮大。1995 年至 2015 年间，全球平台企业市值从 167 亿美元上升到 2.56 万亿美元，增长超过 150 多倍。全球市值最高的 10 家公司中，20 年前没有一家平台企业，10 年前仅有微软一家，2016 年已有 6 家。苹果、谷歌、微软等平台企业市值超过美孚石油、强生等老牌跨国企业。阿里巴巴已形成“大淘宝零售平台＋4 亿消费者＋1000 万在线商家”的超大规模分工/协作体系。传统产业也加快向平台化转型。比如，GE 打造 Predix 平台和多种工业 APP 应用，对航空、医疗、风电等智能设备进行远程监控和服务，大幅提升运行效率和价值空间。

(2) 分散化。工业时代，为适应规模经济和降低市场交易成本，企业组织日趋扩大和科层化。在数字化和智能化时代，得益于新材料应用以及诸如 3D 打印、智能机器人和网络协作生产服务等全新工序，以及需求的个性化和定制化趋势，小批量生产变得更加划算，生产也更灵活，所需劳动力投入也趋于减少。新型的“小手工作坊”将再度崛起，但这种依托互联网和 3D 打印等新技术的“小手工作坊”迥异于前，它不再是传统意义上的个人单打独斗，而是与外部广泛联系的一个社会化单元，其产品更加个性化、定制化，但创意和制造往往来自全社会协作。同时，企业间网络、平台生态体系等柔性生产组织方式快速发展，市场结构从寡头和垄断竞争向更加充分的竞争演进。

(3) 普惠化。在数字化和智能化时代，“人人参与、共建共享”的门槛大幅降低，科技、金融、国际贸易等领域的普惠化成为必然趋势。在科技领域，以云计算为代表的按需服务业态使得企业和个人可以用很低成本获得所需要的计算、存储和网络资源。阿里巴巴研究院测算，云计算可以使企业使用IT的成本降低70%、创新效率提升3倍。在金融领域，以互联网为基础的新型信用评分模型，使得不同主体的风险可以得到精准评估，从而大大推动普惠金融实现。据测算，若不良贷款总额保持不变，在新型信用评分模型支撑下，可授信企业类客户量将增长360%，个人类客户量将增长1600%。在贸易领域，数字时代推动各类贸易主体特别是弱势群体都能参与全球贸易并从中获利，贸易流程更加方便透明，全球消费者能够很方便地购买来自全球任何地方的商品，跨境电商预计成为国际贸易的重要组成部分甚至主流。阿里巴巴研究院预计，到2046年，80%的国际贸易将由小企业和个人主导。

2. 中观方面，推动世界产业结构和全球价值链布局深刻调整

(1) 世界产业结构将深刻调整。每一次科技革命和产业变革，都会对世界产业结构产生两方面的巨大影响。一是推动与新技术紧密相关的新兴产业兴起。第一次工业革命推动煤炭、钢铁、机械等新兴产业兴起。第二次工业革命推动电力、石油化工、汽车等新兴产业兴起。新一轮科技革命的前一阶段推动电子信息产业在全球范围内成为主导产业。未来，新一代信息技术、先进半导体、人工智能、新能源、生物技术、新材料、数字创意等领域的产业将日益发展壮大。二是推动新技术广泛运用于传统产业领域，新产品、新业态、新模式大量涌现。随着数字化、智能化技术向一、二、三产业各个领域渗透与融合，精准农业、智能制造、新一代高端装备、智能交通、精准医疗、高效节能环保、虚拟现实与互动影视等将日益取代传统产品与服务模式，一、二、三产业融合发展、线上线下融合发展成为大势所趋。国际金融危机爆发后，美国、欧盟、日本、俄罗斯等都制定了科技创新和新兴产业发展战略。按照技术创新和产业发展的周期规律，2020—2030年这些技术和产业有望实现大突破和大发展，世界产业结构在这一时期预计发生深刻变化。

(2) 全球价值链布局将深刻调整。新一轮科技革命的前一阶段，电子信息产业、汽车产业等形成全球价值链。跨国公司将这些产业的不同环节模块化，布局在合适的国家和地区。布局的核心原则是成本最小化，即根据不同环节的要素投入情况，寻找要素成本洼地。这种全球价值链布局给了发展中国家利用

低要素成本承接国际产业转移、加快实现工业化的机遇。未来，随着新一轮科技革命深入推进，这种状况将发生显著变化：一方面，新材料、智能制造、3D打印和网络协作等全新的生产方式和生产工序，将导致价值链不同环节的要素投入比例日益趋同，数字化、智能化设备和技术成为决定各环节成本的主要因素，劳动力在生产中的地位大幅下降并很容易被机器取代，发达国家的劳动力成本劣势弱化乃至消失，技术创新优势凸显，不少价值链环节特别是加工组装环节很可能加速回流发达国家。另一方面，个性化、定制化需求成为主流，能否贴近市场进行快速回应，设计出符合当地特色的产品和服务，将成为决定跨国公司成败的关键，市场潜力大的国家和地区将对价值链的研发、设计、销售等环节产生强大吸引力。在这样的趋势下，技术和市场将取代成本，成为价值链布局的决定性因素。拥有技术优势和市场优势的经济体将在吸引价值链布局方面掌握更多主动。

3. 宏观方面，将导致国家竞争力格局再次发生深刻变化

前两次工业革命的经验表明，谁在工业革命中占得先机，谁就能在综合国力竞争中赢得优势。新一轮科技革命的前一阶段，美国虽然是信息技术革命发源地，但随着信息技术在全世界范围内大规模扩散和运用以及经济全球化深入推进，包括中国在内的不少发展中国家抓住机遇实现快速发展。进入21世纪后，世界近代史上首次出现大分流向大趋同的转变，发达经济体与发展中国家的经济实力差距从持续扩大转向逐渐缩小。如果这一趋势继续下去，人类发展鸿沟有望逐渐弥合，发展中国家在全球经济治理规则制定中将发挥越来越大的作用。

然而，以数字化和智能化为核心的新一轮科技革命，可能延缓甚至逆转这一进程，发达经济体与发展中国家的发展差距可能再次拉大，发达经济体在全球经济治理中的主导地位或进一步巩固。这是因为，在新一轮科技革命的关键领域，发达经济体牢牢掌握技术优势、资金优势和规则优势。

比如，在人工智能这个新一轮科技革命的核心驱动领域，美国仍占据绝对优势（见表3）。美国旧金山湾区的人工智能企业数和融资规模都在全球遥遥领先。2000—2016年，美国累计新增人工智能企业3033家，占全球的比重为37.4%；人工智能累计融资规模207亿美元，占全球的比重为71.8%。2014—

2016年，美国人工智能融资规模分别占全球的73.1%、63.1%和64.5%。这些企业和融资主要集中在旧金山湾区。2000—2016年，美国超过1/3的人工智能企业诞生于该地区，其融资规模占美国人工智能融资总规模的比重超过45%。

表3　主要国家和地区人工智能发展概况对比

国家（地区）	人工智能企业数（2016年）	人工智能融资规模（2000—2016年，百万美元）
美国旧金山湾区	1045	11010
中国	1477	2762
英国	418	1251
印度	283	—
加拿大	234	695
以色列	202	937
日本	—	437

资料来源：乌镇智库《乌镇指数：全球人工智能发展报告（2017）》。

（三）风险挑战：就业和收入不平等加剧

“冷战”结束后，随着信息技术全球扩散和经济全球化深入推进，收入不平等问题在世界范围内日益突出。从国家之间看，过去30年最富国和最穷国人均GDP差距扩大近120倍。从群体之间看，全球最富有的1%人口拥有的财富量超过其余99%人口拥有财富的总和，当前极端贫困人口数仍超过7亿。新一轮科技革命可能加剧这一问题，主要体现在对就业的冲击和财富向资本与技术的加速积累。

任何一次科技革命和产业变革都会对就业产生双重影响：一方面导致传统产业劳动力失业，另一方面创造新的产业和新的就业岗位。但新一轮科技革命中，技术对劳动力的替代作用可能远大于对新岗位的创造效应。牛津大学一项研究显示，21世纪初在美国尚未出现的那些行业，现在只吸收了0.5%的就业人数，远远低于20世纪80年代和90年代新生行业分别吸收8%和4.5%就业人数的比例。这说明，信息技术革命主要通过取代现有人工提高生产效率，而不是创造新产品从而需要更多劳动力参与制造。

总体看，与过去的工业革命相比，新一轮科技革命的速度、广度和深度都达到空前的程度，对就业市场的破坏范围更广、速度更快。未来，需要较强认知性和创造性的工作机会可能增加，但包括制造业、建筑业、安装业等领域的多数体力劳动，以及接线员、零售员、行政秘书等常规性脑力劳动等都可能被自动化技术取代，就业市场的两极分化趋势加剧（见表 4）。财富将日益向创新者、投资人和股东等技术与资本所有者集聚，他们与工薪阶层的贫富差距将更加悬殊。同时，企业组织平台化也会加速财富与权力向少数平台的集中，为数不多但势力庞大的几家平台可能主宰各行各业的市场，形成新的寡头格局。

表 4　自动化风险最高和最低的部分职业

自动化风险最高的职业		自动化风险最低的职业	
被取代的概率	职业	被取代的概率	职业
0.99	电话销售员	0.0031	与精神健康和药物滥用相关的社会工作者
0.99	报税代理人	0.0040	编舞人员
0.98	保险鉴定、车辆定损人员	0.0042	内外科医生
0.98	裁判和其他赛事官员	0.0043	心理学家
0.98	法律秘书	0.0055	人力资源管理者
0.97	餐馆、休息室和咖啡店工作人员	0.0065	计算机系统分析师
0.97	房产经纪人	0.0077	人类学家和考古学家
0.97	农场劳务承包商	0.0100	海洋工程师和造船工程师
0.96	秘书和行政助手（法律、医疗和高管助手除外）	0.0130	销售管理者
0.94	快递员、邮递员	0.0150	首席执行官

资料来源：［德］克劳斯·施瓦布．第四次工业革命——转型的力量［M］．北京：中信出版集团，2016.

附表1　演化经济学中的三次工业革命与六次技术革命浪潮

历次技术革命的开始年份	核心国家	动力部门	支柱部门	基础设施	工业革命的区间、特征和主导工业体系
第一次技术革命浪潮（1771）：产业革命	英国	棉花、生铁	棉纺织工业	运河、轮船、公路	第一次工业革命（1771—1875）：机械生产方式的革命、轻工业体系
第二次技术革命浪潮（1829）：蒸汽和铁路时代	英国（扩散到欧洲大陆和美国）	煤炭、生铁	铁路和蒸汽机	铁路、蒸汽船	
第三次技术革命浪潮（1875）：钢铁、电力和重化工业时代	美国和德国追赶并超越英国	钢	重型机械、重化工、电气设备	钢轨、电话	第二次工业革命（1875—1971）：大批量生产方式革命、重化工业体系
第四次技术革命浪潮（1908）：石油、汽车和大批量生产的时代	美国，后扩散到欧洲	石油	汽车、石油化工、合成材料、内燃机、家用电器	高速公路、无线电、机场	
第五次技术革命浪潮：信息和远程时代	美国（扩散到欧洲和亚洲）	芯片	计算机、软件、远程通信、廉价微电子产品（电脑、手机等）	信息高速公路（互联网）	新一轮科技革命（1971—2070）：智能与清洁生产方式革命、信息与绿色工业体系
第六次技术革命浪潮（2030年左右）：智能和清洁技术时代	美国、日本、欧盟、中国	可再生能源	机器人、太阳能发电、光伏建筑一体化、智能装备制造业、新能源汽车、3D打印机	智能电网、高速铁路、智能化绿色交通运输体系和国民经济其他领域的智能化	

资料来源：贾根良．新一轮科技革命：来自世界经济史的长期透视［J］．学习与探索，2014（9）．

附表 2　预计将在 2025 年前出现的技术引爆点

技术引爆点	乐观者占被调查者的比重（%）
10%的人穿戴接入互联网的服饰	91.2
90%的人享受免费的无限存储空间	91.0
1 万亿传感器将接入互联网	89.2
美国出现首个机器人药剂师	86.5
10%的阅读眼镜接入互联网	85.5
80%的人在互联网上拥有数字身份	84.4
首辆 3D 打印汽车投产	84.1
政府首次用大数据源取代人口普查	82.9
首款植入式手机将商业化	81.7
5%的消费品都用 3D 打印而成	81.1
90%的人使用智能手机	80.7
90%的人可经常接入互联网	78.8
无人驾驶汽车占美国道路行驶车辆的 10%	78.2
首例 3D 打印肝脏实现移植	76.4
30%的企业审计由人工智能执行	75.4
政府首次采用区块链技术收税	73.1
家用电器和设备占到一半以上的互联网流量	69.9
全球拼车出行、出游的数量超过私家车	67.2
出现首座人口超过 5 万但没有红绿灯的城市	63.7
全球 10%的 GDP 以区块链技术储存	57.9
第一个人工智能机器将加入公司董事会	45.2

（杨长湧，国家发展和改革委员会对外经济所综合研究室副主任）

参考文献：

1. 阿里研究院. 数字经济 2.0，2017.1.

2. 乌镇智库. 乌镇指数：全球人工智能发展报告（2017）.

3. 中国信息通信研究院. 中国数字经济发展白皮书（2017 年），2017.7.

4. 贾根良. 新一轮科技革命：来自世界经济史的长期透视［J］. 学习与探索，2014.9.

5. ［德］克劳斯·施瓦布. 第四次工业革命——转型的力量［M］. 北京：中信出版集团，2016.6.

新一轮科技革命和产业变革对世界经济的影响

金奎阪

内容提要：美国主导着 IT 革命的数字化、互联网经济等所有领域的技术创新，传统制造业强国德国和日本也在引领着制造业和 IT 融合的第四次产业革命。本文首先介绍发达国家产业革命的工业 4.0（Industrie 4.0）、数字化生产（Digital Manufacturing）、“Industrial IoT”等概念；其次，以各国的产官学合作机构（平台）和国际标准化为中心，介绍各发达国家推进第四次产业革命的方向；最后，以日本的推进情况为例，提出中韩两国探索第四次产业革命领域的合作方案。

一、第四次产业革命的背景

20 世纪 90 年代中期以后，世界经济经历着以 IT 革命的数字化经济（Digital Economy）或互联网经济（Internet Economy）为标志的发展模式转换。以电子商务（E-commerce）或共享经济（Share Economy）为标志，经济活动的舞台大举向移动平台移动，计算机和人工智能（AI）为中心的技术创新扩散到制造业，工业 4.0（Industry 4.0）或者智能工厂（Smart Factory）等用语屡见不鲜。

美国主导着继 IT 后计算机运算、AI、物联网（Internet of Things）等第四次产业革命核心领域的技术创新，还具备了良好的初创企业、提速器、风险投资等创业生态系统（参考图 1），美政府也实施了各种制造业创新扶持政策。自 2010 年起，德国开始推进本国具有比较竞争优势的制造业结合 IT 技术的工业 4.0（Industrie 4.0），2013 年又建立了名为“平台工业 4.0（Platform Industrie 4.0)”的产官学合作机构，将第四次产业革命提升到国家层面的“运动”。日本政府也在通过内阁 2015 年发展战略决议后发表了第四次产业革命相关的政策，建立机器人革命行动协会（RRI）和物联网推进共同体（ITAC）等民官合作机构为中心的执行体系。韩国政府于 2016 年发表了制造业创新 3.0 等第四次产业革命相关政策，文在寅政府也将成立“第四次产业革命委员会”等涉及第四次产业革命的政策放到最优先解决课题中。

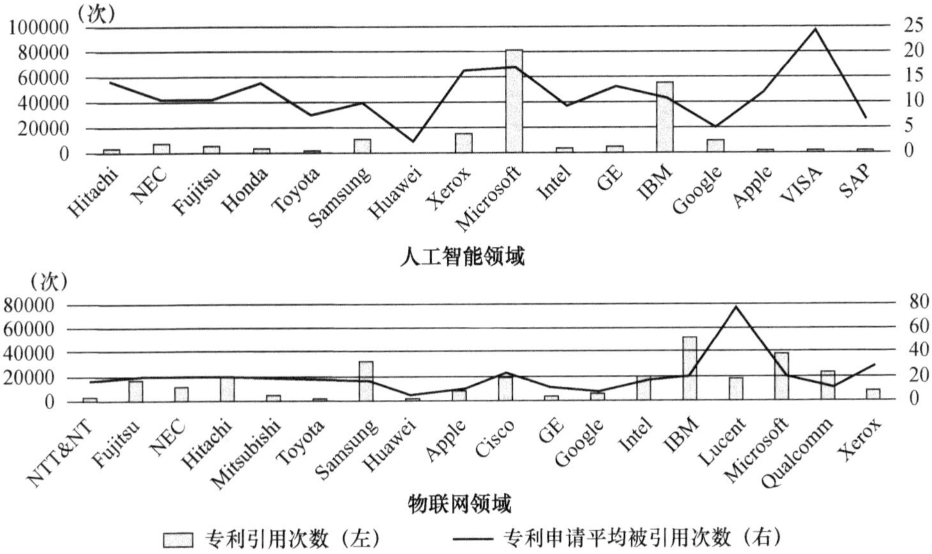

图 1　1994—2016 年人工智能和物联网领域专利申请数量国际比较

资料来源：井上・小林．2017．日本経済研究センター．

以发达国家为中心的世界各国之所以对互联网经济或第四次产业革命表示极大的关注，是因为以 2008 年雷曼兄弟（Lehman Brothers）破产为导火线的全球金融危机。由图 2 可见，全球金融危机后以发达国家为中心的经济危机扩散，开始出现 20 世纪生态系统（Ecosystem）怀疑论。主要内容是，企业从价值链（Value Chain）的一端投入自供货企业获得的原材料后经过几个中间环节大量生产最终产品的生态系统本身需要新的变革，过去支撑 20 世纪社会平台的核心技术已经成熟，企业的目光开始转向无须大规模资本投资或劳动力的新 21 世纪型生态系统。克劳斯・施瓦布（2016b）认为第四次产业革命是网宇实体系统（CPS，Cyber Physical System）的引进所带来的新的产业革命，即制造业中同时存在定制型生产和批量生产的大规模定制（Mass-customization）社会即将到来，这种说法非常切合新 21 世纪型生态系统。

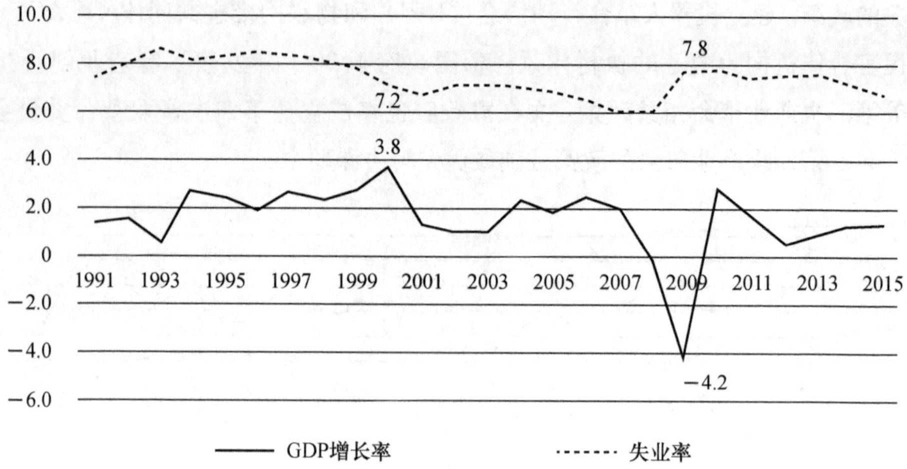

图 2　G7 国家的经济增长率和失业率变化

资料来源：World Bank，World Development Indicators.（网络资料．检索日期：2017.5.3.）

二、数字化经济和第四次产业革命

（一）　工业 4.0 (Industrie 4.0)

第四次产业革命的概念于 2011 年由德国率先使用。2016 年世界经济论坛（WEF）的创始人克劳斯·施瓦布在达沃斯论坛发表此概念后，被韩国和日本所接受。第一次产业革命是以 18 世纪后期出现的蒸汽机为开端发展起来的工厂机械化，第二次产业革命是以 19 世纪后期开始的电力发明为开端的大规模生产，第三次产业革命是 20 世纪后期开始的可编程控制器 PLC（Programable Logic Controller）等结合电力和 IT 技术实现的自动规划。第四次产业革命在制造业引进了 CPS，是消除物理空间和数字空间边界的创新技术和技术革新（Schwab Klaus，2016a，p.1）。第四次产业革命立足于人工智能、机器人、物联网、大数据、增材技术（Additive Technology），从 3D 打印、传感器、量子计算（Quantum Computing）等领域开始了其技术创新。据高德纳研究报告

(2016, p. 66)，主导第四次产业革命的新技术从智能微尘（Smart Dust）开始，到生物声学传感（Bioacoustic Sensing），HA（Human Augmentation）、量子计算、智能机器人、IoT 平台、AI 的机器学习（Machine Learning）、混合云计算、AR（Augmented Reality）、VR（Virtual Reality）、4-D 打印、脑机接口（Brain-Computer Interface），种类十分多样。

但正如克劳斯·施瓦布（2016b, p. 8）指出的，第四次产业革命的技术创新并非单一技术的创新，而是从基因测序（Gene Sequencing）到纳米技术，从再生能源到量子计算，在广泛的范围内同时多发性地发生，从物理空间到数字空间，生物学空间的技术创新相互融合出现，这是有别于旧产业革命的地方。

德国工业 4.0 于 2015 年 4 月提出的 CPS 概念出自平台工业 4.0 发布的工业 4.0 实践战略，和工厂自动化进行对比有助于对信息物理系统（CPS）的理解。即工厂自动化使用计算机中央集中控制工厂，而工业 4.0 所追求的智能工厂融合计算机的虚拟空间和实物世界实现信息物理系统（CPS）。CPS 在企业供应链（Supply Chain）中，在配件、半成品、机械加装传感器后连接到互联网，在虚拟空间进行各种模拟，在保持本地生产系统（Local System）自律性的同时构建大规模定制体系（Mass-Customization），显著改善生产效率（Ayako Yamaguchi, 2016, pp. 1-2）。

麦克斯·布兰切特（Max Blanchet）强调，工业 4.0 的核心是使用信息网络整合所有对象（Objects）的数字化转换（Digital Transformation），工业 4.0 给我们带来新的产业发展面貌：

第一，关于未来工厂（Pland of the future），如果说现有生产系统只是和 IT 技术有所结合，工业 4.0 中生产系统的下部系统以及生产工序、交易企业及客户之间形成一个网络，IT 系统构建于由 CPS 连接的机械和存储系统配件、原材料供应设备的周围。实时控制这些设备可以快速缩短制造工序，同时提高生产效率。

第二，关于机器人功能，1980 年机器人代替了人类，而工业 4.0 中利用人机接口令机器人和人类进行对话，连接各自的业务，由此实现人机共存。机器人进化为协作机器人（Cobots）。

第三，关于大数据，如前所述工业 4.0 中产生庞大的数据，而这些数据还会涉及网络安全问题。不过可以应对好网络安全问题的企业应该很多。

第四，随着工业4.0的开展，企业使用CPS建立虚拟工厂（Virtual Plants）和虚拟产品（Virtual Products），在实际生产之前可以方便地进行各种模拟和验证，线下需要3个月才能完成的试制工作，3天便可以完成。

第五，关于大规模定制（Mass-Customization），应留意生产系统的柔性化问题。受惠于工业4.0的创新技术，企业可以以较低的边际成本，在保持大量生产系统的同时提供定制型生产。

（二） 数字化制造（Digital Manufacturing）

数字革命从金融、生活材料、医疗保健、媒体领域开始，现阶段正向制造业扩散。美国将人工智能、自动化、机器人、增材技术及3D打印、HMI（Human-Machine Interaction）等创新技术和计算机处理能力的提升相衔接后改变制造业属性本身的现象称为数字化制造。产业界和学界都认为数字化制造技术将改变从研发、供应链（Supply Chain）、工厂到营销、销售、服务的制造业所有价值链（Value Chain）。连接经营者、劳动者、消费者以及物理资产的数字连接（Digital Connectivity）将为企业创造新的价值，并改变我们对传统制造业的印象。

Cornelius Baur和Dominik Wee（2015）指出，称工业4.0为新的产业革命言之过甚，而不管我们如何称呼，工业4.0给全世界企业赋能却是不容否认的，工业4.0是数字化在制造业领域迈出的新的一步。他们同时指出，制造业的创新数字化技术的扩散速度将慢于我们之前所观察的设备周转率较快的生活材料领域，从历史经验上看蒸汽（Steam Power）和机器人立即取缔了现有产业设备的80%—90%，而企业是否愿意全面投资于数字技术取缔原有模式，目前尚无法断定。

（三） 工业物联网 （Industrial Internet of Things）

引领第四次产业革命时代的新商业模式的代表性案例有通用电气（GE，General Electric）的“Predix”工业互联网平台（Industrial Internet Platform）。2008年全球金融危机时期，通用电气将企业经营中心转至制造业。

2014年，作为制造业创新（Advanced Manufacturing）的一部分，该公司对企业麾下的运输、航空、发电、医疗保健、石油气、水力、矿产等领域产业设备进行物联网化，基于从中搜集的大数据研发出新商业模式工业物联网“Industrial Internet of Things（以下简称IIoT）”。

通用电气的“Predix”是一种平台，可以通过安装在工业装备上的传感器和驱动器（Actuator）搜集大数据并共享到云端，购买者（客户）基于数据分析优化设备运行。特点是为了让客户在“Predix”上进行应用的研发与安装，采用开放式创新（Open Innovation）体制（GE Digital，2016，p. 3）。

三、主要国家的第四次产业革命

（一） 平台：产官学合作机构，企业共同体

对于推进第四次产业革命的国家层面的机构或者组织，各个国家采取不同的形式，可以分为政府和企业、行业团体、学术界一起组织的产官学合作机构或者不包含学术界的民官合作机构，以及企业共同体形式的合作机构这三种类型（见表1）。

美国的第四次产业革命平台中最具代表性的是工业互联网联盟（IIC，Industrial Internet Consortium），是制造业、医疗、运输、电力、智能城市等跨行业企业共同体。智能家居（Smart Home）领域中是AllSeen Alliance，除了智能家居外，汽车制造业领域的OCF也有较大的影响力。工业互联网联盟（IIC）于2014年3月由GE、AT&T、Cisco、IBM、Intel主导成立，是国际性的财团。截至2017年4月，28个国家250家以上企业成为该组织的会员。工业互联网联盟的最大特点是运行智能制造互联（Smart Manufacturing Connectivity）、联网汽车（Connected Vehicle UTM）、边缘智能（Edge Intelligence）、产业数字主线（Industrial Digital Thread）等22个测试床（Test Bed）工作组（WG）。测试床从事IIoT领域的尖端技术和新生产工序、APP、服务的研发，会员单位参与工作组的活动，共享各种创意并探索解决方案。

表1 合作机构的三种类型

国家	名称	成立日期	推进主体	对象领域	特点
美国	IIC (Industrial Internet Consortium)	2014年3月	通用，AT&T，思科，IBM，英特尔等250家企业	制造业、医疗、运输、电力、智能城市等	跨行业企业财团；跨企业开放型创新
	AllSeen Alliance	2013年12月	高通，微软，LG，夏普，索尼，海尔等大约50家企业	家电	基于高通开发的物联网共同语言"AllJoyn"，实现家电互联的开源化
	OCF (Open Connectivity Foundation)	2014年7月	英特尔，思科，通用软件，三星，联发科技等52家企业	家电，制造业，汽车等	IoT相关设备的规格和认证为目的
德国	Plattform Industrie 4.0	2013年4月	德国联邦政府（BMBF，BMWi），协会（BITKOM：IT领域，VDMA：机械领域，ZVEI：电机、电子领域），学术界、研究所（工程院，Fraunhofer等），企业（西门子，IBM，博世，SAP，ABB，Infineon等），工会（IG Metall：金属工业工会联盟）	产业4.0	德国推进工业4.0推进机构，产官学合作性质
日本	RRI (Robot Revolution Initiative)	2015年5月	日本政府（经济产业省）和三菱电机，日立制作，富士通，NEC等大约150家企业	包括产业机器人在内的全体制造业	民官合作机构；应对德国的平台工业4.0
	ITAC (IoT Acceleration Consortium)	2015年10月	日本政府（经济产业省，总务省）和大约2900家企业	制造业、健身、运输等产业整体	民官合作机构；创造IoT，大数据，AI领域技术开发和经营模式
	IVI (Industrial Value Chain Initiative)	2015年6月	日本机械学会，190家制造企业和IT企业	制造业	产学合作机构；Bottom-Up方式解决课题

注：未包括ICT或工厂自动化（FA）等没有在IoT和工业4.0领域着重去关注的平台。
资料来源：参考 Henning Kagermann etc.（Eds.）（2016），pp. 37－56. 及日立制作所（2016）。

主导德国工业 4.0 的产官学合作机构是平台工业 4.0。2013 年 4 月由 BITKOM、ZVEI、VDMA 这三家财团成立，旨在响应德国联邦政府的未来项目工业 4.0，研发出技术、标准化和商业模式。德国联邦政府 BMBF（Federal Ministry of Education and Research）和 BMWi（Economic Affairs and Energy）、学术、研究所（FhG：Fraunhofer-Gesellschaft）以及工会组织（IG Metall）参与其中。

日本政府借鉴德国平台工业 4.0，2015 年以后推出了民官合作机构。2015 年 5 月推出的机器人革命行动协会（Robot Revolution Initiative，以下简称 RRI）是经济产业省主导下制造业企业大举参与的工业 4.0 代表性民官合作机构。截至 2017 年 7 月，301 家企业、100 家财界团体、14 家研究机关、56 名个人、3 家协会和 10 个地方政府参与其中。日本的第二个民官合作机构是 2015 年 10 月由经济产业省和总务省主导下成立的 IoT 推进财团（IoT Acceleration Consortium，以下简称 ITAC）。成立当时共 750 家企业加入，截至 2017 年 7 月，会员企业达到 2945 家。ITAC 志在创造物联网、人工智能、大数据领域的商业模式，并就在推进过程中发生的资金、制度问题向政府提出资金支援和制度改革要求。最后一个是 2015 年 6 月建立的 Industrial Value Chain Initiative（产业价值链主导权，以下简称 IVI），是基本机械学会主导的产学合作机关，在智能制造（Smart Manufacturing）领域找出各种课题并解决，最终确立“宽松的标准”为目标。成立当时正式会员是（制造企业）38 家，支持成员（IT 供应商）是 9 家。截至 2017 年 7 月，正式会员达到 123 家（大企业 67 家，中小企业 56 家），支持会员 67 家（大企业 32 家，中小企业 35 家），共 190 家企业参与其中。

（二） 国际标准化

1. 物联网和工业 4.0 领域

物联网和工业 4.0 领域为什么需要国际标准化？最简单的答案是，模块、配件、设备、生产线、机器人、机械、传感器、小册子、指南、系统、数据库、APP 等物联网和工业 4.0 的对象因素必须保证相互兼容才能实现互联，启动生产设备。尽管可以适用模块映射（Modular Mapping）等技术连接现有系统和新系统，但考虑到研发实验室的技术创新中标准接口的重要性，国际标准化的必要性不容忽视。

Henning Kagermann 等（Eds.）（2016，p. 23）指出，物联网和工业4.0领域内开展国际标准化活动的机构超过100家，因为变化较大故无法单独摘选工业4.0的动态。但我们可以从EU的AIOTI（Alliance for Internet of Things Innovation）组织公开的资料中，了解物联网和工业4.0的领域（X轴）和对象（Y轴）为基准的国际标准化主导机构的分布情况。从X轴，我们可以在互联汽车（Connected Car）或智能家居（Smart Home）等B2C市场发现All-Seen Alliance或者OCF等美系机构，而在工业4.0或者IIoT等B2B市场上可以发现美国的IIC、德国的平台工业4.0以及IEC或者ISO等国际标准化机构。

2. RAMI 4.0

德国工业4.0所追求的终极目标是标准化，这句话并不为过。2015年6月，信息通信协会（BITKOM）、机械设备协会（VDMA）、电器电子协会（ZVEI）（2016，p. 16）提出了德国工业4.0的实践课题，构成工业4.0的三大核心因素是R&D创新、参考模型（Reference Model）及标准化和网络系统的网络安全。

目前，德国标准化研究所（DIN）所公开的工业4.0的参考模型（Reference Architecture Model，以下简称RAMI4.0），并没有制定单一标准（Standard）对所有规格做出规定，而对于数据处理方式等肉眼无法看到的结构（Architecture）或者对于肉眼可以看到的硬件结构提出出于劝导或者推荐层面的参考（Reference）。

语言或者通信协议等部分并不是参考范畴，关于作为参考共同适用部分的比重、共同化分为几个种类等方面的讨论还在进行。这里出现一种标准，介于标准（Standard）和参考（Reference）中间的标准化，即虽然有作为规格的条文，但存在5—7种规定涉及60%左右的“宽松”的标准。

（三） 进展：以日本的智能生产为中心

1. 智能工厂示范

世界各国的企业在确定工业4.0使用案例（Use Case）的过程中不断重复着实践错误，日本经济产业省自2016年起执行“智能工厂示范工作”。2016年为14个项目投入5亿日元扶持资金，2017年计划投入3亿日元（经济产业省，2017a，p.14）。

日本的智能工厂示范着重于制作传输通用格式（平台）可以共享源自其他企业机器人、工作机器、控制器等各种机械、仪器的数据，或者研发可以适用于中小企业的数据应用系统。2017年5月经济产业省发布了2016年推进项目中的10个优秀案例，由西日本塑料产品工业会（位于大阪）主导，5家注塑成型机制造企业共同参与的智能工厂示范项目是日本政府积极宣传的项目。

2. 试验床

ITAC的工作小组正在推进的IoT Lab Demonstration（测试床示范事业）项目是政府关于工业4.0的产官学联合中长期项目。NEDO面向ITAC会员征集测试床项目“主题”，明确确定应由政府实施的范畴和由民间部门实施的范畴后，进行可行性调查，再由政府提供一定的预算资金。该项目不是单一企业执行而是由企业、研究机关、大学联合实施，限于企业同意的最低限度的规范，例如行业共同规格，统一的数据格式，设备的ID管理、认证方法等推进。可以看出，政府希望通过测试床项目构建出不受企业和行业框架影响的数据共享与应用平台（经济产业省，2017b，p.14.）。但截至2017年7月还处于执行初期，尚不存在已经启动的测试床，仍停留于“主题”征集和可行性调查的阶段。

3. 扶持中坚、中小企业

日本政府希望扶持“智能制造（Smart Manufacturing）”提高中小企业的生产力，中小企业脱离下包地位，解决雇用难问题，防止退休技术人员的海外流失等。但考虑到中小企业“智能制造”推进情况很差的问题，将中小企业的经营课题分成以下四个阶段后提供相应的支持。第一阶段，中小企业对物联网引进必要性认识不到位，发行IoT案例集进行宣传；第二阶段，为愿意引进物联网提高生产力的中小企业介绍“系统集成（System Integrator）”，提供物联网咨询、工具开发等对策。对于愿意引进物联网应对客户对品质、交货期等要求的第三阶段中小企业，建议IoT咨询应用、中小企业间网络化等；对于希望应用IoT实现增值，开拓销路的第四阶段中小企业，则提出信息单元化、数据所有权规定的明确化、中小企业间的网络化，制定中小企业可以参与的规格及规则等支援，但政府的资金支援有必要单独进行审核。RRI、WG1的支援方针如实反映到经济产业省于2017年4月发表的关于日本中坚、中小企业扶持政策中：第一，宣传活动；第二，为中小企业的物联网派出支援人力，或者支援物联网工具；第三，投资物联网。但经济产业省对智能工厂的实际验证是一项同等适用于大企业和中小企业的支援政策。

4. 国际合作

（1）国际标准化应对

RRI在日德标准化专家会议中，制定、讨论“共同参考模型（Unified Reference Model）”，以评价、分析、查询和工业4.0相关的各国平台或者国际标准化机构的参考模型，已于2017年2月正式提交到国际电工委员会（IEC）。比较对象是德国的平台工业4.0、美国的IIC、中国的Made in China 2025、美国NIST（National Institute of Standards and Technology）、ISO・IEC JTC 1（IT领域）的WG10、IEEE P2413（The Institute of Electrical and Electronics Engineers，IoT领域）、oneM2M、UN下属International Telecommunication Union的ITU-T（电子通信领域）SG20、ISO TC184、日本的IVI、IEC的TC65 ahG3（控制及工厂自动化领域）、美国OMG（Object Management Group，Industrial IoT领域）等。

（2）政府间合作

2015年3月举行的德日两国首脑会议中，两国首脑对共同执行工业4.0合作达成共识，日本的政府层面国际合作从此以德国为中心展开。2016年4月，经济产业省和德国的经济能源部签署了副部级“IoT/Industrie4.0合作共同声明”，决定每年举办局长级对话会议等，具体确定了2015年首脑会议中达成的共识。2017年3月，日本经济产业省部长和总务省部长、德国经济能源部部长签署CeBIT“汉诺威声明”，就日德合作议程达成共识，为两国合作指出了方向。2017年3月，日本经济产业省、总务省和德国经济能源部签署的CeBIT“汉诺威声明”将2016年4月的副部级共同声明提升到部长级，并将两国的合作范围确定为如下9个范围：

日本产官学合作机构中，国际合作方面最为积极的是RRI和IVI。RRI于2015年成立后与德国平台工业4.0召开标准化，产业网络完全专家会议，2016年4月发表共同声明，就2017年3月“汉诺威宣言”达成与平台工业4.0开展标准化与网络安全领域合作，共享“Online Use Case Map”的合议。RRI与美国 IIC 及 Open Fog Consortium 和标准化合作备忘录（de facto），参与 IEC 和 ISO 的“智能制造”领域。2017 年 6 月，与捷克的产业联盟（Confederation of Industry of the Czech Republic）签署了在 IoT/Industry 4.0 领域，尤其是产业网络安全和国际标准化领域加强合作的协议。“Online Use Case Map”共享是德国、法国、日本的工业 4.0 领域产官学机构分享各自编写的在线地图。日本在网上公开了 RRI 编写的大约 200 件 Use Case，和德国、法国共享最佳实践（Best Practice），旨在引导企业间的商业合作。IVI 于 2017 年 4 月与美国 IIC 签署了 IIoT（Industrial Internet of Things）推进合作备忘录，就共享 Use Case，共享 IIoT 架构相关信息，确立和共享制造业领域 IIoT Best Practice，推进联合测试床达成合议。

（金奎阪，韩国对外经济政策研究院日本组组长）

参考文献：

1. Ayako Yamaguchi. 2016. *Industry 4.0: Germany's Fourth Industrial Revolution—Implications for Japan*, Newsletter, No. 1, 2016, Institute for International Monetary Affairs（IIMA）.

2. Brian Hartman, William P. King, and Subu Narayanam. 2015. *Digital manufacturing: The revolution will be virtualized*, McKinsey & Company.（http://www.mckinsey.com/business-functions/operations/our-insights/digital-manufacturing-the-revolution-will-be-virtualized,检索日期：2017.4.21.）

3. Cornelius Baur and Dominik Wee. 2015. *Manufacturing's next act*, McKinsey & Company. June 2015.（http://www.mckinsey.com/business-functions/operations/our-insights/manufacturings-next-act.检索日期：2017.4.21.）

4. GE Digital. 2016. *Predix: The Industrial Internet Platform*, March 2016.

5. Henning Kagermann, Reiner Anderl, Jürgen Gausemeier, Günther Schuh, Wolfgang Wahlster（Eds.）, 2016. *Industry 4.0 in a Global Context: Strategies for Cooperating with International Partners*, acatech STUDY.

6. Klaus Schwab. 2016a. *The Fourth Industrial Revolution: what it means, how to respond*, World Economic Forum.

____. 2016b. *The Fourth Industrial Revolution*, Crown Business. New York.

7. Gartner. 2016. *Hype Cycle for Emerging Technologies*, 2016, 19 July 2016.

8. Max Blanchet. *Industry 4.0: The Future of manufacturing & services*. (http://www. globalsuccess-club. net/max-blanchet. 検索日期: 2017. 5. 4.)

9. IVI.「IVIとIICがインダストリアルIoT 推進で連携することを発表」. プレスリリース. 2017. 4. 26. (https://www. iv-i. org. 検索日期: 2017. 7. 12.)

10. 井上知義・小林辰男. 2017.「ICT 活用、最優良企業並なら成長率 4% 押し上げも:ハードとヒト偏重の経済社会体制からの脱却を」,『第 4 次産業革命の中の日本:情報は国家なり』. 2017. 5. 25. 日本経済研究センター.

11. 経済産業省. 2017a.「第 4 次産業革命に挑戦する中堅・中小企業への支援施策」. 平成 29 年 4 月.

____. 2017b.「IoT 推進ラボについて」, 2017 年 6 月, 商務情報政策局.

____.「スマートものづくり」. (http://www. meti. go. jp/policy/mono_info_service/mono/smart_mono. 検索日期: 2017. 7. 15).

____.「世耕経済産業大臣がハノーバー宣言に署名しました: 第 4 次産業革命に関する日独協力の枠組みを構築」. 2017. 3. 20. ニュースリリース. (http://www. meti. go. jp/press/2016/03/20170320002/20170320001. html. 検索日期: 2017. 7. 19.)

12. ロボット革命イニシアティブ.「WG1 中堅・中小サブ幹事会中間とりまとめの公表について」. (https://www. jmfrri. gr. jp/info/rri/444. html. 検索日期: 2017. 6. 28.)

新一轮科技革命和产业变革对全球贸易格局的影响

李大伟

内容提要：金融危机以来，以垂直专门化分工为代表的国际分工方式发展势头明显减弱，全球贸易增速也明显放缓。随着人工智能、物联网、新材料等新技术的迅速发展，各个产业的要素密集度有望发生逆转，新型的扁平化、网络化、分散化合作网络将飞速发展，和传统的垂直型分工网络形成互补。受上述因素影响，产品内贸易在全球贸易比重将下降，跨国公司对全球贸易的主导作用将削弱，中小微主体间的贸易合作对全球贸易的促进作用将逐渐上升，服务贸易规模有望高速增长，跨境电子商务、数字贸易、新型跨境服务等新领域的经贸规则将逐渐成形。

一、当前全球贸易格局现状

（一） 全球贸易增速明显放缓，连续多年低于经济增速

20世纪90年代以来，随着全球经济的高速增长，加之基于全球价值链的产品内分工成为当时国际分工的重要形式，全球贸易进入高速增长期（见图1）。1991—2008年，全球商品贸易出口额年均增速高达6.89%，高于同期全球经济增速。金融危机爆发后，全球经济进入第五轮经济长周期的下行期，经济复苏长期乏力；跨国公司在全球范围内配置价值链的步伐也有所放缓，导致全球贸易增速明显放缓。2009—2016年，全球商品贸易出口额年均增速仅为3%，低于3.3%的全球经济增速。2017年以来，虽然全球贸易增速较2016年有所反弹，但整体低速增长的态势并未根本改变，IMF预测未来5年内全球贸

易增速整体仍处低位。2017年1—6月份，中国、美国、日本出口额分别同比增长8.5%、8.8%和6.5%。

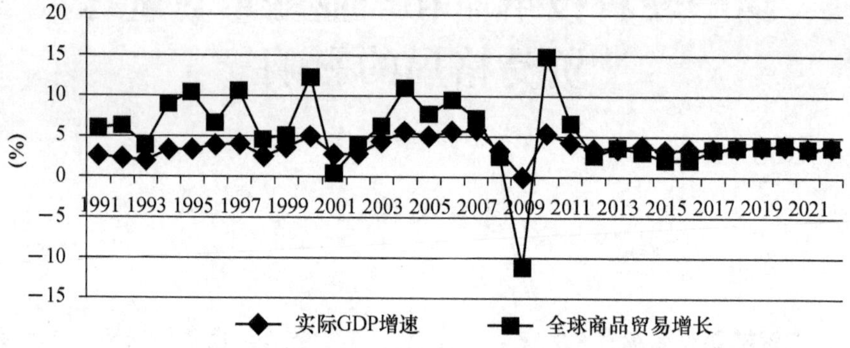

图1　1991—2022年全球商品贸易走势（2017年之后为预测值）

资料来源：IMF。

（二）反映产品内分工的中间品贸易仍然是全球贸易的主要组成部分，新型贸易方式迅速发展

21世纪以来，随着信息技术的迅速发展，跨国公司在全球范围内配置价值链的能力显著提升，从而产生了产品内分工（又称垂直专门化分工）的新型分工方式。在这种方式下，欧美大型跨国公司往往选择将核心研发和高附加值零部件生产环节放在发达经济体，而将资源开发环节放在资源密集型经济体、劳动密集型加工组装环节放在劳动力资源丰富的发展中经济体，最终导致原本在一个国家中的诸多生产活动转移到不同国家进行，形成以中间产品特别是零部件贸易为代表的产品内贸易方式。金融危机之后，虽然跨国公司在全球范围内布置价值链的步伐有所放缓，但产品内贸易仍然在全球贸易中占据重要地位。从表1可以看出，全球主要经济体的对外贸易中，中间品仍然占据主要地位。

与此同时，跨境电子商务等新型贸易方式开始迅速发展。与大型跨国公司主导的产品内分工不同，跨境电子商务的主体更多是中小型企业，主要贸易对象是价值链较短、特色性较强的消费品，如服装、特色食品、特色玩具等。以中国为例，2016年中国跨境电子商务贸易额高达6.7万亿元人民币，占中国对外贸易额的比重接近1/4。

表 1　亚太地区主要经济体贸易结构

国家（地区）	指标	进口（%）	出口（%）	国家（地区）	指标	进口（%）	出口（%）
加拿大	资本品占比	20.54	8.39	中国	资本品占比	14.27	27.92
	中间品占比	52.07	71.13		中间品占比	77.27	41.93
	消费品占比	27.38	20.47		消费品占比	8.46	30.15
日本	资本品占比	19.06	26.84	美国	资本品占比	20.13	19.70
	中间品占比	67.32	48.35		中间品占比	50.23	60.23
	消费品占比	13.62	24.81		消费品占比	29.64	20.07
墨西哥	资本品占比	11.80	22.47	韩国	资本品占比	12.34	25.46
	中间品占比	66.68	58.81		中间品占比	76.71	61.31
	消费品占比	21.52	18.72		消费品占比	10.94	13.23
东盟	资本品占比	17.94	4.30				
	中间品占比	74.00	75.37				
	消费品占比	8.06	20.33				

资料来源：根据 UN COMTRADE 数据库统计数据测算。

（三） 东盟、印度等新兴发展中国家和地区参与全球价值链的程度明显提升

长期以来，在全球价值链中，东盟、印度、非洲等发展中国家和地区虽然也积极参与全球价值链，但由于发展水平较低、营商环境较差等原因，参加全球价值链的程度远不如中国、日本、韩国等东亚国家。然而，随着中国等东亚经济体生产要素成本的大幅度上升，越南、印尼、菲律宾、印度等发展中国家积极吸引“效率导向型”外资、参与全球价值链的程度明显提高（见图 2)。2008 年以来，东盟国家吸收外商直接投资金额年均增长 20%，2015 年达到 1257 亿美元，占全球总额的 7.1%，与中国大陆吸收外资金额十分接近。印度 2015 年吸收外商直接投资金额 442 亿美元，占全球总额的 2.5%，自 2008 年以来年均增长 13%。整体上看，这些资本主要流入制造业。2014 年，美国对马来西亚、菲律宾的制造业投资分别同比增长 28.6%和 50%，其中一半以上流入 IT 制造业；日本对东盟投资额高达 204 亿美元，其中大部分流入制造业。东盟、印度等新兴市场国家参与全球价值链程度的上升有效扩大了这些国家的出口，近年

来越南、孟加拉国等经济体的出口增速明显高于全球平均水平（见表2）。

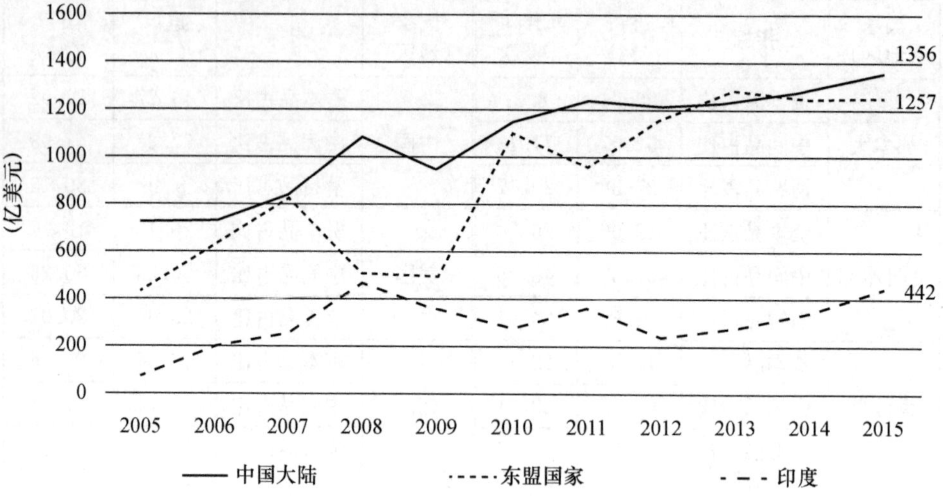

图2　2005—2015年中国大陆、东盟国家与印度吸收外商直接投资金额

资料来源：联合国贸易和发展会议。

表2　部分新兴经济体2001—2016年出口额增速一（%）

年份	印度	越南	孟加拉国	埃及
2001	18.82	3.77	−4.84	−8.56
2002	2.32	11.16	1.13	14.95
2003	13.58	20.61	13.68	33.57
2004	19.72	31.44	18.81	30.42
2005	29.99	22.51	11.94	33.65
2006	29.96	22.74	26.95	29.55
2007	22.28	21.93	5.52	14.92
2008	23.28	29.08	23.42	36.41
2009	29.75	−8.92	−1.87	−12.06
2010	−15.36	26.52	27.26	14.64
2011	37.26	34.15	27.32	15.47
2012	33.82	18.19	2.81	−3.66
2013	−2.01	15.28	15.87	−1.33
2014	6.07	13.77	4.44	−7.46
2015	2.49	7.73	6.49	−20.49
2016	−17.12		7.96	19.29

资料来源：UN COMTRADE数据库。

（四）传统领域贸易投资自由化进程遭遇波折，一些新型经贸规则正在形成之中

经历了20世纪乌拉圭回合谈判之后，大多数国家均认可了贸易自由化原则，在削减关税和减少非关税壁垒等方面均取得了较大进展。国际金融危机和欧洲债务危机爆发后，发达经济体金融机构和跨国公司资产负债表受到严重冲击，对外投资意愿与能力下降，加之模块化程度较高的信息技术等产业大规模转移浪潮几近结束，全球跨国投资缺乏新的动力。同时，受各种因素影响，多边贸易体制发展坎坷，多哈回合谈判推进艰难，WTO框架下进一步削减贸易壁垒、推动贸易自由化空间有限。各国激烈争夺市场需求这一最稀缺的资源，贸易投资保护主义升温，以应对气候变化、保护自然环境为名设置碳关税等绿色壁垒的行为频频出现，经贸摩擦政治化倾向抬头，传统领域贸易自由化遭遇重大波折。但与此同时，随着一些新型贸易方式的发展，在跨境电子商务、数字产品贸易等领域出台新型贸易规则的诉求不断上升；知识产权保护、环境等“边境后”政策对对外贸易的影响不断扩大，也迫切要求各国在相关领域形成统一的规则。各国在签署区域贸易协定的过程中，已经在上述领域制定贸易规则开展了诸多尝试工作，但由于新兴贸易领域新情况、新问题层出不穷，加之相关规则涉及的制度层面过于广泛，因此得到各国普遍公认的贸易规则尚未形成。

二、新一轮科技革命和产业变革的发展趋势

（一）新一代信息技术、新能源技术、生物技术等新兴技术融合发展，产生出一批新兴产业增长点，但短期内尚难以出现类似蒸汽机、电力技术等彻底改变人类生产和生活方式、大幅度提高劳动生产率的突破性技术

主要经济体纷纷出台促进科技创新和新兴产业发展的战略，围绕绿色低碳、新一代信息技术、生命科学等领域的技术创新更加密集，各类技术融合发展催生人工智能、清洁能源、新材料、节能环保、3D打印、生物等一大批新产业，对人类生产生活模式可能产生影响的新产品新服务不断涌现。美国政府

最新公布的《2016—2045年新兴科技趋势报告》中称，物联网、机器人、云计算、智能城市、量子计算、人体增强、先进材料等20项先进技术将成为未来新兴产业的增长点。然而，从目前情况看，虽然人工智能、人体增强等新技术发展潜力巨大，已经逐渐成为经济增长的主要动力，但其核心理念仍然沿袭了20世纪下半叶以来信息技术革命相关理念在平台技术上的扩展，对全要素生产率的提升作用尚有待观察。统计数据显示，2012年以来美国全要素生产率年均增速仅为1.3%左右，低于2000—2007年水平。在现行技术路径下，能否在短期内出现类似第一次工业革命用机器取代人从事简单劳动、第二次工业革命大幅度降低信息传输成本和运输成本的重大变革，从而彻底改变人类生产生活方式还有待观察。

（二）人工智能等新兴技术将逐渐改造传统产业，传统的产业划分体系将面临重大挑战

近期，随着深度学习等核心技术取得重大突破，人工智能技术迅速发展，已经成为最有可能推动重大产业变革的新兴技术。2016年麦肯锡发布的研究报告称，2016年全球大型互联网企业在人工智能相关产业的投资额在200亿—300亿美元之间，其中90%的投资用于研发，因此未来人工智能相关产业，特别是智能制造的产业规模将有一个高速增长。全球知名统计数据库STATISTA最新公布的预测数据称，2017—2025年全球人工智能相关产业市场规模年均增速高达57.92%，2025年全球人工智能相关产业利润额将高达597亿美元，是2017年的43.3倍。

人工智能将显著提高机器和人的合作水平，从而对很多产业，特别是传统产业的生产方式将产生巨大影响。特别在制造业领域，具有自主控制能力、自我学习能力和自行优化能力的智能工厂很可能在较短时间内成为主要的制造形式，在这种智能工厂中，从需求分析到设计生产计划再到具体的优化工序很可能均由机器为主完成，人主要是在和机器的合作中从事一些创造性工作，这将彻底改变大多数产业，特别是传统产业的生产方式。如果人工智能技术能够实现从原材料到最终制成品的智能化生产，资源开采、深加工行业和最终制成品制造环节的联系可能更加密切；在工业互联网平台等新型创新平台日益普及之后，制造业的技术研发环节有可能独立于生产环节存在，技术密集型产业很可

能将“名不副实”；而在绝大部分简单劳动被智能机器人取代之后，劳动密集型行业的概念也将发生重大变化。美国白宫 2016 年关于人工智能的报告也称，未来十年内受到人工智能威胁的工作规模占比最高可达 47%，大部分集中在低收入、低智能和受教育程度较低的领域。

（三）新型的扁平化、网络化、分散化合作网络将飞速发展，但尚不能完全取代传统的合作网络

在第二次产业革命之后，为适应大规模生产和消费的需求，形成了“自上而下”的基于泰勒主义和福特主义的传统层次化生产组织方式。在这种生产组织方式下，企业可以分为若干层级，每个层级拥有一个集中决策的中心和若干分中心，每个分中心提供大规模、批量化的产品或服务。而随着计算机设计技术、3D 打印技术、人工智能技术等新技术的不断突破，在相当一部分产品领域，产品的设计环节和生产环节已经可以单独存在，研发人员可以运用计算机技术完成产品的设计、测试等工作。这使得这些产品的生产环节绝大部分可以依靠自动化系统完成，几乎不需要任何技术人员的参与。同时，人与人、企业与企业之间的信息交流成本大幅度降低，每个微观主体可以以平等的方式参与研发和生产活动，这就为新型的网络化、扁平化、个性化的合作网络方式创造了条件。如在互联网金融领域，资金的需求方和供给方之间的联系明显呈现网格状的形式，每个个体既有可能是供应方，也有可能是需求方。在太阳能等可再生能源领域，目前已有多个国家开展了新的能源城市计划，希望将每一栋大楼、每一间房屋都建成一个小型的太阳能发电站，彼此通过物联网技术构成一个智能的能源供应网络。在制造业领域，很多处在不同地区的设计者共同参与设计生产方案，并运用人工智能技术指挥相关的企业进行定制化生产。相较传统的生产组织方式，这种新方式有如下两方面的优点：一是灵活性较强，能够针对不同用户的特定需求提供针对性的生产和服务；二是与传统的生产方式相比，这种方式更为尊重个体价值。

但也要看到，新型生产方式逐渐取代传统生产方式是一个长期的、渐进的过程。新型生产方式虽然有着面向长尾人群、灵活性更强等诸多优点，但也存在对参与者素质要求较高、在资源深加工领域优势不明显、技术水平有待更多突破等弱点，短期内尚不能完全取代传统的生产方式。

三、新一轮科技革命和产业变革对全球贸易格局的影响

（一） 技术进步导致不同产业要素密集度逆转，全球分工动力将发生重大变化

在传统的贸易格局中，要素禀赋是决定比较优势的主要因素。美国、德国、日本等发达经济体在技术和资本要素上具有明显的比较优势，主要出口资本技术密集型产品；中国过去主要在劳动力和土地上具有比较优势，主要出口纺织服装、鞋帽等劳动密集型产品，但随着近年来技术要素和资本要素的比较优势日益上升，出口商品中机电设备等资本技术密集型产品占比明显上升；越南、孟加拉国等经济体主要出口劳动密集型产品；沙特、俄罗斯、巴西等主要在资源要素上有比较优势，因此主要出口资源密集型产品（见表3）。

表3 部分经济体重点出口商品对比

墨西哥	日本	越南	中国	印尼	马来西亚	美国
汽车	汽车	家具	自动数据处理设备	服装	集成电路	汽车
自动数据处理设备	飞机零件	通信设备	通信设备	家具	晶体管	农产品
通信设备	通信设备	自动数据处理设备	玩具	玩具	自动数据处理设备	医药
显示器	复印机	服装鞋帽	家具	数字照相机	通信设备	塑料制品
家电	工业设备		复印机	橡胶制品	橡胶制品	数据处理设备
家具	精密仪器		服装鞋帽			飞机

资料来源：作者测算。

然而，新技术革命可能会导致产业所需要的生产要素发生巨大变化。当人工智能等技术得到普遍应用，纺织、服装、玩具、餐饮、住宿等传统的劳动密集型产业完全可以改为依靠少数技术型人才和人工智能共同完成生产活动，对

普通劳动力的需求量大幅度下降。而随着技术密集型产品的研发和生产环节进一步分离，生产技术密集型产品对各国技术研发能力的需求会进一步降低，新兴市场国家发展技术密集型产品制造业的门槛也会进一步下降。在这一背景下，新型的全球分工将更多依靠各个地区的产业规模效应和市场规模效应，各国依据自身的市场优势、新型技术优势和新型生产组织方式优势，形成大型的产业集群，并在该类产品的全球分工中占据优势地位。

（二） 产品内贸易在全球贸易比重将下降，全球贸易难以重现金融危机前高速增长

产品内贸易成为过去一段时间内全球贸易主要动力的原因在于，各国由于比较优势的不同，可以分别位于全球价值链上不同的环节。若以人工智能技术、人体增强技术为代表的新技术能够全面投入应用，全球价值链将会发生重构，研发环节将会更加独立，与生产环节形成并行发展的态势；而除少数难以运用新型生产方式生产的零部件（如集成电路）外，大多数零部件生产和最终产品组装的要素禀赋差异将大幅度缩小，跨国公司在不同环节配置在不同经济体的动力大幅度减弱，从而导致产品内贸易在全球贸易中地位的下降。

产品内贸易是过去 20 年全球贸易高速增长的主要动力。在新技术迅速发展推动下，一种商品价值链的大多数环节很可能在距离市场最近的区域进行统一生产和布局，导致零部件、半成品等中间产品的贸易增速很可能较金融危机前大幅下降，从而导致全球贸易规模增速下降。

（三） 跨国公司对全球贸易的主导作用将削弱，中小微主体间的贸易合作将迅速发展

在传统的生产组织网络下，需要一个强有力的、大型的决策中心对从生产到消费的各个环节进行统一规划和布局，这客观上导致了在全球价值链处于顶端位置的大型跨国公司依托自身的资本、技术、品牌等优势，成为全球贸易实际上的主导者。2015 年，全球跨国公司境外子公司所创造的价值达 7.9 万亿美元，占全球 GDP 的 10.8%；境外子公司商品和服务贸易额为 7.8 万亿美元，占全球商品和服务贸易额的 37.4%（见表 4）。

表4　全球跨国公司外国子公司经营情况一览（10亿美元）

指　标	1990年	2005—2007年平均水平	2010年	2013年	2014年	2015年
全球跨国公司外国子公司创造的增加值	1074	4720	6636	7030	7419	7903
全球跨国公司外国子公司产品和服务贸易额	1444	4976	6239	7469	7688	7803
全球GDP	22327	51288	62909	75887	77807	73152
全球产品和服务贸易额	4107	15034	18713	23158	23441	20861

资料来源：联合国《国际投资报告》（2016年版）。

然而，在新技术革命带动的新型生产组织方式中，在人工智能系统帮助下，中小型企业甚至个人依托自身的独特优势也能够以一种相对平等的方式开展分工合作，并有效完成市场需求分析、生产规划、战略设计等工作，大型跨国公司在研发、品牌、市场推广等方面的垄断优势被明显削弱。因此，未来广大中小企业甚至自然人之间在新型价值链框架下的贸易合作规模将会迅速发展，在某些领域甚至会取代大型跨国公司，成为主要的贸易方式。

（四）服务贸易规模有望高速增长，甚至超过商品贸易

由于很多服务可贸易性较差，长期以来，虽然服务贸易规模同样保持高速增长态势，但和商品贸易规模仍然存在差距。2015年，全球服务贸易额约为47万亿美元，仅占商品贸易额的28.5%。在服务贸易中，运输、旅游等和商品贸易关系十分密切的服务占据了较大比重，而医疗、教育、文化等可贸易性较差的服务占比很低。

随着新技术革命的发展，服务的可贸易性将会明显增强。一方面，各种新型感知技术和移动互联网技术的融合应用，使得服务所面临的空间物理障碍大幅度缩小，远程医疗、远程教育、远程艺术欣赏等服务在未来居民消费中的比

重将会大幅度上升。另一方面，新技术的应用将帮助融合在制造业中的服务环节独立存在，跨境研发、品牌营造、咨询等服务贸易规模也会迅速增长。这将有力推动全球服务贸易规模的高速增长，服务贸易和商品贸易规模的差距将会进一步缩小。

（五）贸易自由化大趋势不会改变，新领域经贸规则逐渐成形

经济学理论和历史经验表明，自由贸易所创造的社会总福利要大于贸易保护主义。某段时期内，贸易保护主义大幅抬头的原因主要在于，相当一部分阶层并不能充分享有自由贸易所创造的利益，甚至其自身利益因自由贸易而受损。而在经济长周期的衰退期，自由贸易所创造的社会总福利规模增速放缓甚至下降的时候，这种现象往往更加明显。因此，新技术革命的迅速发展，将会进一步降低各种生产要素和商品跨境流动的成本，并产生新的经贸合作方式，使得社会各个阶层能够从自由贸易中获取更多利益，从而进一步推动贸易自由化的发展。

新型贸易方式的迅速发展必然会催生新兴领域经贸规则的逐渐成熟。随着跨境电子商务这一贸易方式飞速发展，关于跨境电子商务的关税、检验检疫以及质量检查的标准等方面会形成新的规则体系。随着跨境研发合作的日益密切，对于知识产权方面的规则体系也需要日益规范化；大量中小企业之间的合作也会导致专门针对中小企业贸易明确新的规则体系。从长远看，如果人体增强技术全面广泛投入应用，届时将会成为影响各国比较优势的重要因素，制定对人体增强技术应用规范的国际规则体系势在必行。

四、积极推进全球贸易持续健康发展

（一）坚持自由贸易理念，促进全球范围内商品自由流动

随着技术进步使得各种商品要素流动的成本持续下降，贸易自由化仍然是一个不可阻挡的历史潮流。积极推进全球贸易健康发展，必须继续坚持自由贸易理念，旗帜鲜明地反对贸易保护主义。一是应继续积极推进多哈回合谈判，特别是在农产品等各方争议较大的议题上达成较为公平的一致意见；二是积极

落实《贸易便利化协议》，降低各国参与全球贸易的交易成本；三是积极推进降低新型贸易方式所面临的各种贸易壁垒。

（二） 积极鼓励中小企业融入全球价值链

相较大型跨国公司，大量的中小企业在参与全球价值链、开展国际合作方面具有先天的劣势，只能通过和大型跨国公司之间的合作间接参与全球价值链，在分享全球化收益方面也处于明显劣势地位。因此，各国应积极推动中小企业之间开展合作。具体而言，一是积极构建面向全球开放的中小企业合作平台，特别是和新技术革命结合较为紧密的工业互联网平台等；二是为中小企业获取各类信息咨询和开展合作提供更多便利；三是在质检、通关、融资等方面为中小企业提供更多的优惠支持政策。

（三） 积极推进新型贸易领域的经贸规则制定工作

跨境电子商务、数字贸易和教育、医疗等新兴服务贸易领域未来发展前景相当迅速，形成公平合理的经贸规则是大势所趋。建议各国立足自身国情，充分考虑技术进步的未来力量，从国内法入手积极参与制定上述领域的经贸规则。一是积极推进跨境电子商务领域在贸易便利化、关税制定原则、检验检测标准等领域的规则制定工作，切实降低跨境电子商务壁垒。二是在充分考虑信息安全的基础上，积极推进数字产品的自由贸易，并加快推进数字产品知识产权保护的规则制定工作。三是探索跨境医疗、跨境服务等新兴跨境服务领域的规则制定工作，促进相关产业迅速发展的同时维护消费者权益。

（四） 加快推进新技术新生产方式应用， 积极参与新型国际分工

虽然新技术、新生产方式的发展必然会对一些传统产业、传统岗位形成冲击，但这一趋势是不可逆转的。各国应在充分保证社会秩序稳定和保障中下阶层民众收入的前提下，积极推进新技术和新生产方式的应用。一是加大新技术、新生产方式领域的研发投入，积极鼓励各类资本进入新兴行业；二是加快推进结构性改革，消除制约新技术、新生产方式发展所面临的各种壁垒；三是

积极推进基于新技术、新理念的国际合作，共同构建新型的扁平化、分散化生产网络。

（李大伟，国家发展和改革委员会对外经济研究所研究室副主任、副研究员）

参考文献：

1. James Harrigan, Factor endowments and the international location of production: Econometric evidence for the OECD, 1970－1985, Journal of International Economics, 39 (1995): 123－141.

2. Jan Fagerberg, Martin Srholec & Mark Gnell, The Competitiveness of Nations: Why some countries prosper while others fall behind, World Development, 35 (2007): 123－141.

3. Bernstein J. R. & Weinstein D. E. , Do endowments predict the location of production? Evidence from national and international data, Journal of International Economics, 56 (2002): 55－76.

4. UNCTAD, World Investment Report 2016.

5. 费洪平. 当前我国产业转型升级的路径 [J]. 宏观经济研究，2017 (2).

6. 冯昭奎. 科技革命发生了几次——学习习近平主席关于“新一轮科技革命”的论述 [J]. 世界经济与政治，2017 (2).

7. 吴润生，李大伟，杨长湧. 第三次工业革命的前景及对国际经济格局的影响 [J]. 中国发展观察，2013 (10).

8. 魏际刚. 第三次工业革命对国际产业分工和竞争格局的影响 [J]. 现代经济探讨，2014 (10).

新一轮科技革命和产业变革背景下韩国的对外贸易

崔洛均

内容提要： 新一轮科技革命是ICT（Information and Communication Technology）融入经济及社会整体而带来革命性变化的新一代工业革命。不同于第一次工业革命（蒸汽机）、第二次工业革命（发电机）和第三次工业革命（计算机和互联网），智能和信息融合于一体的智能信息技术将通过第四次工业革命广泛而迅速地全面影响经济及社会活动。

韩国的进出口部门在2015—2016年受世界贸易钝化的影响发生急剧下降，到了2017年出现反弹。从行业层面来看，运输装备、金属产业的出口比重大体呈现下降，而电子产业自2015年起呈现增长，化学产业和机械产业出口比重在2010—2017年期间呈现增长趋势。最近，韩国制造业的中高端技术竞争力有了较大的提升，但在高端技术和中低端技术领域却处于停滞状态，低端技术领域中出现竞争力丧失的趋势。今后，如果在汽车、造船、钢铁、化学等产业积极地应用新一轮科技革命，将对出口竞争力及生产效率的提高产生巨大的促进作用。

同时，在未来发展中，韩国经济有必要灵活应用随着新一轮科技革命到来而产生的新商业模式。例如，在智能手机、半导体芯片等领域、专利、设计的交易比较活跃，随着通信、金融、流通等领域的创新，服务贸易将会得到更广泛的发展。另外，新一轮科技革命的扩散带来生产效率的提高，贸易对就业率的提高所产生的影响也将会发生巨大变化。

一、绪论

新一轮科技革命是ICT（Information and Communication Technology）融合于经济与社会整体实现革命性变化的新一代工业革命。具体是，人工智能、大数据、云计算、物联网等技术融合于现有产业及服务业，或者与3D打印、纳米技术、生物技术、新材料开发等新技术结合，通过网络连接所有的产品，实现事物的智能化。尤其是新一轮科技革命中，利用互联网将物与物、物与人、人与人连接起来，建立全新的商务模式。

第一次工业革命的特征是蒸汽机，第二次工业革命的特征是发电机，第三次工业革命的特征是计算机和互联网，而以智能技术和信息技术融合形成的智能信息技术将会在第四次工业革命中对经济及社会活动产生广泛快速的影响（见图1）。

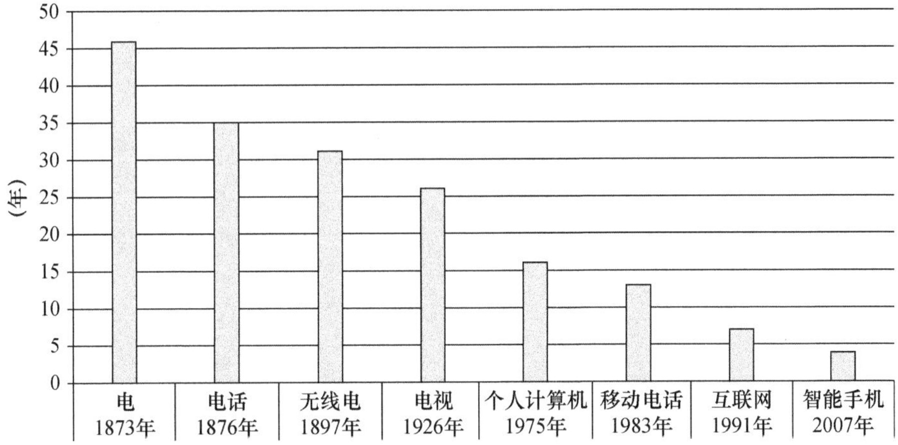

图1　技术的普及速度不断加快

注：本图为该项技术在美国普及率达到25%所需的时间估算。

资料来源：Wall Street Journal，US Census.

二、韩国的对外贸易现状

（一）主要国家动向

2010年之后，韩国出口从2010年的4664亿美元增加到2016年的4954亿美元，进口则从2010年的4252亿美元下降到2016年的4062亿美元。值得关注的是，持续到2014年的进出口增长趋势受2015—2016年贸易下滑的影响，发生了急剧减少，直到2017年才出现复苏，2017年上半年出口额和进口额分别达到2793亿美元和2342亿美元。从主要出口国的现状来看，2016年韩国对中国、东盟、美国和欧盟的出口额分别达到1244亿美元、745亿美元、665亿美元和468亿美元。2016年主要进口国的情况是，自中国、东盟、美国和欧盟分别进口870亿美元、443亿美元、432亿美元和519亿美元。

表1　韩国和主要进出口对象国贸易动向（10亿美元）

国家（地区）	2010年	2011年	2012年	2013年	2014年	2015年	2016年	2017上半年
出口								
中国	116.8	134.2	134.3	145.9	145.3	137.1	124.4	65.5
美国	49.8	56.2	58.5	62.1	70.3	69.8	66.5	34.0
欧盟	57.6	57.1	50.8	49.7	52.8	48.7	46.8	28.1
日本	28.2	39.7	38.8	34.7	32.2	25.6	24.4	13.3
东盟	53.2	71.8	79.1	82.0	84.6	74.8	74.5	46.2
其他	160.8	196.2	186.2	185.4	187.5	170.7	158.9	92.2
全世界	466.4	555.2	547.9	559.6	572.7	526.8	495.4	279.3
进口								
中国	71.6	86.4	80.8	83.1	90.1	90.3	87.0	47.7
美国	40.4	44.6	43.3	41.5	45.3	44.0	43.2	26.0
欧盟	38.8	47.5	50.4	56.2	62.4	57.2	51.9	27.5
日本	64.3	68.3	64.4	60.0	53.8	45.9	47.5	27.1
东盟	44.1	53.1	52.0	53.3	53.4	45.0	44.3	25.6
其他	166.1	224.5	228.7	221.4	220.6	154.1	132.3	80.3
全世界	425.2	524.4	519.6	515.6	525.5	436.5	406.2	234.2

注：文中所引用的中国数据未包括台湾地区。
资料来源：作者根据韩国贸易统计数据计算制成。

同时，从韩国的贸易增长率趋势可以看出不同时期的特点。2010—2017年期间，韩国的总出口增长率从2010年的28.3%下跌到2011年的19.0%，2012年只有−1.3%，到2013年才开始恢复。2015年和2016年分别是−8.0%和−5.9%。2017年上半年，受世界经济复苏和油价上涨等因素的影响，韩国出口增长率恢复到15.8%。相同时期进口增长率也呈现相似的特点。

除部分特殊情况外，主要国家的进出口情况和总进出口的情况比较相似。不过，美国、东盟、中国等主要市场获利于FTA等，出口出现好势头。而正在遭受财政危机的欧盟则呈现相对低迷的情况。

表2　韩国主要进出口对象国家的贸易增长率（%）

国家（地区）	2010年	2011年	2012年	2013年	2014年	2015年	2016年	2017上半年
出口								
中国	34.8	14.8	0.1	8.6	−0.4	−5.6	−9.3	12.4
美国	32.3	12.8	4.1	6.0	13.3	−0.6	−4.8	−1.0
欧盟	18.9	−0.8	−11.0	−2.2	6.3	−7.8	−3.9	22.5
日本	29.4	40.8	−2.2	−10.7	−7.2	−20.5	−4.8	15.3
东盟	29.8	35.0	10.2	3.6	3.1	−11.5	−0.4	29.2
其他	25.6	22.1	−5.1	−0.5	1.2	−9.0	−6.9	17.7
全世界	28.3	19.0	−1.3	2.1	2.3	−8.0	−5.9	15.8
进口								
中国	31.9	20.8	−6.5	2.8	8.5	0.2	−3.6	14.7
美国	39.1	10.3	−2.8	−4.2	9.1	−2.8	−1.8	22.7
欧盟	20.2	22.5	6.1	11.6	11.0	−8.3	−9.3	6.5
日本	30.1	6.3	−5.8	−6.7	−10.4	−14.7	3.5	22.8
东盟	29.5	20.5	−2.2	2.6	0.1	−15.7	−1.6	21.4
其他	33.8	35.2	1.9	−3.2	−0.4	−30.1	−14.2	30.9
全世界	31.6	23.3	−0.9	−0.8	1.9	−16.9	−6.9	21.3

资料来源：作者根据韩国贸易统计数据计算制成。

（二）主要产业的动向

截至2016年，各主要产业的出口比重依序为电子（34.1%）、运输装备（20.6%）、化学（14.9%）、金属（9.4%）、机械（9.4%），以上位次自2016年以来并没有发生新变化。不过，2010—2016年期间，这些行业的出口可划分为比重增长的和比重下降的。韩国的主要出口产业电子产业的出口比重在2011—2014年出现下降，但在2015年起开始恢复。化学产业和机械产业的出口比重在2010—2017年期间呈现增长趋势。与此相反，运输装备，金属产业大体出现下降。

而进口比重依次为包括原油的其他产业（34.2%）、电子（24.6%）、金属（9.4%）、机械（9.1%）和运输装备（5.9%）。包括原油在内的其他产业进口比重在2010—2017年期间受油价下降等因素影响呈现持续下降，金属产业也出现下降。而运输装备产业的进口比重截至2014年并没有出现大的变化，2015年以后却急剧上升。电子产业和机械产业的进口比重于2011—2014年出现下降，2015年以后转为增长。

各产业的贸易增长率可以为这种比重变化做出解释，但电子、运输装备、化学等主力产业的增长率较其他产业并不明显。例如，2010年电子产业的出口增长率不足产业整体出口增长率的13.6%，之后增长率依然处于相对较低的情况，但相比其他产业而又比较稳定。再来看进口，2013年以来，包括原油在内的其他产业的出口比进口出现了更大的下滑幅度。例如，2013年其他产业和全部产业的出口增长率分别为－4.8%和－0.8%，2014年分别为－1.8%和1.9%，2015年分别为－29.2%和－16.9%，2016年分别为－12.5%和－6.9%。2013年之后，电子产业较其他产业表现出较高的进口增长率。

表3　韩国主要产业进出口占比（%）

产业	2010年	2011年	2012年	2013年	2014年	2015年	2016年	2017上半年
出口								
农业	0.2	0.2	0.2	0.2	0.2	0.2	0.2	0.2
饮料食品材料	1.0	1.0	1.1	1.0	1.1	1.1	1.3	1.1
纤维	2.7	2.6	2.6	2.7	2.6	2.5	2.5	2.2
化学	13.4	14.1	14.2	14.6	14.5	13.8	14.9	14.9
金属	9.7	10.6	10.5	9.0	9.5	9.2	9.4	9.3
机械	8.4	8.6	8.7	8.6	8.7	9.3	9.4	9.6
电子	33.7	29.0	29.8	32.0	31.9	34.0	34.1	33.6
运输装备	22.3	22.7	20.7	20.4	20.5	21.5	20.6	21.0
其他制造业	0.6	0.5	0.6	0.6	0.6	0.6	0.7	0.6
服务	0.1	0.0	0.1	0.2	0.2	0.2	0.2	0.2

续表 3

产业	2010 年	2011 年	2012 年	2013 年	2014 年	2015 年	2016 年	2017 上半年
其他	8.0	10.5	11.5	10.7	10.1	7.4	6.7	7.2
合计	100.0	100.0	100.0	100.0	100.0	100.0	100.0	100.0
进口								
农业	2.0	2.1	2.2	2.2	2.2	2.4	2.4	2.4
饮料食品材料	3.1	3.4	3.2	3.3	3.5	4.2	4.6	4.3
纤维	2.7	2.9	2.8	3.2	3.4	4.1	4.5	3.8
化学	5.4	5.6	6.4	6.9	6.8	4.3	3.8	11.9
金属	12.0	11.3	10.0	9.6	9.8	9.7	9.4	9.2
机械	9.1	7.6	7.3	7.6	7.7	8.7	9.1	10.5
电子	19.5	17.4	17.4	18.4	18.8	23.4	24.6	23.0
运输装备	3.9	3.6	3.5	3.5	3.9	5.4	5.9	4.7
其他制造业	0.9	0.8	0.9	0.9	1.0	1.3	1.4	1.3
服务	0.1	0.1	0.1	0.1	0.1	0.1	0.2	0.2
其他	41.2	45.1	46.2	44.3	42.7	36.4	34.2	28.9
合计	100.0	100.0	100.0	100.0	100.0	100.0	100.0	100.0

资料来源：作者使用韩国贸易统计数据计算。

表 4　韩国主要产业进出口增长率（%）

产业	2010 年	2011 年	2012 年	2013 年	2014 年	2015 年	2016 年	2017 上半年
出口								
农业	19.5	21.4	0.7	3.9	−6.7	−8.6	7.7	22.1
饮料食品材料	22.8	25.3	4.3	−2.6	5.8	−1.2	7.2	4.4
纤维	17.7	12.6	0.1	4.8	−1.8	−10.2	−5.9	−1.7
化学	31.2	25.3	−0.9	5.1	2.2	−12.5	1.1	17.5
金属	24.4	30.0	−2.5	−12.1	8.0	−11.6	−3.6	11.1
机械	32.8	22.4	−0.4	0.6	3.9	−1.7	−5.4	17.6
电子	27.2	2.5	1.3	9.8	2.1	−1.9	−5.8	17.9
运输装备	28.2	21.5	−10.3	0.8	3.0	−3.5	−10.3	11.6

续表4

产业	2010年	2011年	2012年	2013年	2014年	2015年	2016年	2017上半年
其他制造业	15.3	16.2	16.9	−1.9	−0.6	−6.4	4.9	3.8
服务	−34.6	−1.9	240.7	12.8	8.7	21.7	−1.9	20.8
其他	36.0	56.5	7.9	−4.7	−3.1	−33.0	−14.6	29.6
合计	28.3	19.0	−1.3	2.1	2.3	−8.0	−5.9	15.8
进口								
农业	21.0	29.8	3.2	1.8	0.1	−9.7	−4.8	10.2
饮料食品材料	20.8	33.8	−5.5	1.2	10.0	−1.9	1.7	11.3
纤维	33.8	28.9	−2.7	13.0	8.7	−1.3	1.8	6.7
化学	39.0	27.6	12.5	7.6	0.2	−47.1	−19.4	14.3
金属	32.2	16.7	−12.2	−5.6	4.9	−18.2	−9.4	17.2
机械	37.8	3.7	−5.1	2.9	3.1	−5.8	−2.5	41.2
电子	23.1	10.1	−1.0	4.7	4.1	3.5	−2.4	12.0
运输装备	43.5	12.2	−4.4	−0.2	15.8	14.5	0.5	−8.5
其他制造业	23.3	12.1	2.2	5.4	12.5	3.8	4.1	9.4
服务	10.5	10.9	−22.8	−9.7	−10.5	73.4	30.5	3.3
其他	34.1	35.2	1.5	−4.8	−1.8	−29.2	−12.5	42.5
合计	31.6	23.3	−0.9	−0.8	1.9	−16.9	−6.9	21.3

资料来源：作者根据韩国贸易统计数据计算。

（三）韩国的全球价值链现状

全球价值链（Global Value Chain）反映的是企业的国际贸易及投资中生成附加值的过程，即为了生产企业的产品或者服务，结合原材料、劳动力、资本等生产因素创造附加值的过程。因此，全球价值链反映从产品的开发阶段到研发、生产、营销的国际网络。进入21世纪，全球价值链得到深化的首要原因是，随着贸易及外国人投资自由化的扩大，国际生产及交易活动在产品结构及地理上进一步分散。

由此，全球价值链的微笑曲线从2000年起呈现向上移动的趋势。随着世界经济一体化发展，全球价值链结构日益复杂，不同生产阶段附加值的偏差日益扩大。随着全球经济的一体化，各生产阶段的网络分工到全世界范围，全球价值链（GVC）结构日益复杂。生产附加值下降，开发及营销等生产后阶段的附加值上升，率先占据高附加值阶段的重要性日益重要（见图2）。

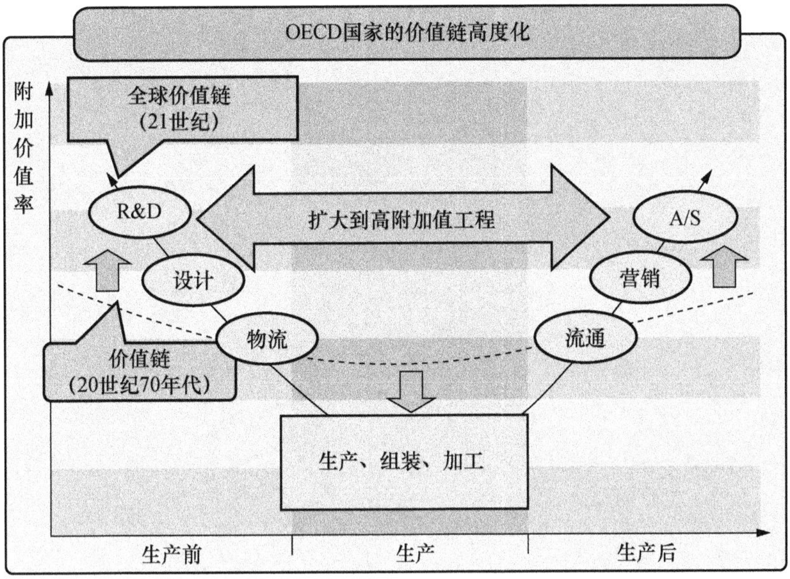

图2　OECD国家的价值链高度化

资料来源：De Backer（2013）。

据OECD-WTO-UNCTAD（2013），全球价值链增加提高了国家间的相互依存度，G20国家出口中30%—60%使用进口配件或者向其他国家出口配件。尤其是国际生产分割日益增加，以附加值为基准，1995—2009年，大部分G20国家的国内生产占总出口的比重日益减少。全球价值链对所有G20国家的收入增加起到正效应，1995—2009年，以附加值为准，出口增长106%。计算1995—2009年主要发展中国家在制造业通过全球价值链创造的附加值后发现，中国通过全球价值链创造的附加值增加了6倍。

Hummels等（2001）研究出测算附加值对外总出口的贡献度指标（VS1），我们可以利用该指标判别从全球价值链看到的韩国经济现状。从价值链结构上看，德国（DEU）、美国（USA）、中国（CHN）等是中枢国家，起着主导作用，而韩国对中国的依赖度非常突出。以下网络结构中国家或地区是节点，使用连接线表示国家或地区间的VS1比率及方向，连接线的粗细表示VS1的大小，圆的大小是相关国家或地区的VS1比率合计（见图3）。

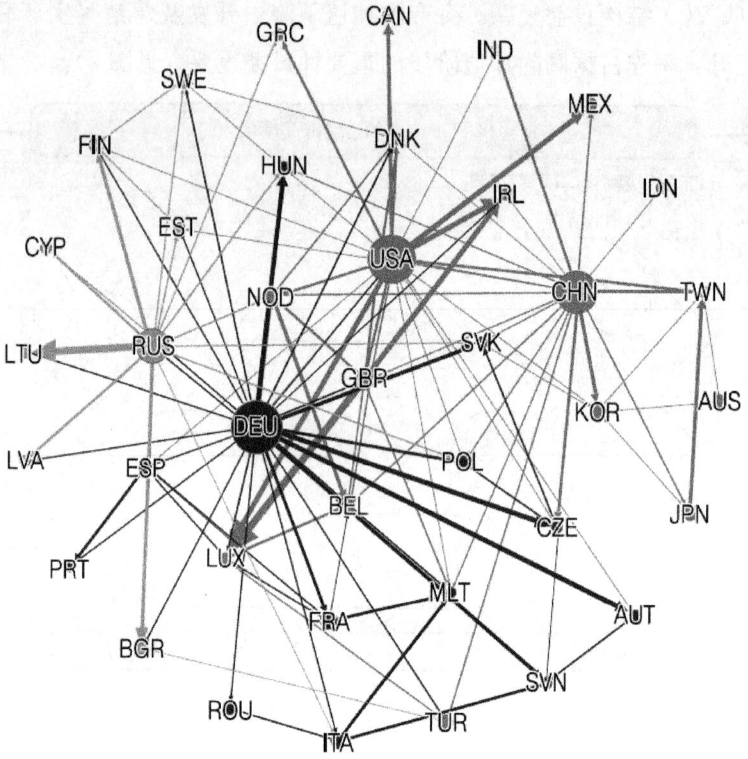

图3　全球价值链的网络结构

资料来源：Yoon Ujin等（2014）。

三、新一轮科技革命对韩国对外贸易产生的影响

（一）国际竞争力及生产率的变化

根据技术水准，将韩国制造业分为高端、中高端、中低端、低端四个领域，对市场显示性比较优势（RCA）指数进行分析。韩国制造业在中高端技术领域的竞争力正在得到提升，在高端技术和中低端技术领域却处于停滞状态，而在低端技术领域正在失去竞争力。而中国随着新兴发展中国家的登场，除了低端技术领域的其他所有领域内竞争力有提升，美国和日本整体上处于停滞或者削弱的趋势（见图4）。

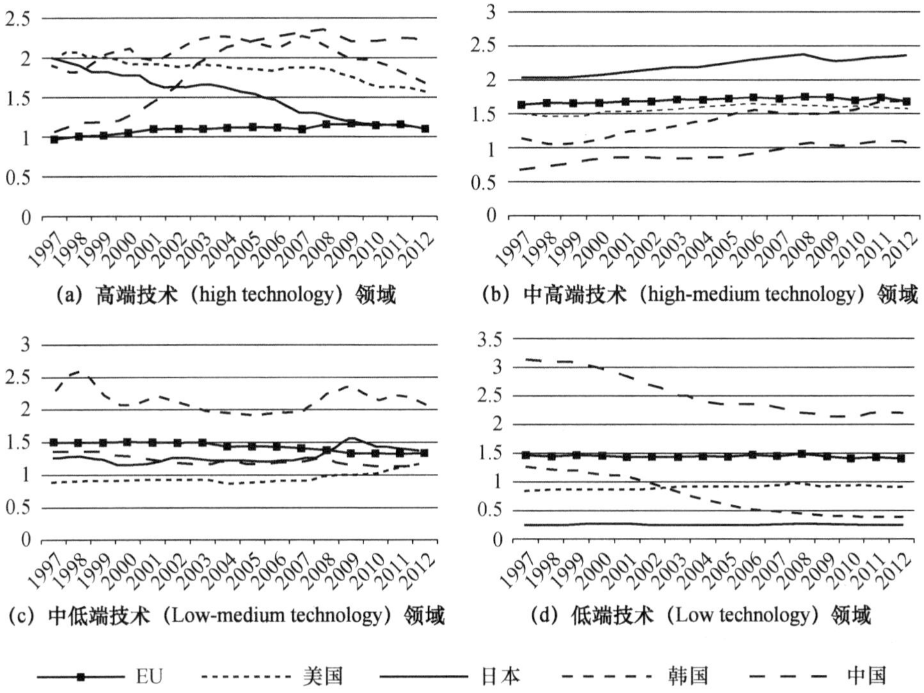

图 4　不同技术水准及显示性比较优势变化

资料来源：Gang Yudeok 等（2014）。

从机器人密度我们可以看出在可大量生产的中高端技术领域内韩国产业的竞争力也正在提高（见图 5）。从 IFR（2016）的机器人密度可以看出，韩国和日本、德国等一起成为使用机器人最多的国家，之后是意大利、美国、西班牙、法国、泰国、中国。

出现这种结果的原因是，半导体、智能手机等韩国的主力出口商品的工厂自动化水准高于其他产业。未来，如果韩国在目前拥有较高竞争力的汽车、造船、钢铁、化学等其他产业中也积极开展新一轮科技革命，将非常有助于竞争力及生产率的提高。

（二）服务贸易的扩大

如前所述，2016 年韩国的服务出口和进口分别为 12 亿美元和 7 亿美元，规模并不大。贸易统计数据基于海关数据，因此实际发生的各种服务交易可能并未计入劳务收支和转移支付收支等经常收支项目。单凭这一点，我们可以看出韩国的服务贸易发展水准低于商品贸易发展水准（见表5）。

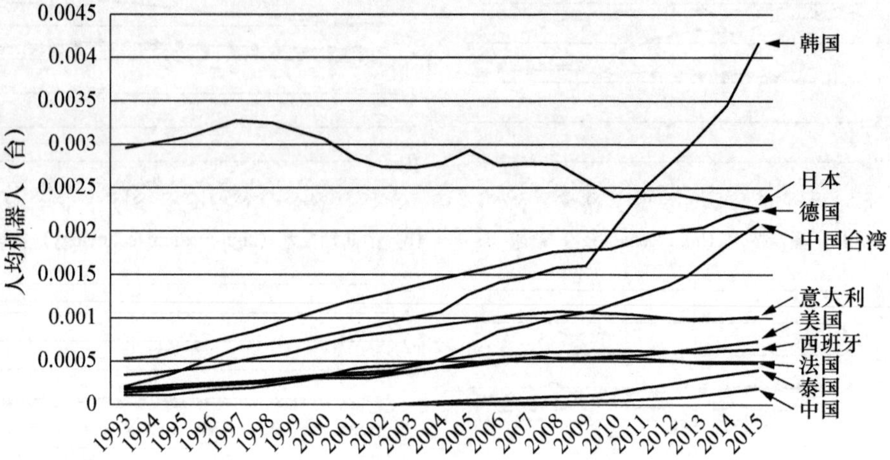

图5 机器人密度（1993—2015年）

注：机器人密度推定为过密。日本机器人分类多于其他国家，数据较高。
资料来源：国际机器人协会（International Federation of Robotics，2016）。

未来随着新一轮科技革命的扩散，韩国经济有必要采用新的商业模式（Business Model）。原因是在智能手机、半导体芯片等领域中专利和设计权的交易比较活跃，随着通信、金融、流通等领域的创新，服务贸易有可能得到进一步的发展。

Fjeldstd和Stabell（1998），Miroudot（2015）等提出了全球价值链、用户网络的应用、解决方案商城（Solutionshops）三种商业模式。首先，全球价值链将会在制造业、零售及餐饮服务（Food Service）企业中适用标准化流程，探索国际生产分割优化之路。用户网络（Facilitated User Networks），除了运输和通信领域外，在保险及银行等领域发展顾客间网络，创造附加值。解决方案商城利用咨询公司、研发、专业服务（Professional Services）等特定顾客的问题，动员资源和活动创造附加值。

全球价值链可以说是制造业的商业模式，国内附加值所占比例低于用户网络或者解决方案商城。近期，解决方案商城的就业率在提高，全球价值链的比重在下降，而用户网络比重则没有太大的变动。而且在研发、营销、经营（Operation）等不同价值链上，全球价值链、用户网络、解决方案商城等显示出不同的特点（见图6）。

表 5　投放于制造业价值链的服务（建设机械的案例研究）

建立阶段	制造前	制造中	制造后	后勤和循环
1. 业务联络服务 2. 公司注册和许可服务 3. 信息和统计服务 4. 签证和移民服务 5. 创业咨询	6. 原材料采购代理 7. 海关相关服务 8. 输入质量检验服务 9. 原材料运输服务 10. 设备维修和保养 11. 存储：通用存储 12. 存储：油库 13. 产品概念和设计 14. 获取专利 15. 产品开发/新技术的研发	16. 生产管理服务 17. 质量控制和达标 18. 厂区保洁服务 19. 工程服务 20. 厂区草坪园艺服务 21. 安保服务 22. 污水处理服务 23. 设备维护 24. 废物回收和再利用 25. 政府安全/环境监测 26. 餐饮服务 27. 员工宿舍 28. 医疗服务 29. 为员工提供娱乐设施和服务 30. 员工交通服务	31. 向经销商提供陆路运输服务 32. 向经销商提供海上运输服务 33. 零售服务：经销商 34. 费用或合同基础上的零售服务 35. 零售运营管理 36. 经销商存储服务 37. 为顾客提供购买和金融服务	38. 金融账户审计 39. 金融服务 40. 内部审计 41. 机械装置保险 42. 员工保险 43. 业务管理和咨询服务 44. 公司秘书 45. 公司通信 46. 邮寄和当地快递服务 47. 物业管理 48. 人力资源管理 49. 人员查找和转介服务 50. IT 维护和支持 51. 安全保护 52. 电信 53. 制服：设计和变更 54. 制服：洗衣 55. 法律服务 56. 广告管理 57. 广告代理服务 58. 广告设计服务 59. 广告：导演、摄影师和模特 60. 供电 61. 供气 62. 供水

资料来源：Low（2015），p. 16.

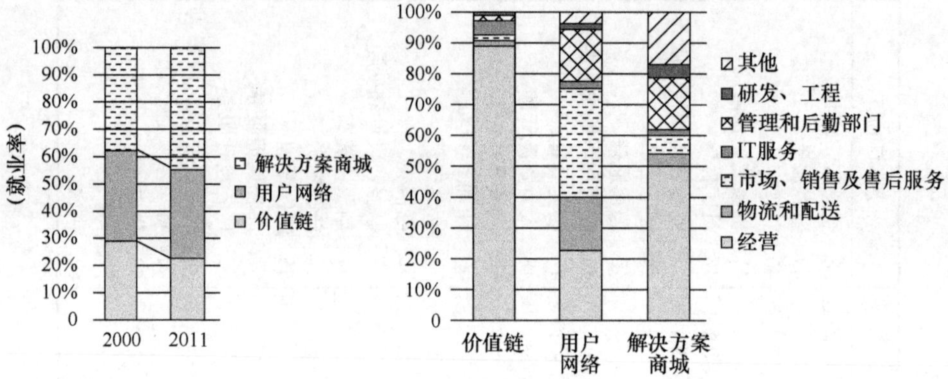

图 6　商业模式的变化

资料来源：Miroudot（2015），p. 19.

（三）贸易行业就业效应在降低

新一轮科技革命将会从根本上改变生产及贸易，对就业问题产生较大影响。利用世界投入产出数据库计算出就业效应占比后发现（见表 6），调查对象国的出口平均值为 16.8%，投资和消费分别为 6.2%和 67.0%，表明消费对雇用增加起到最为重要的作用，出口和投资对就业效应的影响只是消费的 1/4。韩国出口的就业效应占比是 28.2%，在调查对象国之中处于比较高水准的国家。发达国家当中，美国（7.4%）、EU（12.2%）、日本（10.0%）等大部分止于 10%左右的水准，发展中国家中除了中国（26.3%）外，大部分低于 16%。

韩国出口的就业效应占比较高，但就业效应系数却相对较低。这一结果表明，出口部门就业人数较多，导致较高的就业效应占比，因就业效应系数较低即便出口出现就业人数增加也无法达到期待值。

表 6　各国最终需求项目的就业效应比较（%）

国家	就业效应占比（%）			就业效应系数（名/百万美元）		
	出口	投资	消费	出口	投资	消费
韩国	28.2	15.9	55.9	14.4	19.1	22.4
美国	7.4	11.3	81.3	7.1	8.9	9.8
EU	12.2	15.2	72.6	10.5	12.1	12.6

续表 6

国家	就业效应占比（%）			就业效应系数（名/百万美元）		
	出口	投资	消费	出口	投资	消费
中国	26.3	28.3	45.4	103.4	106.3	167.9
日本	10.0	19.4	70.5	9.4	12.3	11.8
印度尼西亚	14.2	15.7	70.1	118.6	140.4	225.4
加拿大	17.7	14.6	67.7	6.9	9.9	11.0
澳大利亚	13.2	22.1	64.7	8.2	10.3	11.4
印度	9.9	17.6	72.4	201.2	177.8	373.0
墨西哥	15.2	17.5	67.4	29.1	41.9	45.5
巴西	11.1	13.1	75.8	54.6	61.6	58.2
土耳其	15.7	10.6	73.6	24.2	27.4	28.1
俄罗斯	15.4	12.4	72.2	31.9	48.1	61.0
调查对象国家平均	16.8	16.2	67.0	45.4	50.3	75.6

注：就业效应占比＝各最终需求项目的雇用影响人员÷总就业人数，构成比合计是100。雇用影响系数＝雇用影响人员÷最终需求。

资料来源：崔洛均（2012），p.100.

此外，以是否完成初等、中等、高等教育课程为准，区分劳动的熟练度，并按劳动熟练度计算出就业效应。韩国出口对高级熟练劳动创出的影响程度是23.8%，对中级熟练劳动和非熟练劳动的影响分别达到32.8%和30.0%，韩国出口对中级熟练劳动的影响力最高。即韩国出口的雇用影响效果占总雇用的构成比是28.2%，对高级熟练劳动的影响力低于平均值，高级熟练及非熟练劳动超过了平均值。

该结果表明，韩国出口对中级熟练及非熟练劳动的影响高于对高级熟练劳动的影响。今后，随着新一轮科技革命的扩散，劳动节约型技术的发展将带来生产率的提高。和高级熟练劳动相比，智能信息技术的扩散将对单纯性重复比重较高的中级熟练及非熟练劳动产生更多的负面影响（见表7）。

表 7　不同劳动熟练程度和雇用效果的国际比较

国家	高级熟练劳动			中级熟练劳动			非熟练劳动		
	出口	投资	消费	出口	投资	消费	出口	投资	消费
韩国	23.8	16.5	59.6	32.8	15.7	51.6	30.0	13.9	56.0
美国	6.6	8.3	85.0	7.6	11.9	80.5	8.8	17.4	73.7

续表 7

国家	高级熟练劳动			中级熟练劳动			非熟练劳动		
	出口	投资	消费	出口	投资	消费	出口	投资	消费
EU	9.6	10.9	79.5	13.0	16.2	70.8	13.6	18.0	68.4
中国	22.5	24.8	52.7	27.3	32.3	40.5	26.2	26.6	47.2
日本	8.8	17.6	73.6	10.3	19.4	70.2	12.1	26.4	61.5
印度尼西亚	10.1	14.1	75.8	14.5	17.9	67.6	14.5	15.3	70.3
加拿大	14.2	9.0	76.8	18.7	16.5	64.9	23.8	18.8	57.5
澳大利亚	9.8	14.1	76.1	13.0	25.2	61.8	15.0	23.2	61.8
印度	10.3	17.5	72.3	11.2	19.7	69.1	9.3	16.7	74.0
墨西哥	11.8	13.7	74.5	16.0	19.1	64.9	15.2	16.7	68.0
巴西	5.8	7.0	87.1	9.7	12.6	77.7	14.0	15.7	70.4
土耳其	8.5	7.1	84.4	16.3	10.9	72.9	17.2	11.4	71.4
俄罗斯	9.8	8.7	81.5	16.5	13.4	70.1	14.8	9.4	75.8

注：不同劳动熟练度的雇用影响构成比＝各最终需求项目雇用影响人员÷不同熟练度就业人数，构成比的合计是100。

资料来源：崔洛均（2012），p. 101.

四、结论

随着新一轮科技革命的推进，生产方式将出现新的变化，也会出现新的商业模式，国际性的商品和服务交易也会产生较大的变化。一旦智能信息技术扩散，制造业的生产率将会大幅度提高，服务贸易将会更加普及，通信、金融、物流的物联网发展将会刺激数字贸易（Digital Trade）的发展。而且，贸易对国内雇用创出的影响将会减弱，智能信息技术的发展为品质管理和柔性制造提供了可能性，电子、时装产业的回流（Reshoring）将会进一步扩散。

新一轮科技革命将对不同产业产生不同的影响。如果机器人和人工智能可以提高生产率，生产灵活性（Production Flexibility）也会给海外投资模式带来新的变化。和饮料食品材料或者金属产品不同，电子和时装类产品中质量管理及生产灵活性的影响较大，因此也将对该行业产生较大的影响。

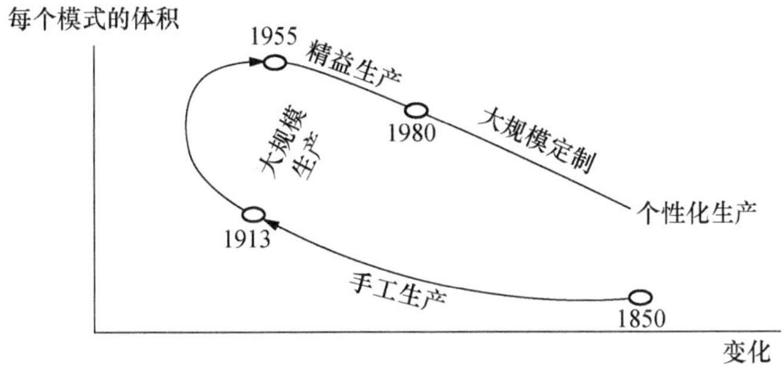

图 7　制造业生产模式变化

资料来源：Hu，S. Jack. 2013. Evolving Paradigms of Manufacturing：From Mass Production to Mass Customization and Personalization，p. 4.

（崔洛均，韩国对外经济政策研究院贸易投资政策组、先任研究委员）

参考文献：

1. Kang Yoo deok，Oh Tae hyun，Lee Cheol won，Lee Hyun jin，Kim Joon yeop. 欧洲主要国家的产业竞争力提高方案和启示点. 韩国对外经济政策研究院，2014.

2. Yoon Woo jin，Park Seong Keun，Jung In hwan. 韩国产业的活力，国际化与结构变化，研究报告 2014—722，产业研究院，2014. 12.

3. Choi Nak kyun，Han Jin hui. 贸易对就业与附加值的影响分析与政策启示点，研究报告 12—01，韩国对外经济政策研究院，2012. 11.

4. 韩国贸易统计振兴院，韩国贸易统计.

5. De Backer，K. 2013. OECD Work on Global Value Chains and Trade in Value Added，COMPNET meeting，Dublin，13 March 2013.

6. Fjeldstd，Charles B. and Oystein D. Stabell. 1998. Configuring value for competitive advantage：on chains，shops，and networks. *Strategic Management Journal*，Vol. 19，pp. 413－437.

7. Hummels，David，Jun Ishii，Kei-Mu Yi，2001，The nature and growth of vertical specialization in world trade，*Journal of International Economics*

54, pp. 75−96.

8. International Federation of Robotics. 2016. *World Robotics Report 2016*. Frankfurt.

9. Low, Patrick. 2015. *The Role of Services in Global Value Chains*. presented at ASEAN Services Forum, ASEAN Secretariat.

10. Miroudot, Sebastien. 2015. Medium term prospects for GVCs and trade. presented at the OECD Global Trade Forum on Trade.

11. OECD, WTO, UNCTAD. 2013. *Implications of Global Value Chains for Trade, Investment, Development and Jobs*.

新一轮科技革命和产业变革背景下中国创新创业现状和趋势研究

姜　江

内容提要： 新一轮科技革命和产业变革背景下，中国创新创业持续向纵深推进。整体科技实力显著提升，新登记企业数量快速增长，创业投资稳中有升，创新创业制度生态日臻完善。中国参与国际产业链、创新链分工的比较优势正在发生改变，但是，新科技革命和产业变革演进中，越来越多领域也暴露出现有制度安排不适应新技术、新模式、新产业发展需要等问题。未来一段时期，中国创新创业的方向将更加集中于信息及其应用、生命健康、智能制造等领域，创新创业的模式将经历趋势性转变，包容创新的治理理念得到进一步推广，更加适应新一轮科技革命和产业变革、更符合中国国情同时具有中国特色的创新创业制度体系将加快成型。

当前，新一轮科技革命和产业变革正在以绿色、低碳、健康为主题，以信息技术为支撑，由智能制造、新能源、生物、纳米等领域的群体性科学技术突破为表现，引发经济社会的深刻变革。中国创新创业呈现蓬勃发展的态势，整体科技实力显著提升，创新型企业大量涌现，创业群体更加多元，新技术新业态新产业领域的创业备受资本市场青睐。新一轮科技革命和产业变革为中国创新创业带来重大历史机遇，相应的，部分重点领域基础研究储备不足、制度建设滞后的问题和制约也更加突出，迫切需要客观全面把握新科技革命和产业变革背景下中国创新创业发展的新趋势，加快形成适应新科技革命和产业变革的制度框架。

一、中国创新创业持续向纵深推进

（一）整体科技实力明显提升，创新驱动经济社会转型发展取得一定进展

《全球创新指数》报告显示，中国于2016年成为全球首个首次跻身创新指数排名25强的中等收入经济体，2017年创新指数排名位次继续上升至22位。从科技投入看，研发经费支出逐年上升，从2012年的10298.4亿元增至2016年的15440亿元，年均复合增速达10.7%。研发经费支出占国内生产总值比重从2012年的1.91%上升至2016年的2.07%，接近发达国家研发投入强度平均水平。我国科技进步贡献率由2012年的50%左右稳步增至2016年的56.2%。创新在促进传统动能改造提升、新动能孕育壮大中的作用日益显著。装备、交通、能源、金融、餐饮、旅游等越来越多的传统产业通过高新技术改造应用实现转型升级，积极创新产品和服务满足新的市场需求，改进商业模式、管理手段、资本运作方式激发新的发展动力和能量。新技术新产业快速崛起壮大，有力支撑新旧动能转换。被国际电信联盟确定为第四代移动通信国际标准的TD-LTE-Advanced技术，已形成逾2.7亿用户规模的完整产业链条。超级计算、基因、新一代宽带、智能终端等大量新技术应用于农业、制造业、物流、医药等传统产业，正在形成潜力巨大的新兴产业和消费市场。

（二）新登记企业数量快速增长，创新型企业大量涌现

在新一轮科技革命和产业变革快速孕育兴起、商事制度等改革深入推进的背景下，近年来中国市场主体延续高速增长态势，企业活跃程度明显提升，结构发生积极变化。2016年全国新登记市场主体1651.3万户，同比增长11.6%，平均每天新登记4.51万户。其中，新登记企业552.8万户，比2015年增长24.5%，平均每天新登记企业1.51万户，比2015年高出0.31万户，注册资本（金）总额41.9万亿元，增长44.6%。截止到2016年底，我国实有企业数量达2596.1万户，同比增长18.8%，企业数量连续四年实现两位数增长。高成长性企业快速涌现。全国有71家互联网公司估值超过10亿美元，进

入“2016 年独角兽俱乐部”。一批企业跻身全球性高成长高估值企业榜单行列。据统计，入选《麻省理工科技评论》“2016 全球 50 家最具创新力科技公司”的中国初创企业数量已达到 5 家；根据 2016 年 CB Insight 公布的“全球独角兽企业”，中国新上榜企业数量与美国旗鼓相当；毕马威与 H2Ventures 联合发布的“2016 全球金融科技 100”有 8 家中国企业入选。

（三） 创业热情迸发，创业群体更加多元

越来越多的人加入创新创业大军。一是在校大学生的创业意愿日趋增强，创业能力不断提高，自觉、自愿、自发参与创新创业的氛围正在形成。据有关机构调查，全国近九成的在校大学生具有创业意向，其中：近两成拥有强烈的创业意向，七成以上在校大学生的创业动机是自我价值实现。二是越来越多的“海归”放弃国外优越的生活条件和优厚的工资待遇，怀揣实现自我价值的梦想，主动回国创业，在虚拟现实、生物医药、人工智能、机器人、节能环保等领域创办了一大批企业，成为引领创新创业最为活跃的群体。三是一大批有经验、有技术、有资金的外出务工人员纷纷回到家乡创业，也有越来越多的中高等院校毕业生、白领、退休人员、退役士兵、科技人员和企业家返乡下乡创业，做起了“新农人”，从事农村电商、农业观光旅游、绿色农产品生产和加工等行业，正成为美丽乡村的建设者、现代农业的推动者、农产品产销对接的链接者。四是一批以中央企业为代表的大企业，积极探索实施技术入股、收益提成、内部技术转移、创业人员管理等激励机制，搭建各类创新创业平台，加强与中小企业、科研院所、高校和社会创新创业群体协同，推动创新创业。

（四） 创业投资稳中有升，技术创业成为投资热点

越来越多的社会资金涌向创业企业，中国成为仅次于美国的世界第二大创业投资集聚地。早期投资、创业投资规模在经过 2015 年的爆发式增长后，2016 年早期投资继续保持快速增长势头。据专业机构统计，2016 年发生的全国早期投资案例所披露总投资金额同比增长 20%。创业投资募资规模达 3500 亿元以上，是 2015 年的 1.79 倍。在新一轮科技革命和产业变革浪潮的引领下，信息技术、生物技术/医疗健康行业发生的投资案例数和投资金额快速提升，超越电信及增值业务，位居第二、第三位，成为创业的“新风口”。2016

年，互联网领域获得早期投资的案例数同比下降47%，资金规模下降31%，电信及增值业务所获投资案例数下降40%。信息技术领域早期投资案例数、金额数分别比上年增长83%和86%，发生的创业投资案例数和投资金额所占比重分别较上年同期上升2.5个和5.4个百分点。生物技术/医疗健康行业早期投资案例数、金额同比分别增长120%和51%，发生的创业投资案例数和投资金额所占比重分别较上年同期上升2.9个和2.8个百分点。

（五） 体制机制改革步伐加快，创新创业制度生态日臻完善

近年来，中国政府围绕创新驱动发展、创新创业等先后出台大量重要文件，具体包括：制定实施《关于深化体制机制改革 加快实施创新驱动发展战略的若干意见》，直面当前制约我国实现创新驱动发展的若干体制机制问题，做了9章30条的重点任务和改革部署；修订颁布《促进科技成果转化法》，将财政资金支持的科技成果知识产权下放给具有法人资格的科研事业单位，明确规定科技成果转化净收入中科技人员提取不低于50%的比例；出台《国务院关于大力推进大众创业万众创新若干政策措施的意见》，进一步推动资金链引导创业创新链、创业创新链支持产业链、产业链带动就业链；印发《国家创新驱动发展战略纲要》，提出实现创新驱动发展的战略目标、实践载体、重点任务、制度安排和保障措施；等等。总体看，主要是围绕技术攻关、简政放权、财税扶持、创业孵化、成果转化、人才培养、开放包容等方面积极开展任务部署。通过实践探索发展，不断完善创新驱动发展的顶层设计，明确中央和地方有关部门、企业、金融机构以及社会各界的职责分工，优化创新创业生态，初步形成了全社会鼓励创新、推动创新、支持创新的政策体系。

二、新一轮科技革命和产业变革给中国创新创业带来的机遇和挑战

（一） 技术进步和创新助推中国创新创业蓬勃发展

伴随信息技术进步加快，向其他行业的渗透应用持续拓展，进一步释放企业、科研院校、科研人员、大学生等创新潜力，激发其创新热情，助力其实现

创业梦想。最典型的应用，就是一些企业借助互联网等手段，将过去由单个企业完成的任务，向资源参与的所有企业开放，并发挥比较优势进行市场分工，提高了创新效率，促进了生产方式的变革。例如，某国有邮政企业为应对互联网发展对传统邮政业务的挑战，与大型民营电商企业合作，利用民营企业的电商平台改造经营业态，并在新业态领域探索混合所有制，既提高了国有资本配置和运行效率，又通过“互联网+”实现了自身的转型。某汽车零部件公司在线将新产品开发项目众包，既能更好利用全球技术、人才等创新资源，弥补公司内部研发人员不足的短板，又能将设计周期从过去的3到4个月缩短到2个月以内，节省差旅、评审成本80%以上，对于加入众包业务的研发团队而言，既能最大限度促成现有科技成果转移转化实现商业价值，又能进一步积累面向客户的开发经验，同时降低自行向市场推广产品的成本支出，实现了双方共赢的局面。此外，大量科研人员、大学生等，借助信息技术手段，推动其研发成果、好的主意、想法实现商业价值。

（二） 新技术新产品新模式为中国创新创业提供广阔空间

以信息技术进步和应用拓展为基础，以生命、绿色、能源、智能制造等为表现的新一轮科技革命和产业变革，不仅带来若干领域的重大技术突破，更衍生了大量的新产品新服务新模式新产业，为中国创新创业开辟了更加广阔的发展空间。例如，互联网创业不再局限于个体工商户开网店、大学生网上卖创意等形式，而是继续向更广领域、更多元主体参与方向上拓展，共享单车、自媒体、微创业等具有时代标志性的新模式新业态蓬勃兴起，以需求促发展，推动相关领域技术持续推陈出新，形成供需互动、交汇映衬的良性发展模式。新创企业科技含量不断提升，虚拟现实、增强现实、大数据、人工智能、机器人、生物医药等领域创业企业大量涌现，技术驱动型新创企业逐步增多。例如，人工智能领域，我国企业已基本覆盖产业链各环节，巨头互联网企业也积极布局参与，涌现出科大讯飞、旷视科技、地平线机器人等垂直领域的领军企业，一大批智能硬件创业企业兴起壮大。生物医药领域，加速与信息、材料技术交互应用，精准医疗、转化医学、基因编辑、新一代基因测序技术等不断为新药开发和疾病诊疗提供全新方向，基于新靶点、新作用机制的突破性疗法不断出现，中国凭借巨大的市场潜力，正吸引越来越多的海外技术、人才在这里生根发芽。

（三） 新科技革命和产业变革背景下中国参与国际科技产业分工的比较优势发生明显变化

与20世纪80年代初相比，当前中国综合国力显著增强，开放型经济体系基本形成，社会主义市场经济体制日趋完善，具备迎接新一轮科技革命和产业变革的经济基础和文化、制度优势。一是市场方面。中国互联网以及移动互联网用户数量庞大，人民收入水平日益提升也将为我国拥抱新科技革命和产业变革提供更大规模、更加多元、更高质量的市场支撑。二是人力资源方面。我国科技人力资源数量居世界第一，拥有一支庞大的劳动力成本相对较低的产业工人队伍。在国际生物、信息、纳米等前沿研究和产业技术领域，华裔科学家和专家数量巨大。三是资金供给方面。目前，我国科技投入总量已跃居世界第二并快速增长，国内资金供给相对充裕。近年来，风险投资、创业投资等民间资本也快速发展。四是资源禀赋方面。比如，我国风能、太阳能等资源储量大、分布广，开发潜力大，生物资源丰富。此外，近年来，我国信息网络、新能源、生物等行业快速发展，技术创新能力不断提高，华为等一批有国际影响力的企业快速发展，为迎接新一轮科技革命和产业变革奠定了较好产业基础。

（四） 科技革命和产业变革突显中国创新创业制度建设滞后

新一轮科技革命和产业变革演进发展中，越来越多领域暴露出现有制度安排不适应新技术新模式新产业发展需要的问题。主要表现：一是现有体制机制不适应新一轮科技革命和产业变革发展的要求。比如，目前的能源管理体系是以常规能源为基础建立起来的，没有建立适应可再生能源特点的运行管理体系，风电、太阳能等可再生能源并网难的问题比较突出。新药审批周期过长，创新药物定价机制有待完善，新药难以进入医保目录等。二是支撑第三次工业革命发展的科技创新体系不健全。基础研究不足，部分关键技术和共性技术平台缺乏，科技投入分散、重点不突出，企业创新能力缺乏，科技与经济结合不紧密、研发与产业化推广脱节的问题比较突出。三是政策法制环境有待完善。对可再生能源、新能源汽车、生物医药等产业发展的激励和补贴政策有待加强，标准体系、相关的基础设施建设滞后。天使投资、风险投资等不发达，金融创新不足，引导社会多元资本向信息、生物、可再生能源等领域倾斜的投融资体系尚未形成。地方保护、行业垄断现象以及知识产权保护和运营制度等。

三、新一轮科技革命和产业变革背景下中国创新创业的新趋势

（一） 创新创业的方向将更加集中于信息及其应用、生命健康、智能制造等领域

中国未来一段时间的“双创”（即“大众创业、万众创新”的简称），将更加突出创新的特征，基于现有资源开发、客户关系维护、商业模式创新的创业越来越难以在激烈的竞争中长期生存下去，相反，以技术进步及应用为基础的创业将展现出强大的生命力，是未来创业的主流。从全球最近一段时期新的重大科学发现和学科演进、知识积累趋势看，信息、生物、新材料、新能源领域都在孕育若干新的重大突破，显示出广阔的发展前景。从人类社会共同面临的可持续发展需求来看，越来越迫切地需要解决能源、环境、健康等重大问题。从新兴技术和产业群已经表现出的影响来看，生物、新能源、物联网、云计算等新一代信息技术等产业都将继续深刻改变人类的生产方式和生活方式，广泛应用于传统制造、服务、农业等领域，推动世界经济进入新一轮经济增长周期。总体看，上述信息及应用、生命健康、智能制造、新能源等领域，我国都具有较好的市场、人才储备、产业配套支撑、资源供应等比较优势，将是未来较长一段时期内创新创业的重要方向。

（二） 中国创新创业的模式正在经历趋势性变化

当前，中国创新创业的模式，更多是一种企业主体、科研院校、技术科研人员、大学生、海归、返乡农民等各类人群共同参与，但仍然是以独立实体为主从事创新创业的发展模式。新一轮科技革命和产业变革浪潮下，知识技术更新速度加快，各领域深度交叉融合跨界发展，行业专业壁垒进一步增加，社会

分工更加细化，企业推动技术进步和创新，个人实现基于创新的创业梦想，都将更加依赖各类创新资源在更大范围内、更深层次上的合作协同。区块链作为分布式数据存储、点对点传输、共识机制、加密算法等技术的集成应用，目前应用已经延伸到物联网、智能制造、供应链管理、数字资产交易等多个领域，在连接技术知识、产业链上下游、客户需求、资本供应方面发挥越来越重要的作用，完全有可能推动新一轮科技革命和产业变革背景下的创新创业由传统相对独立、各自为政的模式向区块链协同创新的模式转变。新的创新创业模式，将极大程度提高分工效率、降低总体成本支出。其中，龙头企业将不再完全依赖公司内部资源实现业务开发和产业化，而是更多承担平台企业的职责，通过搭建平台，制订明确知识产权和利益分享、风险责任分担等制度体系，实现企业主导、更高效利用全球创新资源实现同一目标的创新创业新模式。参与到区块链中的产业链上下游的中小微企业，更容易获得贷款、风险投资支持，降低运营成本。加入区块链分工体系的创业团队，可以更加专注于新技术开发，市场开拓等任务由平台企业代为实现。

（三）适应新科技革命和产业变革的创新创业制度框架加速形成

当前，决策部门越来越意识到原有体制机制和政策环境对于迎接新一轮科技革命和产业变革的诸多“不适应”，正在完善适应新技术新业态新模式、满足新动能集聚需要的政策法规和制度环境。在制度顶层设计思路上，包容创新的治理理念正在逐步形成，监管模式逐渐由前期更加关注处理具体事项、细节的管理方式，向事先设置安全阀和红线的底线监管模式转变。在新技术新产业领域的准入监管方面，针对新一轮科技革命和产业变革有关的重点产业领域轻资产、重知识、跨界融合、无先例可循等特征，加快变革前期以批代管、偏重目录准入管理的方式，以负面清单为主的产业准入制度取而代之，但不急于将新技术新业态新模式等领域纳入负面清单。在新科技革命和产业变革重点领域发展中的制度补位方面，加快出台电子商务法、个人信息保护、数据资源管理、新能源发电并网等新的法律法规规定，加快推动药品上市许可持有人制度试点，出台促进分享经济发展的指导意见等。可以预见，决策部门本着创新、开放、包容的态度，将以更加灵活、针对性强、可调节可变化的手段扶持各类创新创业活动，更加适应新一轮科技革命和产业变革、更符合中国国情同时具有中国特色的创新创业制度体系将加快成形完善。

（姜江，国家发展和改革委员会产业经济与技术经济研究所研究室主任、副研究员）

参考文献：

1. 国家发展和改革委员会. 2015年中国大众创业万众创新白皮书［M］. 北京：人民出版社，2016.3.

2. 中国区块链技术和产业发展论坛编写，工业和信息化部指导. 中国区块链技术和应用发展白皮书（2016），内部报告.

3. 姜江，洪群联等.“十三五”产业新增长点：打造经济发展新引擎［M］. 北京：中国市场出版社，2016.2.

4. 王春法. 经济全球化背景下的科技竞争之路［M］. 北京：经济科学出版社，2000.1.

5. 王中美. 新经济的动态竞争与反垄断之两难命题——以谷歌案为例［J］. 行政与法，2014（9）.

6. 中国新经济，六大闪光点. 新华网，2015.12.15.

新一轮科技革命和产业变革背景下韩国的创新创业形势与政策

李顶宇

内容提要： 第四次产业革命为科技、产业、经济带来新的变化，世界同时面临危机和机会。作为快速应对这些变化的方案，创新创业和企业家精神备受瞩目。本文基于韩国的创新创业主要现状、统计数据、案例等，诊断当前情况，介绍创新创业相关的政策信息和方向，探索第四次产业革命时代韩国政府的作用及应对战略，寻求今后的发展方向，藉此探索国家之间的创新创业相互合作方案，发展全球合作。

一、概要①

（一） 背景

第四次产业革命的到来，将给人类的生活带来巨大的变化。通过智能工厂等制造工程实现数字化及自动化，智能手机、智能家电、无人汽车等所有事物通过物联网实现了网络化和智能化。主导第四次产业革命的核心技术有：大数据（Big Data）、物联网（IoT，Internet of Things）、人工智能（AI，Artificial Intelligence）、增强现实（AR，Augmented Reality）及虚拟现实（VR，Virtual Reality）、机器人（Robot）等。

第四次产业革命为我们的日常生活带来更多的智能化因素，但也存在自动化导致工作岗位减少的隐忧。在这危机和机会共存的时代，率先应对及企业家

① 资料来源：李顶宇（2017a）。

精神（Entrepreneurship）的发挥，能否将危机转为新的增长动力和新的就业机会？让我们拭目以待。

（二）第四次产业革命时代主要变化

最近，韩国国内出现了一批应用第四次产业革命核心技术的新初创企业（Startup），原有企业也跟随时代改变公司的产品或服务，以谋求转变和创新。

第四次产业革命时代，以供应商为中心的统一标准型（Standardized）产品及服务方式转为以消费者为中心的定制型（Customized）产品及服务，即根据消费者特点提供定制化的产品和服务。

从“小品种大量生产”转为“多品种少量生产”，现在又转为“多品种大量生产”。原因是基于人工智能（AI）的产品或服务可以通过持续的学习而进化，即便是相同的产品或服务，亦可以根据用户的数据输入（input）和反馈（feedback）随时变成各种形态。

第四次产业革命时代，以技术为中心的产业结构转为以人为中心的产业结构。若想最大限度减少科技飞跃发展的副作用，则需要以人为中心的企业家式思考和价值观。决策基准正向可以极大限度放大个人价值的方向转变。①

尤其是韩国，需要从过去以企业为主的“规模经济”转换为初创企业及中小企业为主的“速度、灵活型经济”。② 社会的快速变化需要快速应对，而初创企业组织文化相对灵活，第四次产业革命无疑为其提供了新的机会。

二、主要现状及案例

（一）现状及相关统计

目前，韩国国内借鉴“创客运动（Maker Movement）”开展的创新创业活动正在蓬勃发展，甚至被评价为第二次创业潮来临。利用开源硬件（Arduino）、3D打印机、智能手机APP，个人可直接实现创意的产品化。在政府的参

① 资料来源：Kim Seonu等（2017）。
② 资料来源：专利厅报道材料（2017.6.27.）。

与下，设立并推广了韩国型创客空间（Maker Space）创意实验室（Creative-Lab）。

过去，很多人因为高昂的初始费用和对失败的畏惧而不敢创业。现在，无论是谁，只要有创意就可以以低廉费用制作试制品（Prototype），形成了敢于创业的环境和根据市场反馈快速转换（Pivot）经营模式的精益创业（Lean Startup），逐渐实现创业大众化。

同时，随着政府积极的初始创业支援政策和民间的各种扶持活动，初始投资持续增加，初始创业生态系统发展更加蓬勃。尤其是通过提速器（Accelerator）[①]法制化等方式培养扶持民间提速器，积极形成初始创业生态系统。

2010 年成立的 Primer 是韩国第一个提速器，目前韩国共有 30 多个提速器（见表 1）。

表 1　韩国主要提速器现状

机构名	主页	法人	特　点
K-startup APP 中心运动总部	kstartup. com	Byun Gwangjun	谷歌（资金/指导），SK Planett（资金），D. CAMP 合作
N15	www. n15. asia	Hur Je	硬件提速器
SK Planet 101 初创韩国	oic. skplanet. com	Seo Jinu	社会贡献 无股份投资
全球创业网络	www. facebook. com/GlobalStartupNetwork	Shin Icheol	第一代风险企业 中小企业厅下属非营利社团法人 云资金平台 与 WADIZ 合作
neowiz neoply	www. neoply. com	Kwon Yonggil	经营 neowiz 重点发展游戏领域
The ventures	www. theventur. es	Ho Changseong	VIKI. com 创业者出身
d3jubilee（D3 Jubilee）	d3jubilee. com	Lee Deokjun	前 Gmarket 员工成立 挖掘国内及美国外南美、非洲、印度等低收入国家的初创公司
D. CAMP	dcamp. kr	Kim Gwanghyeon	成立银行业青年创业财团 提供 K-startup 匹配投资，创业空间

---

① 筛选培养创业意向者或者创业不到 3 年的初始创业者，提供初期投资，开发经营模式，进行培训，提供设备和地点，网络化，支持海外进军，指导、咨询等手把手式的专业扶持，提高初创企业的成功率，加快成长速度。

续表 1

机构名	主页	法人	特　点
乐天提速器	lotteacc. com	Lee Jinseong	乐天属下大企业提速器
mashupangels.	www. mashupangels. com	Lee Taekgyeong	Angel Network
ventureport	www. ventureport. co. kr	Yu Cheongyeon	麦哲伦科技投资和联合经营 VC，风险企业家为主
venturesquare	www. venturesquare. net	Myeong Seungeun	经营初创企业专业媒体
bonangels venture-partners	bonangels. net	Gang Seokheun	从国内的初始企业投资专业 VC 开始
Bluepointpartners	www. bluepoint. vc	Lee Yonggwan	突出生物，传感器，AI，VR，AR，机器人，无人机，高科技素材等 deep tech 领域
Smile age Holdings orange-farm	orangefarm. smilegate. com	Kwon Hyeokbin	经营 smilegate 重点发展游戏领域
sparklabs	www. sparklabs. co. kr	Lee Hanju	全球化 提供为期 3 个月的提速器课程
Cntech	www. cntt. co. kr	Jeon Hwaseong	KAIST 校园风险 1 号创业者出身 重点发展服务平台
Actnerlab	www. actnerlab. com	Cho Inje	着重于硬件及物联网领域 与 Lab IX（硅谷）及 STK，locket sapce，英特尔合作
Sopoong	sopoong. net	Im Junu	社会创新企业、社会风险投资、支持 Daum 公司的 Lee Jaeung 创始人成立
KITE 创业家财团	www. kiteef. or. kr	Kim Cheolhwan	民间非营利法人
Cap stone partners	www. cspartners. co. kr	Choi Hwajin	LLC 型风投资金开始
kcubeventures	www. kcubeventures. co. kr	Yu Seungun	IT 服务，以技术为基础，着重于游戏领域
koisraseedpartners（KSP）	www. koisraseedpartners. com/kr	Gang Yeongjae	提供以色列指导
Coolidge corner investment	www. ccvc. co. kr	Kwon Hyeoktae	保有内部扶持中心

续表 1

机构名	主页	法人	特　点
时装技术提速器	ftaccelerator. com	Ri Chadeumin	成立美国FT投资分公司
			着重于时装领域
Fast Track Asia	fast-track. asia	Park Jiung	和初创企业共同创业及提供投资支持
Posco Idea Marketplace	www. poscoventure. co. kr	Kwon Ojun	浦项集团属下大企业提速器
Futureplay	www. futureplay. co	Ryu Junghee	Olaworks（Ryu Junghui）创始人参与
Primer	www. primer. kr	Kwon Dogyun	Inicis（Kwon Dogyun），Daum（Lee Taekgyeong）创始人
韩华S&C Dreamplus	dreamplus. asia	Kim Yonguk	韩华集团属下大企业提速器

资料来源：李顶宇（2017b）。

同时，应用第四次产业革命时代核心技术的相关领域初创企业陆续出现并成长，其中获取一轮以上投资的韩国初创企业见表2。

表2　第四次产业革命相关领域韩国主要初创企业（获一轮以上投资）

领域	初创公司（主要产品/服务内容）
大数据	Cizion（社交媒体留言），Flitto（翻译）， Zoyi corperation（分析访问卖场消费者数据），Mangoplate（推荐美味餐厅）， Idiom（大数据搜集与分析），Spoqa（卖场会员积分）
IoT	Bagel labs（智能卷尺），Nthing（智能花盆）， Awair（智能空气净化器），Linealbe（智能带）， Zikto（智能带），UVify（遥控飞机），可穿戴（携带用皮肤水分检测器）
AI	Mindslab（语音识别），亚克力（情感分析），Fluenty（聊天自动回复）， Konolabs（时间表管理），Lunit（医疗图像分析）
AR及VR	Maxst（AR手册），Looxidlabs（VR用户分析），GoVR（VR体验）， Polariant（手机VR运动控制器），JWNEST（VR内容研发）

资料来源：李顶宇（2017a）。

韩国国内ICT服务领域初创企业发展最好。以2016年为基准，ICT服务行业被投资单位达到173家，创最高融资纪录，达到4516.4亿韩元（见表3）。

表 3　2016 年不同行业初创公司投资情况

行业	引资金额（亿韩元）	被投资单位数（家）				各行业投资额最高的项目
		总计	公开金额	不公开金额	部分公开	
ICT 服务	4516.4	173	132	37	4	优雅的兄弟（570 亿）
ICT 制造	461	22	16	6	—	Yuuillektronics（55 亿）
游戏	357	20	15	5	—	Kokomo（50 亿）
文化内容	1142.6	25	18	7	—	Lezhin 娱乐（500 亿）
生物/保健	716.3	32	26	5	1	Noom（180 亿）
流通/服务	2224.4	29	15	14	—	Memebox（1430 亿）
一般制造	107.3	9	7	2	—	Destinpower（30 亿）
其他	553	3	3	—	—	Yellomobile（478 亿）
合计	10078	313	232	76	5	

资料来源：platum（2017）。

据韩国“新建法人动向”统计，截至 2016 年新建企业数量达到 96155 家，呈持续增长趋势（见表 4）。

表 4　韩国新成立企业数量（家）

年度	2007	2008	2009	2010	2011	2012	2013	2014	2015	2016
新成立企业	53483	50855	56830	60312	65110	74162	75574	84697	93768	96155
倒闭企业	1507	1886	1364	1143	967	890	705	614	516	433

资料来源：韩国中小企业厅“新建法人动向”。

2015 年，韩国风险企业数量达到 31189 家，突破了 3 万大关，比 2007 年增长 2 倍（见表 5）。

表 5　韩国风险企业现状

年度	2007	2008	2009	2010	2011	2012	2013	2014	2015
风险企业数量（家）	14015	15401	18893	24645	26148	28193	29067	29844	31189
平均年销售额（亿韩元）	53.1	60.1	64.5	72.2	70.3	67.2	68.4	71.9	69.2
平均员工数（人）	30.2	27.3	27	27.3	25.5	24.7	24.7	24	23.3

资料来源：韩国中小企业厅“风险企业精准调查”。

量的增长固然可喜，但质的飞跃还十分欠缺。我们分析不同年限企业的存活率，以2014年为基准，全体企业中存活1年的比例达到62.4%，存活2年的比例达到47.5%，半数以上企业消失，存活5年的企业占27.3%，只有大约1/4的企业能存活5年（见表6）。

表6　2014年韩国不同年限企业的存活率（%）

1年存活率	2年存活率	3年存活率	4年存活率	5年存活率
62.4	47.5	38.8	31.9	27.3

资料来源：统计厅“企业存活行政统计”。

独角兽（Unicorn）企业指企业价值达10亿美元以上的非上市初创企业。截至2017年8月，全世界共有215家独角兽企业，其中韩国有古邦（50亿美元）、Yellomobile（40亿美元）、CJ Games（17.9亿美元）3家独角兽企业。中国的独角兽企业数量达到56家。

（二）主要案例

1. TIPS（Tech Incubator Program for Startup）

TIPS是由中小风险企业部主导的民间投资主导型技术创业扶持项目，是民管合作创新投资的代表性成功案例之一。被指定为TIPS企业的民间投资企业挖掘选拔基于技术的有发展前景的创业组后先提供1亿韩元左右的投资和专门孵化，作为匹配，政府最高提供5亿韩元的技术研发资金。后再经过筛选评价，可以提供创业商业化资金最高1亿韩元，海外营销扶持金最高1亿韩元，天使投资匹配基金最高2亿韩元，最高可以获得9亿韩元的扶持资金。

2013年至2017年7月期间，韩国政府累计选拔290多个创业组提供扶持。匹配天使投资方式，研发资金提供1262亿韩元，创业商业化资金提供143.3亿韩元。目前韩国的TIPS单位有13家天使投资企业（财团）、13家初始专业风投企业、6家领先风险企业、2家新技术创业专业公司、2家全球投资孵化机构、2家大企业、1家创新中心，共39家民间企业及财团。

TIPS通过扶持高端人才，促进技术型创新创业并吸引国内外民间投资。得到TIPS扶持的861名创业者中，硕士/博士学历467人，占54.2%，国内外大企业工作经验者占30.9%（266人）。此外还获得4015亿韩元的国内外民间投资，该规模是政府扶持资金的2.8倍左右。26个组从全球风投共获得了4245万美元的海外投资。

韩国政府2015年7月在首尔江南区成立并运营创新创业孵化密集区TIPS城。四座大楼共租赁20个楼层，面积达15959平方米。TIPS城中有创业企业入住区域、公共区域、网络（咖啡）区域，目前有TIP经营单位、创业企业、投资机构的相关机构等95家公司共623人入住TIPS城里。

2. 板桥初创企业校园①

板桥初创企业校园由京畿道政府投资，成立于2016年3月，具有培育初创企业、集中提供基础设施的功能。该校园地下2层，地上8层，占地面积17364平方米，总面积54075平方米，可以入住200家以上初创企业，由创新创业扶持机构、提速器、全球ICT企业组成。

初创企业校园选拔创业意向者及优秀创新初创企业，经过孵化和提速，由政府和民间共同扶持创业、发展、进军全球市场等。尤其重点扶持ICBM（IoT，Cloud，Big Data，Mobile）领域初创企业的创新研发。为应对第四次产业革命，同时还提供智能型ICT融合领域研发及培训。校园内还为初创企业提供3D打印机等试制品设计、制作、测试所需的设备。除了指导外，还提供会计、专利、法律咨询等专业服务，同时提供举办推介会、研讨会等活动的区域和提速保育区域。

3. 创造经济创新中心

为了扶持创业、中小企业创新、地区个性化发展，截至2015年7月韩国在全国17个广域市、道内建立17家创造经济创新中心。创造经济创新中心的职能是作为创新据点，在地方主导下选择个性化战略产业领域的创业及扶持中小风险企业的发展，帮助联系进入全球市场的先机等。

创造经济创新中心起到创业据点的作用，将地区人才的创意转为商业化，由中央政府、地方政府、企业等合力提供指导、技术、资金、销路等支持。

每个中心都有专门指定的大型企业，当初创企业遇到技术屏障时提供技术咨询，支援地方企业的海外市场开拓，并采用基金赞助等方式提供资金方面的支援。

---

① 资料来源：Jung Gwangyong等（2016）。

4. 共同工作空间（Co-Working Space）①

类似于中国的车库咖啡和3W咖啡，韩国也有共同工作空间，为初始费用负担较重的初始创业公司以低廉的租金提供可以共同使用的办公室、会议室、办公用品等，为大众创新创业的发展做出贡献。

即便没有入住共同工作空间，只要是有创业意向的人都可以访问共同工作空间自由畅谈，分享创业创意，而且共同工作空间举办研讨会、论坛、讲演、聚会等各种活动，为企业家、投资者、专家提供创业相关人之间的联谊机会。

韩国的主要共同工作空间有D. CAMP、MARU 180、初创企业联盟、谷歌校园首尔等，各个工作空间的现状及特点见表7。

表7 韩国主要创新创业扶持联合办公空间现状及特点

机构名称	D. CAMP	MARU 180	初创联盟	谷歌校园首尔
成立年度	2013年	2014年	2014年	2015年
所在地	首尔江南区宣陵路	首尔江南区驿三路	首尔江南区德黑兰路	首尔江南区永东大陆
经营主体	银行圈青年创业财团	峨山分享财团	民官合作网络（未来部＋naver等互联网企业）	谷歌总部（Google for Entrepreneurs组）
成立目标	有机结合投资，联谊空间促进创业生态系统的发展，创造就业机会	开源平台，为扶持青年创业家的创业，提供综合解决方案	连接初创企业生态系统成员，促进生态系统的发展，支持初创企业海外进军	创业家们相聚在一起，基于优秀的创意，改变未来
设施	● 咖啡，D. Office（2层） ● 共同工作空间（4层） ● 初创企业入住空间（5层） ● 多功能厅（6层）	● 活动厅（地下1层） ● 咖啡（1层） ● 初创企业，提速器，风投企业办公空间（2—5层）	“&Space”（为讲义，研讨会，展会等提供租赁服务空间）	● 校园咖啡 ● 主活动厅 ● 初创企业及合作伙伴空间 ● 硬件实验室，讲义厅

① 为了帮助创业意向者或者初始创业者将创业创意转化为商业化，组员及各类专家一起交换意见的协助空间。

续表 7

机关名称	D. CAMP	MARU 180	初创联盟	谷歌校园首尔
主要活动	● 经营共同工作空间（会员制） ● 经营投资基金 ● D. Day，D. Match，D. Mentor，D. Global，D. Party，D. Cision 等	● 郑周英创业大赛 ● 指导实验室 ● 市民大会，99Days 指导聚会等联谊 ● dareinvest	● 德黑兰路咖啡俱乐部 ● 德黑兰路读书俱乐部 ● power talk program ● 编制初创企业生态系统地图 ● 初创企业训练营（日本）	● Mentoring@Campus-Learning@Campus（母亲校园） ● Connect@Campus ● Talks@Campus
特点	● 韩国最初的共同工作空间 ● 经营 D. 品牌活动 ● 中心主任过去曾经是记者 ● 召开全球创业活动	● 通过初创企业-投资机关共同入住，即时提供反馈 ● 保有初创企业投资资金 ● 常时指导/联谊	● 建立民官合作网络 ● 重视初创企业生态系统成员之间的相互联系 ● 初创企业海外进军活动	● 空间等扶持和合作伙伴一起共同运营 ● 创业人力国内流入是焦点 ● 女性创业家培训课程

资料来源：Kim Seonu 等（2015）。

三、主要政策内容

（一） 创新创业相关政策[①]

“科技引导第四次产业革命”和“中小风险企业主导的创业和创新发展”已被列入最近发布的韩国 20 大国政战略中，韩国将积极扶持科技发展及未来发展产业，引领第四次产业革命，建立积极的风险生态系统，培育创意风险企业的创新创业者。各战略的国政课题清单如表 8 所示。

表 8　第四次产业革命及创新创业国政课题目录

国政战略及国政课题（主管部门）	
■ 战略 4. 以科技发展引领第四次产业	
33	软件强国，通过 ICT 复兴，构建第四次产业革命引领基础（未来部）
34	挖掘、扶持创造高附加值的未来型新产业（产业部、未来部、国土部）

① 资料来源：韩国国政策划专门委员会（2017）。

续表 8

国政战略及国政课题（主管部门）	
35	形成自律、有责任感的科技创新生态系统（未来部）
36	支援青年科学家和基础研究，增强未来科技实力（未来部）
37	挖掘扶持绿色环境未来能源（产业部）
38	提高助理产业竞争力，恢复产业经济活力（产业部）
■ 战略 5：中小企业主导的创业和创新增长	
39	扶持创新的创业国家（中小企业厅）
40	构建中小企业发展的健康环境（中小企业厅）
41	缩小大中小企业工资差距等，解决中小企业找人难问题（中小企业厅）

资料来源：韩国国政策划专门委员会（2017）。

1. 科技发展引领第四次产业革命

“科技发展引领第四次产业革命”战略的主要内容是研发、普及第四次产业革命的核心技术，培育新产业，创造就业机会，获得新的增长动力。实现第五代移动通信（5G）的商用化及构建物联网（IoT），获得人工智能（AI）的核心技术，通过数据共享、应用平台的构建，形成超智能、超链接社会的基础。

韩国成立了总统直属的“第四次产业革命委员会”，选择技术、产业、社会、公共等各领域创新课题大力推进，有组织地应对第四次产业革命。

提出了第四次产业革命主导政策方向：扩大软件、融合教育，建立终生教育基础等，培养符合时代需求的创意型人才；通过初创企业支付，金融、收购制度的改善，创造公共市场，制度创新，形成能动的创业、风险生态系统。

着重挖掘、发展创造高附加值未来新产业，以未来型绿色环保智能汽车、新再生能源、融合技术、制药生物医疗设备，自动化行驶，遥控飞机等为中心，创造高附加值，克服低增长（见表 9）。

表 9 挖掘扶持高附加值未来型新产业

产业	内　容
未来型绿色环保智能汽车	扶持电动车、氢气车等绿色环保车和基于物联网大数据的智能车并形成配件、充电基础设施等相关生态系统
新再生能源	扶持太阳能、风电等新能源产业
	扩大中大型锂离子二次电池、能源存储装置、智能电网等相关基础设施
融合技术	扶持碳纤维、光融合等高附加值核心新素材、配件技术产业
	扶持智能机器人、3D 打印、大数据等创新新技术的扩散

续表 9

产业	内　容
制药·生物·医疗设备	制定符合国际制度标准的合理标准
	形成新药开发生态系统，改善医保药定价结构
自动化行驶	提升自动化行驶技术，经营城市中心无人摆渡车，建设示范智能高速公路
遥控飞机	扩建遥控飞机专用飞行试验场、管制中心等，开发支持物流用遥控飞机
	改善相关制度及扩大示范事业领域

资料来源：Lee Heunggwon，Park Soyeong（2017）。

2. 中小风险企业主导的创业和创新发展

作为“中小企业主导的创业和创新发展”战略的重要内容，为解决渗透效果中断及青年就业断崖问题，还可以从大企业为主的经济发展模式转换为中小企业、风险企业为主的经济发展模式，宗旨是迎接第四次产业革命时代，由中小企业、风险企业主导创新。

将中小企业厅级别提升为中小风险企业部，扩大对中小风险企业的支持，准备创业扶持系统和创业失败复苏系统，构建创新创意的创业发展及全球化所需的创业绿色环境良性循环生态系统。

具体方案是：放宽现有的缴纳 30 亿韩元以上风险投资资金（VC）的资本金规定，扩大创业扶持基金、企业金融投资、天使投资，废除连带保证制度，增加创投公共筹措的参与机会，引进新产业负面问题限制规定等。在复苏系统方面，为诚实经营失败后再挑战的创业者提供复苏培训、再创业资金及基金扩大等扶持。

（二） 与第四次产业革命有关的组织变化

韩国于 2017 年 7 月 26 日修改部分政府组织法，为应对第四次产业革命而实施的大规模组织变革正式启动。

首先，将“未来创造科学部”改为“科技信息通信部”，确定其作为应对第四次产业革命的新发展动力创造部门的职能。在科技信息通信部属下新建总体指挥、策划、协调科学技术政策的“科学技术创新总部”。科技信息通信部的新组织结构见图 1。

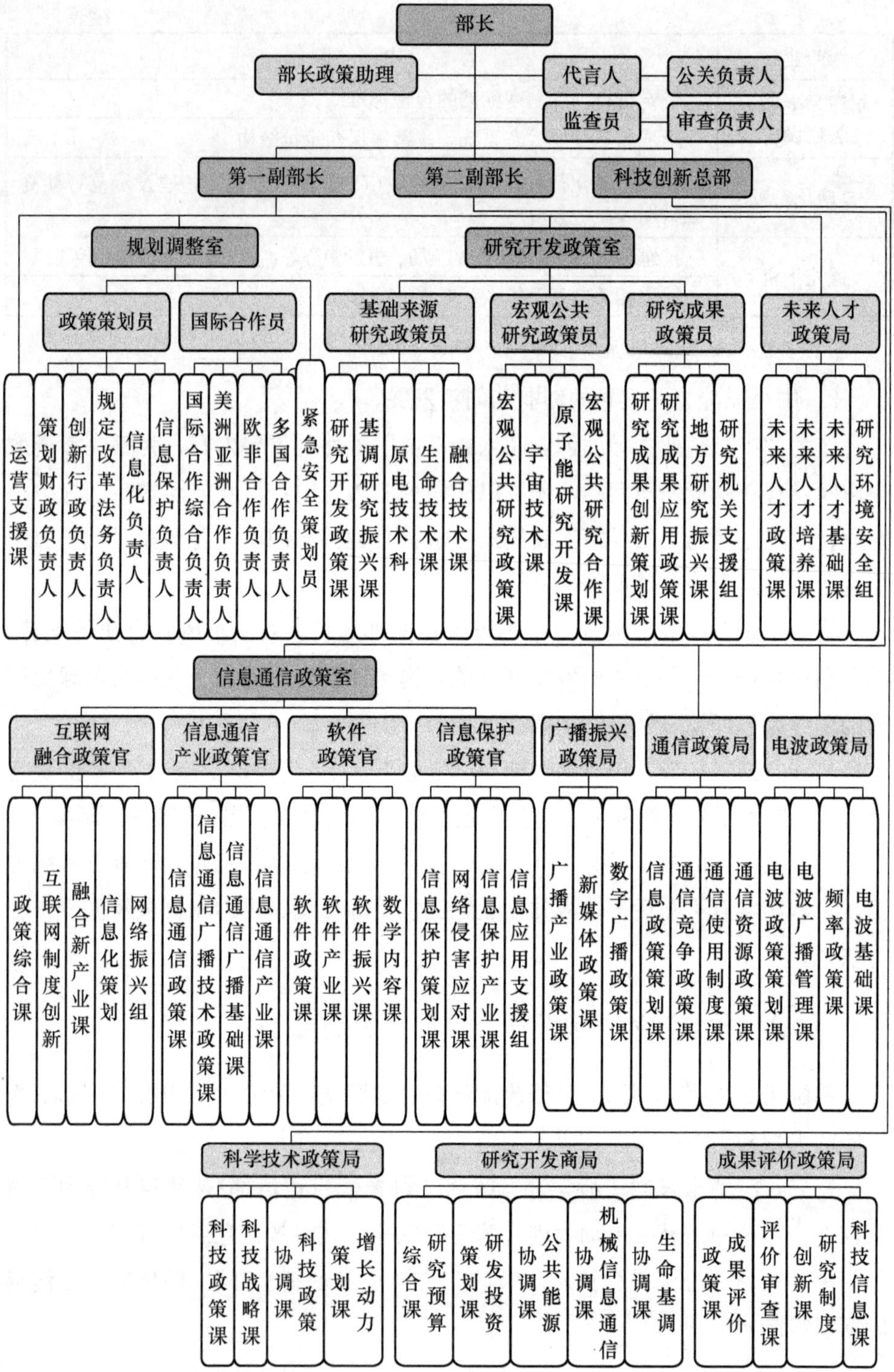
部长
部长政策助理
代言人
公关负责人
监查员
审查负责人
第一副部长
第二副部长
科技创新总部
规划调整室
研究开发政策室
政策策划员
国际合作员
基础来源研究政策员
宏观公共研究政策员
研究成果政策员
未来人才政策局
运营支援课
策划财政负责人
创新行政负责人
规定改革法务负责人
信息化负责人
信息保护负责人
国际合作综合负责人
美洲亚洲合作负责人
欧非合作负责人
多国合作负责人
紧急安全策划员
研究开发政策课
基调研究振兴课
原电技术科
生命技术课
融合技术课
宏观公共研究政策课
宇宙技术课
原子能研究开发课
宏观公共研究合作课
研究成果创新策划课
研究成果应用政策课
地方研究振兴课
研究机关支援组
未来人才政策课
未来人才培养课
未来人才基础课
研究环境安全组
信息通信政策室
互联网融合政策官
信息通信产业政策官
软件政策官
信息保护政策官
广播振兴政策局
通信政策局
电波政策局
政策综合课
互联网制度创新
融合新产业课
信息化策划
网络振兴组
信息通信政策课
信息通信广播技术政策课
信息通信广播基础课
信息通信产业课
软件政策课
软件产业课
软件振兴课
数学内容课
信息保护策划课
网络侵害应对课
信息保护产业课
信息应用支援组
广播产业政策课
新媒体政策课
数字广播政策课
信息政策策划课
通信竞争政策课
通信使用制度课
通信资源政策课
电波政策策划课
电波广播管理课
频率政策课
电波基础课
科学技术政策局
研究开发商局
成果评价政策局
科技政策课
科技战略课
科技政策协调课
增长动力策划课
研究预算综合课
研发投资策划课
公共能源协调课
机械信息通信协调课
生命基调协调课
成果评价政策课
评价审查课
研究制度创新课
科技信息课

所属机关	• 邮政事业总部（一级）
	• 国家中央科学馆（一级）
	• 国家果川科学馆（二级）
	• 国家电波研究院（二级）
	• 中央电波管理所（二级）

其他机关	• 知识财产战略策划团
	• 国际科学商务带建设推进团
	• 国家科学技术咨询会议事务支援团
	• 智能信息社会推进团

图 1　韩国科技信息通信部组织结构

资料来源：韩国科技信息通信部主页（www.msit.go.kr）。

将原来的“中小企业厅”提升为“中小风险企业部”。为中小风险企业部赋予扶持中小企业、微型企业政策专管风险、创业支援的作用，将中小企业创新研发预算扩大到过去 2 倍的规模。中小风险企业部的新组织结构见图 2。

为构建民管学合作讨论平台，2017 年 9 月成立总统直属的“第四次产业革命委员会”。第四次产业革命委员会由 25 名民间委员和 5 名政府官员组成，由各领域民间专家为主导，推进智能住宅、智能道路、智能城市、智能农场、智能工厂等“智能韩国”的同时，制定相关法律、制度、政策，为第四次产业革命的发展提供新的增长动力。该委员会讨论第四次产业革命综合国家战略，同时履行检验各部门执行规划及推进成果的职能。

（三）　主要部门政策方向

1. 策划财政部①

为了创新企业有活力地发展，策划财政部将大幅度修改阻碍创新创业的规定。为了鼓励创业，最大限度减少限制规定，降低进入门槛。

为了鼓励大学和企业出现更多的创业人士，大幅度加强创业奖励机制，积极扶持青年及老一代创业。通过扩大公共基金、发展企业收购等，令更多的风险基金投入亟须资金的风险企业。

改变前任政府为个别企业提供财政扶持的方式，将政策的焦点放在创新生态系统及创新基础设施的构建，形成资金、销路、创新等多方面支持的完善创业空间。

① 资料来源：韩国策划财政部报道材料（2017.8.18.）。

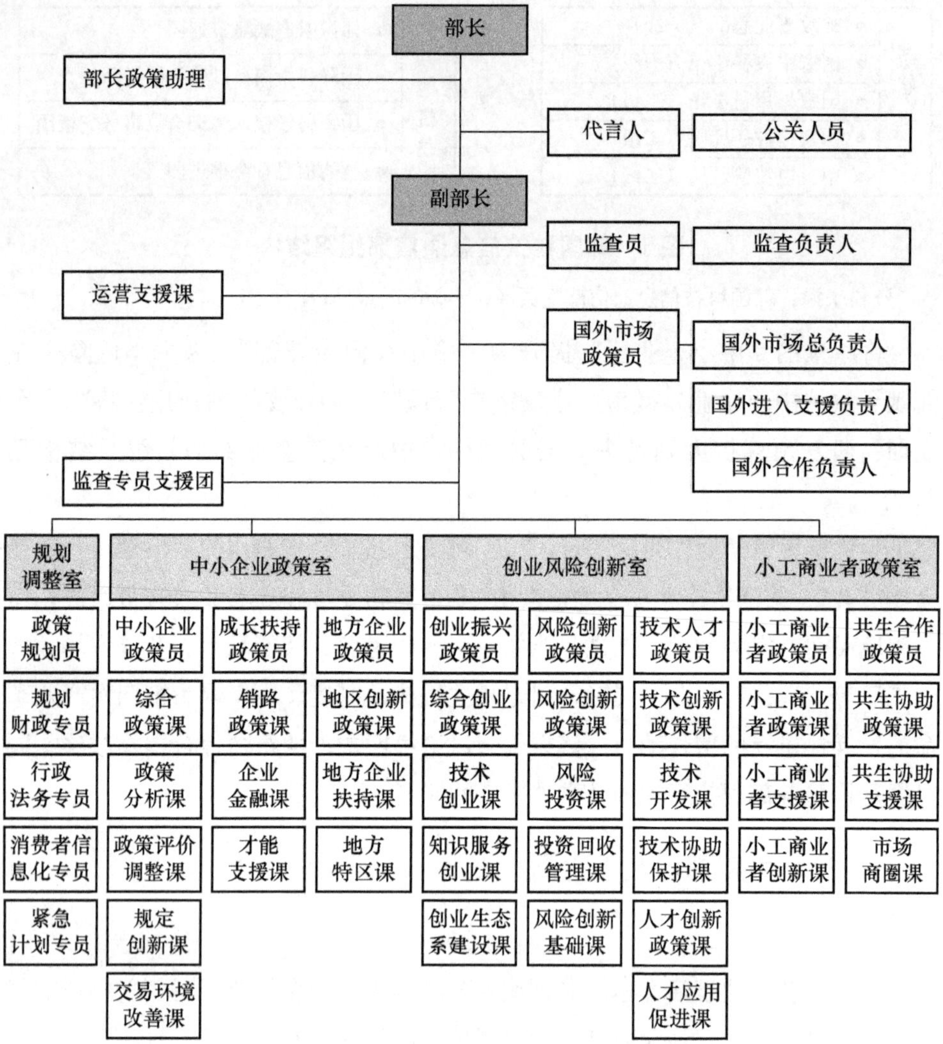

图 2　韩国中小风险企业部新组织结构

资料来源：韩国中小风险企业部主页（www. mss. go. kr）。

2018 年将大幅度扩大创新创业相关的预算扶持，将 TIPS 预算扩大 2 倍以上，让更多的创新创投企业获得扶持。同时，扩建 70 家以上创意实验室。

2. 中小风险企业部①

为了培养全球明星风投企业，中小风险企业部制定创业企业扶持 5 大创新

① 资料来源：韩国中小企业厅报道材料（2016. 4. 19.）。

战略及 15 项政策课题。

第一战略，增强创业企业扶持政策的战略性。具体政策课题有：战略改变创业企业扶持项目组合；政策中心从创意创业转为技术创业；积极进军全球市场，积极培养放眼世界的创业企业。

第二战略，加强成长阶梯的脆弱环节，加强处于 3—7 年创业跳跃期的中小企业的发展促进体系，增强项目之间的连接性，构建创新通道促进 M&A 发展。

第三战略，促进成果主导型高附加值技术创业。吸引优秀人才到创业生态系统，加强合作，提高创业成果，引进目标管理制度，确定成果检验体系。

第四战略，形成风险分散型良性循环生态系。着眼于可行性和发展潜力，促进生态系统持续发展，充分利用大学、科研机构等以增强创业企业的实力，解除创业制度中存在的限制，激励创业者发挥企业家精神。

第五战略，扎根市场培养创业者，提高扶持项目运营方式的市场亲和力，建立能充分体现民间创新实情的专业性评价系统，大幅提高需求者的自律性和便利性。

四、应对战略及未来愿景

（一） 政府作用及应对战略①

1. 政府作用

政府过度介入有可能干扰生态系统的正常发展，今后韩国政府应回避“直接玩家”的角色，为了形成民间主导的自生型创新创业系统，政府应止于间接协调者的作用。政府应进行充分的研究，了解创业扶持政策是否过多干涉民间领域，着重于建立公证的市场环境。应对第四次产业革命的问题解决方式不应只局限于科学技术，还需要在法律、制度、文化、社会协议等方面进行探索和努力。

---

① 资料来源：Im Jeonguk（2017）。

2. 应对战略

世界一百强初创企业中的70%属于韩国法律中的限制范畴，韩国应尽快改善创新创业相关制度。从积极（positive）转为消极（negative），从事前限制转为事后限制。今后可采用监管沙盒（sandbox）及监管自由区（free-zone）等方式，逐渐缓和限制制度。从提前监督转为保障自律性，发现恶意利用惩一戒百。

投资及退出市场的培育也是不容忽视的因素。从现有公共资金投入为主，积极发展风险资金、天使资金、提速器等民间主导的初始创投市场。不局限于短期成果，有必要延长基金的运作期。

应促进提速器等民间主导的初期创业投资市场。有必要从短期成果为主转为长期投资，延长基金的运作期。除首次公开募股（IPO）外，为了促进M&A市场的发展，同时还需要放缓初创投资及收购方面的各种规定。

最重要的是改善社会对创业及创业家的认识，普及创新创业文化。为此有必要建立共享平台，总结并共享诚实经营者失败的教训，鼓励继续挑战创业。有必要面向小中高大学生提供实战体验型创业及企业家精神培训。①

（二） 未来愿景及启示②

第四次产业革命时代，平台的重要性将进一步突出。现有企业着重于本公司产品、服务的平台化，初创企业则通过产品、服务的融合和发展成长为平台。

现有的B2B（Business to Business），B2C（Business to Customer）、B2G（Business to Government）、C2C（Customer to Customer）等典型的商业化模式也许会消失，取而代之的是M2M（Machine to Machine）等新市场。率先应对这些变化的、基于技术的初创企业将进一步得到发展，相关技术领域中有特色的提速器也将进一步发挥作用。为应对第四次产业革命，韩国有必要在科学技术政策、产业、教育、研发等领域，从追赶者（Fast Follower）转为领先者（First Mover），创新创业作为第四次产业革命的导火索，将发挥核心作用。从这一层面上，挑战和创新的企业家精神将愈发重要。希望韩国落实创新创业政

① 资料来源：Kim Seonu 等（2016）。
② 资料来源：李顶宇等（2017b）。

策，成为产业革命时代的先行者，持续为世界经济发展做出贡献。

（李顶宇，韩国科学技术政策研究院创新企业研究中心副研究委员）

参考文献：

1. 科技信息通信部网址（www. msit. go. kr）.

2. 国政企划咨询委员会，2017，文在寅政府国政运营5年规划.

3. 企划财政部报道资料，2017.8.18，金东兖副总理，创新创业生态圈现场访问（座谈会）.

4. Kim Sun woo，Kim Yung hwan，Lee Jung woo，Kim Hyung joo，Ko Hyuk jin，Kim Suk Hyun，Kim Yung shin，Oh Ji sun. 2015，STEPI，2015年企业家精神监控项目.

5. Kim Sun woo，Kim Yung hwan，Lee Jung woo，Su Ji yung，Son Ha nui，Kim Suk hyun，Oh Ji sun，Kim Dong hyun，Son Joon ho，Park Ki yoon. 2016，STEPI，2016年企业家精神监控.

6. Kim Sun woo，Kim Yung hwan，Lee Jung woo，Son Ha nui. 2017，STEPI Insight，第四次产业革命时代企业家精神的意义与方向.

7. Lee Jung woo. 2017a，STEPI，Entrepreneurship Korea 5号，第四次产业革命与高新技术创投企业.

8. Lee Jung woo. 2017b，韩国产业园区公团，产业选址65号，创业大众化平台加速器促进方案.

9. Lee Heung kwon，Park So yung. 2017，KISTEP R&D InI，第四次产业革命时代，科技创新政策方向与课题——以分析文在寅政府的科技公约为主.

10. Im Jung wook. 2017，国家未来研究院ICT研讨会，第四次产业革命，始于创业.

11. Jung Kwang yong，Kim Hyun chang，Kim Soo jin，Kim Hyun myung，Kang Ji min. 2016，京畿科技振兴院Cluster Issue Paper，板桥，第四次产业革命的发源地：创业生态圈的现在与未来.

12. 中小企业厅报道资料. 2016.4.19. 培育全球性明星风投企业建立经济增长的创新渠道，中小企业厅，创业企业培育政策创新战略.

13. 中小创投企业部网址（www.mss.go.kr).

14. 专利厅报道资料，2017.6.27. 第四次产业革命时代，创投政策将走向何方.

15. Platum，2017.3. 2016年国内创投企业投资动态报告.

新一轮科技革命背景下中国制造业发展的新特征和新策略

付保宗

内容提要：近年来，中国工业高增长逐步向中高增长转变，产业加工度和技术密集度有待提高，产业国际分工地位有待提升。中国产业技术创新体系仍不完善，人力资本供给支撑能力有待提升，科技金融发展相对滞后。未来，建议强化公平市场竞争秩序，改善创新支持政策，突出企业创新主体地位，加强人才队伍建设。

新一轮科技革命背景下，中国制造业发展环境发生深刻变化，呈现诸多新特点新趋势，与此相应的政策思路面临调整。

一、中国制造业发展的现状特征

（一）工业比重和增速相对较高，工业高增长向中高增长转变

改革开放以来，伴随着市场化水平和对外开放程度的逐步提高，要素供给和市场需求对工业增长的作用日益显著。产品市场逐步放开使长期被压抑的国内需求得以释放，生产要素定价机制逐步市场化，要素流动更加自由化，使得要素结构对工业结构的作用机制更加通畅；此外，对外开放程度提高拓展了中国工业发展的国际生存空间，为中国工业增长带来强大外生动力。工业保持了高速增长态势并成为推动经济高增长的主导力量。1978 年至 2015 年，按不变价计算，中国工业增加值年均增长 11.0%，国内生产总值年均增长 9.6%，显著高于同期世界多数国家的增长水平（见表 1）。

表 1　改革开放以来中国工业增长和地位变化（%）

年份	GDP 年均增长	工业增加值年均增长	工业增加值占 GDP
1978—2015	9.6	11.5	44.1（1978 年）
1978—1991	9.2	10.5	37.0（1991 年）
1992—2001	10.2	13.3	39.6（2001 年）
2002—2012	10.5	11.1	38.7（2012 年）
2013—2015	7.3	6.9	34.3（2015 年）

数据来源：中国国家统计局。

改革开放至今，中国工业产出比重总体呈现先降后升再降的变化过程。2007 年以来，中国工业比重和增速总体呈现回落迹象，逐步接近改革开放以来的低点。2013 年至 2015 年，中国经济年均增速降至 7.3%，工业增加值年均增速降至 6.9%，工业增加值占 GDP 的比重降至 34.3%。短期看，2008 年以来的国际金融危机和经济周期性调整对工业增长产生很大冲击。长期看，在持续多年高速增长之后，中国工业发展的内外部条件已经发生深刻变化，工业结构与外部环境间的矛盾正在积累，由此导致工业潜在增长率的趋势性下降。比较来看，中国工业比重变化与国际一般规律一直存在明显偏离。一方面，中国工业比重与人均收入水平间的相关性较弱，工业比重随人均收入变化而变化的特征并不显著；另一方面，中国工业比重始终高于多数人均收入水平相当的其他国家或地区。从历史看，美国、英国、德国等先行工业化国家和韩国、日本等后起追赶型国家工业比重超过 40%时，人均 GDP 普遍接近或超过 10000 美元（1990 年不变价），而中国在人均收入极低的条件下工业比重已经超过 40%。究其原因，在低要素成本及其他因素作用下，中国保持了高投资率和高出口依存度的需求结构，从而对工业高增长和高比重形成很大拉动作用。

随着中国市场化程度的进一步提高以及要素成本持续上升，工业增长高速向中高速转变。尽管如此，中国工业增速在世界主要经济体中仍位居前列。2013 年至 2016 年，中国工业经济年均增长 6.7%，而同期世界制造业年度增速在 2%—4%区间徘徊，主要发达经济体增速仅在 0—2%区间，发展中国家和新兴工业经济体增速也多在 4%—6%区间。根据联合国工业发展组织工业竞争力指数，中国与德国、日本、韩国、美国排名全球前五。另据德勤有限公司和美国竞争力委员会对全球制造业竞争力指数的研究结果，2016 年中国、美国和德国被列为世界最具制造业竞争力国家的前三位。

（二）传统工业结构重型化特征显著，加工度和技术密集度有待提高

从20世纪末开始，中国工业发展进入新一轮重化工业化阶段。1999年至2012年，重工业总产值在工业中的比重由50.8%迅速上升至71.8%，重工业与轻工业产值比重也由1.03倍上升到2.55倍。与改革开放之前不同的是，此次工业结构重型化更多受到市场供需机制的驱动作用，与国际工业结构变化趋势吻合，也基本符合市场条件下工业结构变化的内在规律。一方面，需求结构变化对重化工业发展形成重要拉动作用。近年来中国以基础设施建设和房地产投资为主体的投资需求快速增长，消费结构正逐步从“吃、穿、用”为主向住房、汽车等为代表的“住、行”为主升级，从而带动重化工业产品需求快速增长。另一方面，要素禀赋结构改变对具有资本密集型特征的重化工业形成重要支撑。经过多年经济发展，中国国内资本积累量不断增加，要素资源禀赋中的资本-劳动比不断提高，同时，金融扩张、引进外资又进一步增强了资本供给能力，也对重化工业发展起到一定助推作用。

与先行工业国家相似发展阶段有所区别的是，中国能源原材料工业在重化工业中的比重明显偏高，而相应的加工制造工业比重则相对偏低。近年来，能源原材料产业在工业中的占比保持在40%以上，而随着产业规模不断扩张和市场供需形势变化，产能过剩日益凸显。目前，中国钢铁、水泥等大宗产品生产和需求总量已跃居世界第一，未来诸多产品需求规模将逐步接近历史峰值。同时，能源原材料产业发展正受到日益强化的资源环境约束，增长压力显著加大。

近年来，中国工业结构开始呈现向高加工度和高技术密集度升级的趋势。一是传统资源密集型行业对工业增长的拉动作用不断减弱。2016年，六大高耗能行业对工业增长的贡献率为24.7%，比2012年下降4.2个百分点；采矿业对工业增长的贡献率则由2012年的13.4%转变为2016年的－1.3%。二是装备制造业和高技术产业增长明显快于传统产业，2016年，装备制造业和高技术产业现价增加值占规模以上工业增加值的比重分别达到32.9%和12.4%，比2012年提高4.7和3个百分点。电子和汽车产业已成为拉动中国工业经济发展

的主要力量，2016年两个行业对工业增长的贡献率高达27.9%，比2012年提高16.6个百分点。三是信息化与工业化深度融合，产业智能化、数字化水平不断提高。2016年数字化研发设计工具普及率、关键工序数控化率分别达到61.8%、45.4%，比2013年提高了18个百分点和23个百分点。产业转型升级步伐明显加快。目前，中国机械、船舶、汽车、轨道交通装备等行业数字化设计工具普及率超过85%，石化、有色、煤炭、纺织、医药等行业关键工艺流程数控化率超过65%，大中型企业ERP装备率超过70%。但中国工业加工度与发达国家还存在很大差距。目前，中国机械类产品对初金属的加工度指数不到3倍，而2009年日本和韩国机械类产品对初金属的加工度指数已分别达到5.94倍和5.69倍。中国加工制造业仍以一般加工制造为主，生产工艺、技术水平和管理方式相对落后。2016年，中国工业机器人使用密度仅为50台/万人左右，而世界平均已经超过70台/万人，主要发达国家普遍在200台/万人左右。

（三） 产业国际分工地位较低， 国际竞争力有待提升

从20世纪80年代中后期开始，中国通过加工贸易和利用外资的方式不断融入全球价值链分工体系中，但国际分工地位提升的能力和动力因此受到很大程度削弱。加工贸易快速发展并成为外贸出口的重要方式，利用外国直接投资规模迅速扩张，外商投资企业迅速成为中国工业品出口的主导力量。从20世纪90年代开始，中国开始大规模承接发达国家资本和技术密集型产业的生产制造环节，从而带动机械及运输设备出口不断增长，占全部出口比重提升至50%以上，而轻纺等相关产品出口比重则下降至20%以下。目前，机械及运输设备和轻纺等相关产品是中国参与国际产业价值链分工的主要领域，两者出口合计占中国全部出口的70%左右。近年来，中国加工贸易出口和外资企业地位开始持续下降，但比重仍然较高。世界经济复苏乏力，受外需疲软和劳动力成本优势减弱影响，中国工业品出口增速有所放缓。2013年至2016年，中国规模以上工业共实现出口交货值47万亿元，年均增长2.4%，其中高技术制造业实现出口交货值21万亿元，占全部出口交货值的44.7%，对规模以上工业出口的贡献率接近70%。据海关统计，2013年至2015年，中国机电产品出口额年均增长3.6%，比中国货物出口总额高0.1个百分点；机电产品出口额占出口总额比重由2012年的57.6%提高到2015年的57.7%。

中国多数工业行业主要承担制造业的加工组装环节，复杂零部件研发和生产仍严重依赖国外。具体表现在，大量进口零部件等中间产品，然后组装加工出口。一方面，中国中间产品进口在进口产品中的比重明显较高。中国中间产品进口比重始终保持在60%以上，总体上显著高于美国、日本、韩国等先行工业化国家。其中，进口额较大的中间产品有集成电路等高端零部件产品。另一方面，中国最终产品出口占出口产品的比重也明显较高。近年来，中国最终产品出口比重始终高于50%，不仅远高于美国、日本、韩国等发达国家，还远远高于马来西亚、印尼等发展中国家。其中，以加工贸易方式为主的机械设备和部分劳动密集型最终产品在出口中的占比较高。其次，中国多数工业行业具有进口高质量产品而出口低质量产品的特征。此外，近年来中国参与国际分工程度较深的产业普遍呈现价值增值能力持续下降趋势，表明中国工业被锁定在国际产业和产品内分工的低端地位，部分行业国际分工状况甚至存在恶化风险。

二、中国制造业结构升级面临的主要问题与挑战

（一） 产业技术创新体系仍不完善

首先，政府研发投入有待增加。2014 年，中国全社会研发支出占 GDP 的比重为 2.09%，分别比 2012 年美国、德国、日本、韩国低 0.7、0.89、1.26 和 2.27 个百分点。而且，在中国研发投入主体中政府投入比重偏低，2013 年，中国政府研发支出占全部研发经费的比重为 21.1%，明显低于美国、德国和韩国水平。

其次，产业技术创新公共服务和基础研究供给不足。当前，中国创新资源碎片化等问题亟待改变，关键共性技术的重要突破十分缺乏，难以形成有效的创新链条，技术创新对行业发展的支撑作用不能有效发挥。目前，中国企业、研究机构在技术创新方面总体处于单兵作战状态，诸多重要行业领域缺乏国家级或行业级重大技术共性研究平台，导致产业关键环节长期受制于人。从发达国家经验看，高校等公益性科研组织往往是基础研究的主力军。中国基础性研究相对薄弱。高校等科研机构是基础型研究的重要力量，2013 年中国高校

R&D活动占比仅为7.2%，分别比美国、德国、日本、韩国低7、10.8、6.3和2个百分点。2012年，中国基础研究支出占公共研究支出的比重为16.6%，仅相当于日本和韩国的一半。基础性研究薄弱对中国整体技术创新能力形成很大制约。由于基础研究经费不足及受追求市场导向的驱使，部分高校和科研院所不仅承担了大量本应由企业承担的应用研究和开发研究，甚至有些通过校办和院办企业直接进入了生产领域，这在一定程度上破坏了基础研究和共性技术研究的公共性。随着企业自身技术开发能力的快速提升，高校在产业技术创新体系中的分工都应更加向基础研究和前沿技术领域聚焦。

最后，科技成果转化机制不畅，科技成果转化率较低。目前，中国科研技术成果转化率仅为10%左右，远低于发达国家40%左右的水平。较低的成果转化率大大弱化了全社会研发投入对产业技术创新的贡献度。相关研究发现，近年来，中国技术创新政策对发明专利拥有和申请量等知识产出有一定促进作用，但对新产品产值等经济产出似乎没有影响，且还有下降趋势。

（二） 人力资本供给支撑能力有待提升

人力资本素质对技术创新水平具有显著影响，提高技术创新能力离不开高素质的人才体系，目前中国人才支撑能力与发达国家差距甚大。①

首先，中国研发和科技人才密度仍然较低。人才供给不足是制约中国技术创新的突出短板之一。近几年，中国科技人力资源总量和研发人员规模稳居世界第一。2013年，中国科技人力资源总量达7105万人，R&D人员总数501.8万人，R&D人员总全时当量为353.3万人/年，上述两个口径均已达到全球最高。② 中国虽已成为人力资源大国，但科技人力资源密度还远落后于发达国家。2014年，中国每千名就业人员中的研究人员仅为4.8人，而德国、日本、韩国则分别达到14.14人、13.73人、16.83人；中国每千名就业人员中的科技人员仅有1.97人，而德国、日本、韩国则分别达到8.22人、10.47人、13.49人（见表2）。

---

① 根据《2016全球制造业竞争力指数》对制造业竞争力驱动因素中的人才因素评分，中国为55.5，而美国、德国、日本和韩国分别为89.5、97.4、88.7和64.9。

② 根据科技部2015年《科技统计报告》得出。

表 2　中国研发人员投入强度变化及国际比较（2014）

指　　标	中国	德国	日本	韩国
每千名就业人员中科技人员数量（人）	1.97	8.22	10.47	13.49
每千名就业人员中研发人员数量（人）	4.80	14.14	13.73	16.83

数据来源：OECD 数据库。

其次，教育模式和体制不适应创新型人才的培养需求。中国现行教育模式仍以获取知识为主，对创新思维和动手能力的素质教育重视不足，教育结构与产业结构和科技发展存在脱节，人才开拓和创新意识不强，潜在人力资源向现实人力资本转化机制不畅。目前，中国在人才方面的国际排名不佳，按德勤公司发布的《2016 全球制造业竞争力指数》，中国在影响制造业竞争力的人才因素方面得分为 55.5，而美国、德国、日本和韩国人才分别得分 89.5、97.4、88.7 和 64.9。中国成年人口中平均受教育年限只有 7.5 年，而美国、德国为 12.9 年，韩国和日本均超过 11 年。尽管中国大学毕业生数量庞大，但大部分理工科毕业生缺乏足够的实用培训技能。面对未来产业技术创新对人力资源的需求，推进教育内涵式发展、加快创新型人才培养的任务仍然十分艰巨。

最后，人才流动限制对科技人才优化配置存在较大制约。尽管中国人力资本市场化程度不断提高，但劳动力市场对人才资源的歧视与分割还广泛存在，尤其是在体制内外、不同地区之间的人才流动存在很大障碍。目前，中国很大部分科技人才集中在企业之外的体制内机构。全国研发人员中博士毕业的只有 13.4%在企业，仅占企业研发人员总数的 1.1%。体制内外之间的人才流动障碍对人才优化配置形成很大制约，不利于潜在人力资源优势向现实技术创新优势的转变。

（三）　科技金融发展相对滞后

科技金融是为促进科技创新和高技术产业发展的金融资源综合配置与创新服务，是实现科技与金融紧密结合的一系列体制机制安排，是实现科技资源与金融资源对接，促进产业技术创新的重要途径。近年来中国已设立各类科技金融服务中心 250 余家，多数省份已建立科技金融服务中心或类似机构，但科技金融服务仍然不适应科技创新和科技型企业发展的迫切需要。

首先，政府对科技型企业支持力度有待加强。科技型企业尤其是初创企业面临较高风险，市场融资难度大，需获得一定的政府支持。但目前受体制机制影响，财政资金往往更注重保值增值，倾向于择优扶强，对科技型创新项目关注不足。政府资金的贴息政策，也大多根据企业效益情况来决定贴息比例，而初创期科技型企业往往因没有盈利而被拒之门外。政府部门支持重点偏重于贷款担保等传统融资手段，对股权融资、知识产权质押融资等方式则创新不足、管制较多，而上述融资方式往往与科技企业特点更加匹配。

其次，科技金融的融资渠道较为狭窄。在信贷融资方面，由于科技型中小企业规模小、获得担保能力弱，一般很难获得大型商业银行信贷资金支持；而专门为中小型科技企业服务的中小银行、民营银行发育严重不足，难以满足早期科技企业的融资需求。在直接融资方面，由于资本市场门槛过高，绝大多数初创科技企业通过上市融资困难重重。同时，目前中国股权投资机构多为私募股权投资（PE），主要投资于拟上市企业，而主要以初创企业为投资对象的创业投资（VC）及天使投资较为缺乏。另外，股权退出机制仍不完善，退出方式仍以上市为主，私募股权资产交易市场、并购市场不活跃，投资人通过转让股权获得收益的难度较大。

最后，科技金融中介、公共信用服务发展不足。目前，中国企业信用信息分散在工商、税务、科技、海关、工信等各政府部门中，缺乏整合、共享、集成和开发应用，对科技企业融资的引导和促进作用发挥不力。同时，市场化信用评级机构公信力尚未确立，知识产权质权处置和流转途径欠缺，知识产权质押融资等科技金融业务受到较大限制。

三、新一轮技术革命背景下中国制造业结构升级对策与建议

（一） 强化公平市场竞争秩序，激发市场竞争活力

一是建立健全科学、系统的产业准入标准体系。审慎地运用一般性技术和装备指标作为标准，在适用技术、装备、产品及企业规模方面给予企业更大决策权。强化资源利用、能耗、环保、安全等具有社会外部性的功能性监管指标在行业管理中的应用。二是加快改善民间投资服务体系。不断完善民间投资的融资担保制度和创业投资机制，积极发展股权投资基金，继续支持民营企业通

过股票、债券市场进行融资。进一步落实和细化保护民间投资合法权益的相关政策，加强对民间投资的服务、指导和规范管理。清理和修改不利于民间投资发展的法规政策规定，切实保护民间投资的合法权益，培育和维护平等竞争的投资环境。全面清理整合涉及民间投资管理的行政审批事项，进一步推动管理内容、标准和程序的公开化、规范化。进一步清理和规范涉企收费，切实减轻民营企业负担。三是建立健全产业信息统计披露制度。改进完善产业信息统计体系，建立健全产能利用、淘汰落后、企业重组、科技创新等信息发布制度，强化信息共享及对企业投资决策、投资融资信息指导。

（二） 改善创新支持政策，优化技术创新环境

未来进一步释放全社会创新创业活力，强化企业的主体地位，加快优化创业创新环境，发挥创新创业对经济增长的促进作用。一是加大政府研发投入。进一步提高政府财政预算中的研发经费支出比重；围绕若干重点科技领域，整合集中政府科技资金，建立科技研发引导和支持基金；改善财税支持政策，支持企业在收入中提取科技创新风险基金、新产品试制准备金、技术革新基金、人才培育和引进基金等创新基金，并允许税前抵扣。二是强化基础研究支撑。优化科技资源配置，提高对高校等科研院所基础性、战略性技术研究的研发投入比重；围绕关键共性重大技术研究和产业化应用示范，加快建设一批制造业创新中心（工业技术研究基地）、重点领域制造业工程数据中心和重大科学研究和实验设施，强化应用技术开发的基础平台支撑。三是促进科技成果转化。理顺产学研协同创新机制，鼓励建立产学研联合创新机构、产业技术联盟等创新组织；建设一批促进制造业协同创新的公共服务平台，提升技术研发、检验检测、技术评价、技术交易、质量认证、人才培训等专业化服务水平，促进科技成果转化和推广应用。

（三） 突出企业创新主体地位，释放企业技术创新动力

一是提升企业创新效率。改革技术创新成果评价机制，加强知识产权保护力度，最大程度地消除科技领域的行政性垄断，创造公平的竞争环境，激励企业提升技术创新成果质量和效率。围绕产业链部署创新链，围绕创新链配置资源链，提高关键环节和重点领域的创新能力。二是支持创新创业型企业加快发

展。支持创新型中小企业通过捆绑发行中小企业集合票据或中小企业集合债券方式筹集资金。继续放宽资本市场对创新型、成长型企业的财务准入标准，鼓励私募股权投资基金、风险投资基金产品创新。

（四） 加强人才队伍建设，提高人力资本素质

人力资本素质对工业发展质量和效率具有显著影响，实现工业转型升级既需要高素质的研发人才，也需要大量技术成果推广应用人才和高素质职业工人。为此，一是要积极打造创新型人才队伍。适应现代产业新体系新要求，支持有条件的高等院校有重点、有选择地开设新学科、新专业，加大培养重点领域的高端科技人才；围绕重点产业和科技创新需求，鼓励高校和企业建立联合培养机制，结合“千人计划”等实施，加大培养和引进复合型、领军型优秀国际人才。二是要加快构建现代职业教育体系。面向产业升级需求，实行工学结合、校企合作、顶岗实习的人才培养模式，加快建立学历教育与职业培训并举、职前教育与在职培训衔接、中职与高职教育贯通、职业教育与其他各类教育融合发展，面向人人的现代职业教育体系；加强非学历教育的职业技能培训，开展多层次、多形式的职业技能培训，促进劳动力的再教育，提高劳动者的职业技能水平。

（付保宗，国家发展和改革委员会产业经济与技术经济研究所研究室主任、研究员）

新一轮科技革命和产业变革背景下亚洲主要国家的制造业力量与合作方案

赵忠济

内容提要： 作为2016年达沃斯论坛的主题，第四次产业革命是足够引起全球范围内关注的热门话题。各国都快马加鞭地做着应对第四次产业革命时代到来的准备。本研究旨在探索第四次产业革命时期亚洲主要国家的应对及合作，以亚洲主要国家韩国、中国、印度为研究对象，比较分析第四次产业革命的推动力量，从中获取一些启示。

从ICT的基本条件分析三国在数字领域的实力后发现，韩国和美国、日本、新加坡的发展情况相似，中国和印度的实力相对薄弱。从劳动力市场、教育体制、基础设施、法律制度的灵活性层面上看，韩国的数字实力相比法制灵活性不足，中国和印度则与韩国相反。创新性方面，三个国家都在快速发展。韩国的创新指数2017年居世界第11位，高于日本的第14位。中国和印度的创新指数排名分别为第22位和第60位，与2014年相比分别提高7位和16位。尤其是中国，在创新质量方面超过了49个先进国家的平均水平。印度也超过其所属的中低国家的水准，甚至超过中高国家的平均值而接近发达国家平均值。研发是创新的基础，作为创新集群及全球研发据点，韩国、中国和印度的地位在持续提高。这三个国家是2008年世界金融危机后少数几个研发费用持续增加的国家，尤其是中国和印度，除了制造业，这两个国家在基础及应用研发领域也成为第一、第二投资引进国家。

第四次产业革命时代，各种不确定性进一步加大，中、韩、印三国应进一步加强完善现有的合作体系，继续发挥世界经济增长的引擎作用，同时为发展中国家树立良好的合作典范。

一、绪论

作为 2016 年达沃斯论坛的主题，第四次产业革命是足够引起全球范围内关注的热门话题。各国都在快马加鞭地做着应对第四次产业革命时代到来的准备。第四次产业革命时代有不同的定义，但可以概括为万物互联，进入智能化时代，而 IBCA（IoT，Big Data，CPS，AI）正是这场浩浩荡荡的新革命的核心。有人认为第四次产业革命已经临近，21 世纪 20—30 年代将被称为第四次产业革命时代。①

第四次产业革命由德国、美国和日本等发达国家主导，而韩国、中国、印度等也在根据各国的国情推进着相应的发展战略。2014 年起，韩国推进“制造业创新 3.0 战略”，着重发展智能工厂的普及及扩散②，政府正在筹建相关的委员会。2009 年起，中国推进“物联网（IoT）”项目，2016 年制定“互联网+(Internet Plus)”战略，这一战略将持续推进到 2020 年。同一时期，印度追求印度制造（Make in India）和数字印度（Digital India），2014 年公布 IoT 优先发展战略，2016 年成立了官学研合作性质的 NASSCOM IoT Center of Execellence。

本研究旨在探索第四次产业革命时代亚洲主要国家的应对及合作，以亚洲的主要国家韩国、中国、印度为主要研究对象，比较分析第四次产业革命的推动力量，从中获取启示。③

① Ha Wongyu，Choi Nam hoe (2016)，第四次产业革命，ETRI（韩国电子通信研究院），序言。

② 截至 2016 年，为 2800 家中小企业普及了智能工厂，计划截至 2017 年末扩展到 5000 家企业，截至 2020 年扩展到 1 万家企业。

③ 参考截至 2017 年 9 月赵忠济（2018）等正在开展的“亚洲主要国家第四次产业革命推进战略和合作方案”课题，整理并添加了一些研究结论。

二、数字基础设施：ICT 基础

2016 年 1 月达沃斯论坛（World Economic Forum）“未来的职业（The Future of Jobs）”报告中将第四次产业革命定义为“基于数字革命，消除物理、数字及生物学空间边界的技术融合的时代”。第四次产业革命的基础是数字革命，数字化的高度和数字实力成正比，而数字实力基于 ICT 实力，基于这种观点，笔者对 ICT 基本条件进行了对比。国际机构对 ICT 基础条件或者竞争力的评估方法不尽相同。国际电信联盟（International Telecommunication Union，简称 ITU）、世界经济论坛（World Economic Forum，简称 WEF）、经济合作与发展组织（OECD）等发布了各种 ICT 相关指标和全球排名。笔者参考各国际机构的评估指标并利用这些指标的各项先行研究，对各国的 ICT 基础条件评估指标进行了比较（见表 1）。

表 1　ICT 基础条件评估指标

评估因素	具体指标
ICT 基础设施	国际电信联盟的 ICT 开发指数及具体指标 WEF 的 NRI 中 ICT 基础设施及数字内容具体指标
ICT 市场规模和竞争力	ICT 市场规模，ICT 装备及服务的出口竞争力
个人和企业的 ICT 应用情况	个人：社会网络的应用情况 企业：B2B、B2C 应用情况
ICT 相关法规及制度	ICT 相关法律，知识产权保护情况 盗版软件相关情况

资料来源：参考 ITU、WEF 等评估指标。

（一）ICT 基础设施

国际电信联盟的 ICT 开发指标（ICT Development Index，简称 IDI）由 ICT 基础设施的接入（Access）、使用（Use）、应用能力（Skills）的相关指数和名次组成。2016 年，韩国的综合排名为第一，其中值得一提的是，ICT 的使用（第 3 位）和应用能力（第 3 位）高于接入（第 8 位）。中国和印度的综合排名非常低，分别是第 81 位和第 138 位，主要原因是大部分指标与收入及教育水准有着密切的关联度（见表 2、表 3）。中国的情况是，与接入和应用能力相比，使用指标相对较高。而印度的指标整体处于最低水准，但是与接入和使用指标相比，应用能力相对较高。

表2　2016年国际电信联盟主要国家ICT发展指标比较分析

国家	综合名次	综合分数	接入（Access）		使用（Use）		应用能力（Skills）	
			名次	分数	名次	分数	名次	分数
韩国	1	8.84	8	8.99	3	8.57	3	9.08
日本	10	8.37	10	8.80	8	8.14	35	7.97
德国	12	8.31	5	9.09	21	7.49	23	8. 36
美国	15	8.17	19	8.27	18	7.57	1	9.18
新加坡	20	7.95	11	8.70	19	7.54	56	7.27
中国	81	5.19	91	5.45	67	4.58	92	5.89
印度	138	2.69	139	3.32	142	1.25	122	4.29

注：共调查175个国家，10分制，分数越高表示条件越良好。
资料来源：摘自《2016年信息社会年度报告》，p.12-15。

表3　国际电信联盟"ICT发展指标"的评估指标及加权值

指标	具体指标	加权值（%）
ICT接入（Access）	每百人固定电话普及率 每百人移动电话普及率 人均国际互联网带宽 计算机家庭普及率 互联网家庭普及率	40
ICT使用（Use）	个人网络用户占比 每百人固定宽带普及率 每百人移动宽带普及率	40
ICT应用能力（Skills）	成人平均受教育时间（mean years of schooling） 中等教育入学率 高等教育入学率	20

资料来源：国家电信联盟《2016年信息社会年度报告》第9页，2016。

世界经济论坛（WEF）的网络就绪指数（Networked Readiness Index，简称NRI）相关具体指标也显示，中国和印度两个国家的ICT基础设施情况相对落后。从网络就绪指数（NRI）中的ICT基础及数字内容名次来看，韩国列第5位，中国列第90位，印度列第114位。造成这一差距的主要原因是，在每人平均电力产量、国际互联网带宽、网络安全服务器数量方面，中国和印度等新兴国家的水准低于包括韩国在内的ICT基础设施先进国家。

不过，中国和印度的人口对比移动网络普及率分别达到99.5%和93.5%，与先进国家相比相对差距甚小，鉴于中印两个国家是世界上人口最多的国家这一因素，所以较 ICT 基础设施的全球排名相比，这两个国家的移动网络普及率非常高。原因是在中国和印度等新兴国家，手机等移动通信手段快速普及（见表 4）。

表 4　2016 年世界经济论坛 ICT 基础设施及数字内容排名和具体指标

指标	韩国	美国	德国	日本	新加坡	中国	印度
基础设施及数字内容（排名）	5	5	12	14	15	90	114
每人平均电力产量（kWh）	10711（12）	135545（8）	7779（24）	8155（23）	8884（19）	4005（55）	933（98）
移动网络普及率（人口对比%）	99.9（37）	99.9（37）	99.0（67）	99.9（37）	100.0（1）	99.5（61）	93.5（111）
国际互联网带宽（互联网用户平均 kb/s）	45.2（57）	71.0（42）	146.0（19）	48.6（54）	616.5（4）	5.0（119）	5.7（116）
互联网安全服务器数量（百万人平均）	2178（5）	1548（12）	1420（13）	912（20）	822.3（22）	7（102）	6（105）

注：（ ）中的数据是 139 个调查对象国家的全球排名。

资料来源：WEF，Networked Readiness Index（http://reports. weforum. org/global-information-technology-report-2016/networked-readiness-index/_（检索日期：2017 年 7 月 20 日）.

（二） ICT 市场规模及竞争力

美国高德纳（Gartner）展望资料称，以 2016 年为准，世界最大的 ICT 市场是美国，达到 11500 亿美元。中国是第 2 位，虽只是美国的 30%，却仍达到 3570 亿美元规模。其次是日本，比中国少 100 亿美元，大约 2580 亿美元。英国和德国明显少于日本，分别是 1900 亿美元和 1230 亿美元，分别排第 4 位和第 5 位。韩国和印度分别为 730 亿美元和 680 亿美元，分别排第 9 位和第 10 位。到 2020 年，美国、中国、日本、英国、德国、法国前六位国家的排名不会发生变化。不过到 2016 年为止固守第 10 位的印度将于 2018 年超过加拿大，和巴西一起登上第 8 位，2019 年将超过韩国成为第 7 位（见表 5）。

表 5　世界十大 ICT 市场规模及展望（10 亿美元）

国家	2014 年	2015 年	2016 年	2017 年	2018 年	2019 年	2020 年
美国	1107	1140	1154	1181	1209	1238	1275
中国	337	353	357	376	390	406	418
日本	292	255	258	263	267	269	272

续表 5

国家	2014 年	2015 年	2016 年	2017 年	2018 年	2019 年	2020 年
英国	204	193	190	195	199	204	212
德国	148	125	123	125	126	129	132
法国	120	102	99	100	100	102	104
巴西	120	85	74	75	76	79	81
加拿大	86	76	72	73	75	78	81
韩国	77	74	73	75	77	79	81
印度	65	66	68	71	76	80	84

资料来源：根据美国高德纳（2016. Q1），未来创造科学部（2016），《2016 年信息通信产业扶持年度报告书》第 11 页的图转为表格。

我们可以通过各国的出口动向了解 ICT 产品或服务竞争力。从表 6 中我们可以看到中国和印度分别在 ICT 商品出口和 ICT 服务出口方面拥有较强竞争力。2016 年，中国的 ICT 商品出口规模约 6140 亿美元，是排在第二位美国（1910 亿美元）的 3 倍以上。其次是韩国，出口额达到 1340 亿美元，印度最少，只出口了 40 亿美元。从 ICT 商品占全体出口商品比重来看，新加坡最高，大约 38%，其次是中国，大约 29%，之后是韩国，大约 27%。各国的排名和 ICT 商品出口比重和 2011 年相比几乎没有变化。

印度虽然在 ICT 商品出口实力排行中位居劣势，在 ICT 服务出口方面却独占鳌头。2016 年印度的 ICT 服务出口规模达到 553 亿美元，明显高于位居第二、第三的美国（373 亿美元）、德国（327 亿美元）。中国虽然是 ICT 商品出口第一国家，但 ICT 服务出口规模却只有 254 亿美元，不足印度的一半。新加坡也只有 65 亿美元，日本和韩国只有新加坡的一半，分别是 38 亿美元和 36 亿美元。ICT 服务出口占服务出口的比重，印度约为 34%，显著高于其他国家。和 2011 年相比，中国的 ICT 服务出口出现相对快速的增长。同一时期，韩国的 ICT 服务出口增长速度虽显著高于中国，但在比较对象国家中规模仍然最小（见表 6）。

表 6　主要国家 ICT 产品及服务占出口的趋势（10 亿美元）

商品出口						
国家	2011 年			2016 年		
	商品出口	ICT 产品	占比（%）	商品出口	ICT 产品	占比（%）
中国	1898	560	29.5	2098	614	29.3
美国	1480	141	9.5	1453	191	13.1

续表 6

商品出口						
国家	2011 年			2016 年		
	商品出口	ICT 产品	占比（%）	商品出口	ICT 产品	占比（%）
韩国	555	133	23.9	495	134	27.1
新加坡	410	128	31.4	330	124	37.6
德国	1482	119	8.0	1341	114	8.5
日本	823	119	14.5	655	87	13.6
印度	301	8	2.6	260	4	1.6
服务出口						
国家	2011 年			2016 年		
	服务出口	ICT 服务	占比（%）	ICT 服务	ICT 服务	占比（%）
印度	138.5	47.1	34.0	161.8	55.3	34.2
美国	627.8	29.2	4.6	752.4	37.3	5.0
德国	250.5	23.6	9.4	272.7	32.7	12.0
中国	201.0	13.9	6.9	208.5	25.4	12.2
新加坡	119.3	3.9	3.3	149.6	6.5	4.3
日本	140.8	2.0	1.4	173.8	3.8	2.2
韩国	90.9	1.3	1.5	92.8	3.6	3.8

资料来源：引用 OECD stat DB（检索日期：2017.07.24）。

(三) ICT 应用及相关法律、制度

我们可以从脸书、推特等虚拟社交网站（Use of Virtual Social Networks）的使用程度了解个人的 ICT 应用情况，美国和新加坡的世界排名分别是第 3 位和第 8 位，显著高于其他国家，韩国、日本、德国分别为第 40、43、54 位，相比其 ICT 基础设施及使用性情况并不好。中国和印度的社会网络使用情况远低于这些国家，分别为第 121 位和第 130 位。

我们可以通过 B2C、B2B 了解企业的 ICT 应用度，B2B 领域里日本居世界第一。紧接着是新加坡（第 13 位）、美国（第 17 位）、德国（第 19 位）等，以微小的差距排在韩国（34 位）之前。B2C 领域，美国和日本分别占第 2 位和第 5 位，显示出最高的应用度，其次是韩国和德国，各占第 10 位和第 12 位。中国和印度的个人及企业 ICT 应用度远低于发达国家。个人和企业中企业的 ICT 应用度相对较高，企业的 B2C 高于 B2B。2016 年中国和印度的 B2B 应用度排名分别

为第57位和第108位，B2C的应用度排名分别为第32位和第77位（见表7）。

表7　2016年个人及企业的ICT应用情况

指标		美国	新加坡	韩国	日本	德国	中国	印度
个人	社会网络	6.6	6.4	5.9	5.9	5.8	4.7	4.3
	排名	3	8	40	43	54	121	130
企业	B2B	5.7	5.8	5.3	6.1	5.7	4.9	4.1
	排名	17	13	34	1	19	57	108
	B2C	6.3	5.5	5.8	6.0	5.8	5.3	4.2
	排名	2	24	10	5	12	32	77

注：7分制，分数越高表明应用度越高。
资料来源：WEF，Networked Readiness Index（http://reports. weforum. org/global-information-technology-report-2016/networked-readiness-index/）.

最后比较ICT相关法律及制度水准（见表8），总体可以分为：美国、日本、新加坡属于水准最高的组别，其次是德国和韩国的组别，中国和印度属于最差的组别。首先，ICT相关法律水准方面，新加坡处于最高位，居世界第5位，其次是美国，居世界第11位。韩国、德国、日本分别居第21位、第26位、第27位，中国和印度分别排在第49位和第53位。知识产权保护程度是新加坡和日本最高，分别居世界第4位和第6位，美国和德国分别为第15位和第20位。印度的位次虽处于第50位，但高于韩国的第52位和中国的第63位，与落后的ICT基础设施相比，知识产权保护水平相对较高。盗版软件占比方面，美国和日本是世界最低的水准，不足20%，分别位居世界第1和第2，其次是新加坡、德国、韩国，均超过30%，分别居第18、22、25位。印度的ICT基础设施水准低于中国，不过盗版软件占比是60%，低于中国的74%。

表8　ICT相关法律及制度水准（2016年）

指标		美国	日本	新加坡	德国	韩国	印度	中国
ICT相关法律	排名	11	27	5	26	21	53	49
	分数	5.3	4.8	5.7	4.8	5.1	4.2	4.2
知识产权保护	排名	15	6	4	20	52	50	63
	分数	5.8	6.1	6.2	5.7	4.2	4.2	4.0
盗版软件	排名	1	2	18	22	25	53	73
	占比（%）	18.0	19.0	32.0	31.0	38.0	60.0	74.0

注：7分制，越高越良好。
资料来源：WEF，Networked Readiness Index.

三、灵活性及创新性

（一）灵活性

在2016年1月召开的以“了解第四次产业革命（Mastering the 4th Industrial Revolution）”为主题的达沃斯论坛中USB强调“灵活性（flexibility）”为第四次产业革命时代的决胜因素。USB认为，在过去的产业革命中，快速实现了各种劳动方式的资本化转换，第四次产业革命也将进一步加快转换速度，在劳动力市场、教育体制、基础设施、法律制度方面具备灵活性的国家将会在第四次产业革命中脱颖而出。

第四次产业革命将创造许多就业机会，也将淘汰掉不少就业岗位，各种高级技术人力和新技术需求在激增，而可以立即应对这些需求的劳动力市场和教育体制恰恰是非常关键的成功因素。与此同时，可以灵活应对快速变化的经济活动的基础设施和可以灵活处理新商业模式、相关的知识产权及安全问题的法律制度也是第四次产业革命时代应具备的成功因素。基于这种观点，UBS预测，在这四个领域中灵活性较高的发达国家将成为第四次产业革命时代的领先者，而以低廉低端劳动力为优势的发展中国家无法继续发挥其优势反而逆风而倒。USB进一步预测，如何基于有限的技术基础设施应对高度的自动化趋势，将大量的低端技术工人转为资本，如何应对高度互联（Connectivity）趋势，将是发展中国家即将面临的重要课题。①

基于以上展望，USB对主要国家各领域的灵活性进行量化统计，排出了第四次产业革命时代相对灵活性位次。从表9可以看出，较好地具备第四次产业革命时代所需灵活性的国家大部分都是发达国家。排名前25位的国家和地区中，除了马来西亚（第22位）、韩国（第25位）外，都是发达国家，特别是排名前10位国家中，瑞士、荷兰、芬兰、英国、挪威、丹麦等欧洲尤其是北欧国家相对较多。

---

① 参考 UBS White Paper for the World Economic Forum Annual Meeting 2006（2016.1），Extreme Automation and Connectivity：The Global，Regional and Investment Implication of the Fourth Industrial Revolution，pp. 21－27.

中国居第28位，与韩国的差距并不大，印度是第41位。中国虽然在综合排名中落后于韩国，劳动力市场（第37位）的灵活性却远高于韩国（第83位）。印度在劳动力市场、基础设施领域的排名都在100名之外，总体灵活性被评价为非常低，但在教育创新部门高居第42位，接近中国的第31位，灵活性相对较高（见表9）。

表9 主要国家第四次产业革命各领域灵活性排名

国家	综合排名	劳动力市场	教育体系		基础设施	法律制度	影响力	国家分类
			教育水平	创新水准				
瑞士	1	1	4	1	4.0	6.75	3.4	发达
新加坡	2	2	1	9	3.5	9.00	4.9	发达
芬兰	4	26	2	2	19.0	1.25	10.1	发达
美国	5	4	6	4	14.0	23.00	10.2	发达
英国	6	5	18	12	6.0	10.00	10.2	发达
日本	12	21	21	5	12.0	18.00	15.4	发达
德国	13	28	17	6	9.5	18.75	15.9	发达
马来西亚	22	19	36	20	35.5	44.75	38.2	新兴
韩国	25	83	23	19	20.0	62.25	41.5	新兴
中国	28	37	68	31	56.5	64.25	51.4	新兴
印度	41	103	90	42	100.5	81.50	83.4	新兴
墨西哥	42	114	86	59	66.0	100.00	85.0	新兴
巴西	43	122	93	84	64.0	97.95	92.2	新兴

注：1. 基于45个国家资料进行综合排名。引用世界经济论坛《2015—2016全球竞争力报告》的不同项目评价进行排名。即劳动力市场使用有效性排名，教育体制使用高等教育及培训和创新领域排名，基础设施使用技术水准和基础设施构建程度的平均排名，法律系统分别使用知识产权、知识产权保护、司法独立、企业伦理行为的平均数进行排名。影响力是以上四个领域之和的平均值。国家按照MSCI国家分类可以分为发达市场（Developed Markets）和新兴市场（Emerging Markets）。

2. 文中所引用的中国的数据未包括台湾地区。

资料来源：UBS（2016），Extreme Automation and Connectivity：The Global，Regional and Investment Implication of the Fourth Industrial Revolution，p. 25.

（二） 创新性

达沃斯论坛的克劳斯·施瓦布会长在其专著《第四次产业革命》中指出，“第四次产业革命的受惠人是创新者、投资者、股东等提供知识、物质资本的人”，强调了创新的重要性。

“全球创新指数（Global Innovation Index）”是对各国各领域的创新力量进行综合分析和评估的指标。对各国可以实现创新的因素（创新投入）和创新结果（创新产出）的指标指数进行比较后推出了全球排名（见表10）。具体是，创新投入因素是由制度、人力资本和研究、基础设施、市场成熟度、企业成熟度5个方面组成，创新成果由知识技术产出和创意产出两部分组成，一共7个指数。7个指数下面各有3个次级指数，共21个指数81个指标，基于这些指数制定出了全球排名。①

分析世界各国创新力量排名后不难发现，和之前的软实力分析结果在某些部分是比较接近的。前10名国家中大部分是发达国家，尤其是欧洲的发达国家居多。美国、新加坡以及北欧发达国家的2017年排名较2014年并无较大的变动。这些发达国家在创新投入、创新产出、创新效率方面大体排于前列。这些国家的后面是包括日本在内的亚洲国家。值得瞩目的是，曾在软实力方面排在韩国之前的日本却在创新力量方面掉到了韩国之后。2017年，韩国的创新指数排名是第11位，较2014年向前移5个位次。日本也从2014年第21位前移6个位次，但仍落后于韩国。

这些国家的后面是中国、印度等金砖国家，和之前研究过的数字及软实力相比，金砖国家和发达国家之间的差距明显缩小，这一点值得关注。实际上，2017年中国的创新力量排名是第22位，比较接近以色列（第17位）、日本（第14位）等国家。2017年，印度的创新力量排名是第60位。这与创新力量的快速上升有关，2017年，中国、印度与2014年相比分别提高了7个位次、16个位次。只有中国、印度两个国家显示出创新效率（即创新投入与创新产出之比）很高的特点。中国的创新效率是世界最高水准，2014年是第2位，2017年是第3位。印度的创新效率排名虽远不及中国，但是在同一时期内分别达到第31位和第53位，被评价为创新成果高于创新投入的国家（见表10）。

表10　主要国家创新力量排名变化

国家	综合排名		创新投入		创新产出		创新效率	
	2014年	2017年	2014年	2017年	2014年	2017年	2014年	2017年
瑞士	1	1	7	3	1	1	6	2
瑞典	3	2	6	2	3	3	22	12

① 具体项目请参考2017年全球创新指数，第47-57页。

续表10

国家	综合排名		创新投入		创新产出		创新效率	
	2014年	2017年	2014年	2017年	2014年	2017年	2014年	2017年
荷兰	5	3	11	9	2	2	12	4
美国	6	4	4	5	7	5	57	21
英国	2	5	3	7	4	6	29	20
新加坡	7	7	1	1	25	17	110	1
德国	13	9	19	17	8	7	19	7
韩国	16	11	16	16	15	9	54	14
日本	21	14	15	11	27	20	88	49
以色列	15	17	17	20	13	14	42	23
中国	29	22	45	31	16	11	2	3
俄罗斯	49	45	56	43	45	51	49	75
印度	76	60	93	66	65	58	31	53
巴西	61	69	63	60	64	80	71	99

注：以2017年127个国家的创新效率为基准进行排名，创新效率等于创新产出指数除以创新投入指数。

资料来源：康奈尔大学、欧洲工商管理学院与世界知识产权组织（WIPO），2014年、2017年《全球创新指数》。

经分析发现，中国和印度是收入水平相比创新力量最强的国家。2017年，作为中高收入国家的中国创新力量排名是第22位，考虑到高收入国家是48个国家，中国的创新力量排名相对很高，甚至高于大部分高收入国家。2017年，中国的创新投入排名为第31位，创新效率和创新产出的排名分别为第3位、第11位。印度的2017年创新力量排名是第60位，考虑到印度之前有48个高收入国家、35个中高收入国家的情况，印度的创新力量排名并不算低。2017年，印度的创新产出排名是第58位，位居中低收入国家之首。①

创新力量评估指标中，重点分析表示创新质量的指标，可以更清晰地看到中印两国的创新力量高于收入水准。康奈尔大学、欧洲工商管理学院与世界知识产权组织（WIPO）在其《2016年全球创新指数》中考虑各国三大大学排名、在两家以上机构的专利申请数量、论文引用H指数等指标进行评估（见图1），作为中高等收入国家的中国，体现创新质量的三个指标方面，综合分数

① 《2017年全球创新指数》中，按照收入水准对各国进行分类，高收入国家有48个，中高收入国家有35个，中低收入国家有27个，低收入国家有17个。

超过了150，高于49个发达国家的平均值110，而作为中低等收入国家的印度也获得104的综合分数，接近49个发达国家的平均水准。中国和印度两个国家的创新质量指标在中高收入及中低收入国家理所当然占据第一位。

尤其是印度，尽管是中低等收入国家，但在各项评价指标出的表现却往往超出中低等收入国家甚至是中高等收入国家。如图2所示，科学论文的优秀性、高科技技术制造、民间企业的研发能力、研究集群、固定资本投资、企业的研发支出、收入增长率、ICT服务出口、高科技出口、来自海外的研发金融扶持、知识产权收入、专利申请等领域内，印度的创新力量高于中高等收入国家的平均水准，尤其是企业的研发支出和研究集群领域的差距非常显著。

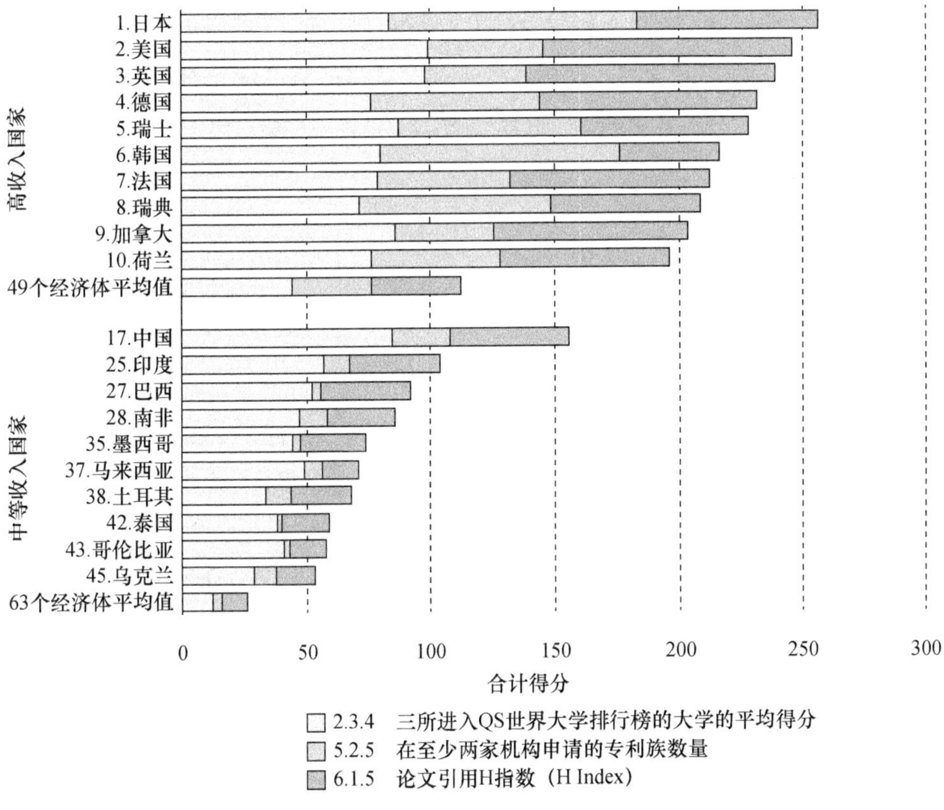

图1 十大高收入国家创新质量对比

注：中等收入国家中，印度是唯一处于中下位次的国家，剩下的国家都是中高收入国家。

资料来源：康奈尔大学，欧洲工商管理学院与世界知识产权组织（WIPO），《全球发展指数》p.19表4.1。

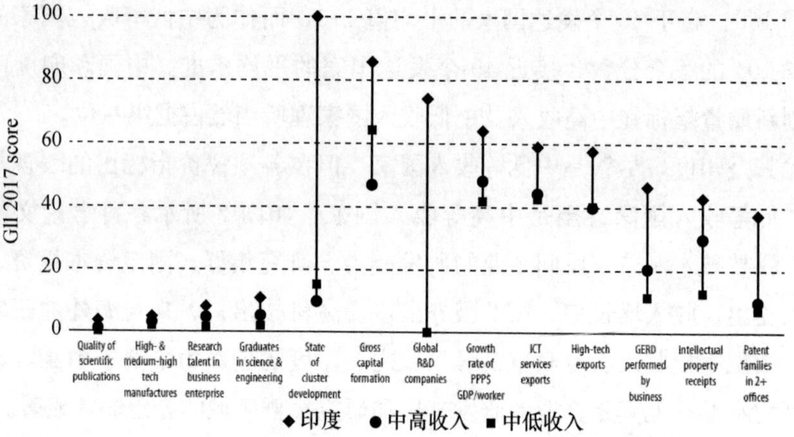

横轴部分从左到右依次为：科学出版物的质量；高、中高科技制造业；企业研究人才；理工科毕业生；产业群聚发展指标；ICT 服务出口；高技术出口；商业研发支出总量；收获知识产权；两个以上申请方的同族专利。

图 2　印度与中低收入及中高收入国家具体创新力量平均值差距

资料来源：康奈尔大学、欧洲工商管理学院与世界知识产权组织（WIPO），2017 年《全球创新指数》，p. 37 图 6。

四、研发及创新集群

（一）研发

研发是创新的基础，中国和印度的研发实力正在快速提高。两国企业尤其是顶级企业的研发实力，远高于两国的收入水准排名。2016 年，中国前 3 位企业的平均研发支出规模大约 42.5 亿美元，居世界第 6 位。韩国大约是 60 亿美元，高于中国一个位次，居第 5 位。中低等收入国家印度的研发投入是 10.2 亿美元，居世界第 14 位。排在印度之前的国家，除韩中两国之外，均为美国、瑞士等发达国家。中国和印度企业的研发投入位居全体调查对象国家前 4%和前 10%之内，和其收入水平相比处于相对较高的水平（见表 11）。

表 11　企业研发支出实力排名前位国家比较

排名	国家	前 3 位企业平均（百万美元）	指数（0—100）	百分比排名
1	美国	11774	100.00	1.00
2	德国	8987	97.12	0.99

续表 11

排名	国家	前 3 位企业平均（百万美元）	指数（0—100）	百分比排名
3	瑞士	6880	94.27	0.98
4	日本	6237	93.22	0.98
5	韩国	5970	92.75	0.97
6	中国	4252	89.13	0.96
14	印度	1025	73.96	0.90
22	新加坡	404	64.04	0.83

资料来源：康奈尔大学、欧洲工商管理学院与世界知识产权组织（WIPO），2017 年《全球创新指数》p. 337 摘录。

综合考虑企业及政府研发支出，中国、印度的研发实力是值得赞许的。2008 年，从美国开始的金融危机令全球经济陷入低谷，大部分国家和企业缩小了研发方面的投入支出，之后消耗了很长时间去恢复，但总体势头明显削弱。不过部分国家在同一期间内持续扩大了研发方面的投入。代表性的国家是中国、韩国、印度。如表 12 所示，中国的研发支出占 GDP 比重指数和 2008 年（100）相比出现持续的增长，到了 2015 年增长到 253。虽然不及中国，但是韩国在同一时期也持续增加了研发方面的投入，达到了 168。截至 2011 年，印度增长到 125，之后虽然没有确切数据，但推测应为持续增长。这些国家的研发投入指数也没有受到全球经济危机的影响，继续得到了增长。2015 年，中国增加到 265，韩国增加到 173。截至 2011 年，印度也增加到 124。

另外，德国、日本两国自 2008 年世界经济危机到 2009 年缩小了研发投入，目前已经开始恢复。瑞典、加拿大、芬兰等国家到 2014 年为止尚未恢复到 2008 年的水准。

表 12　2008 年全球金融危机后各国研发投入指数变化

研发支出占 GDP 比重指数									
变化	国家	全球危机时期		危机恢复时期					
		2008 年	2009 年	2010 年	2011 年	2012 年	2013 年	2014 年	2015 年
持续增加	中国	100	126	143	163	189	212	231	253
	韩国	100	106	119	133	147	155	166	168
	印度	100	106	113	125	n/a	n/a	n/a	n/a

续表12

研发支出占GDP比重指数									
变化	国家	全球危机时期		危机恢复时期					
		2008年	2009年	2010年	2011年	2012年	2013年	2014年	2015年
危机后恢复	德国	100	99	103	110	113	112	116	118
	日本	100	91	93	96	97	102	105	—
	新加坡	100	82	88	100	96	101	114	n/a
未恢复	瑞典	100	94	92	96	97	99	96	—
	加拿大	100	100	99	100	101	97	95	—
	芬兰	100	97	99	99	92	88	84	—
企业研发支出指数									
变化	国家	全球危机时期		危机恢复时期					
		2008年	2009年	2010年	2011年	2012年	2013年	2014年	2015年
持续增加	中国	100	126	144	168	196	222	244	265
	韩国	100	105	118	135	152	162	172	173
	印度	100	102	111	124	n/a	n/a	n/a	n/a
危机后恢复	德国	100	97	99	107	111	108	113	115
	日本	100	88	90	94	94	99	104	103
	美国	100	96	94	97	98	103	107	112
未恢复	新加坡	100	70	75	86	81	84	97	n/a
	加拿大	100	98	95	98	95	90	88	n/a
	瑞典	100	90	86	89	88	92	87	97

注：引用OECD MSTI 2016年2月数据，以2010年购买力平价GDP为基准。

资料来源：康奈尔大学、欧洲工商管理学院与世界知识产权组织（WIPO），2014年、2017年《全球创新指数》p. 5、p. 6摘录。

（二）创新集群及研发据点

创新集群或研发据点聚集人才以及各种经验、创意后重新组织扩散，可以起到创新协同、有效扩散的作用。康奈尔大学、欧洲工商管理学院与世界知识产权组织（WIPO）在《2017全球创新指数》中，以各集群的专利申请数量为准，选定了世界100强集群。由表13可见，世界100大集群中，30个集群位于美国，其中11个集群位列前30名集群中，无论是数量还是质量方面都保有最强集群实力。之后是德国和日本，100强集群中德国的集群有12个，比日本多4个。日本拥有东京-横滨、大阪-神户-京都、名古屋等排名靠前的集群。中国的集群比日本少6个，但是比韩国多3个，中低收入国家印度也和韩国一样拥有3个集群。

表13 世界100大集群在各国的分布情况

国家	数量（个）	城市（排名）
美国	30	圣何塞（3），圣地亚哥（6），波士顿（8），纽约（11），休斯敦（13），西雅图（15），芝加哥（17），洛杉矶（25），明尼阿波利斯（26），波特兰（27），肯塔基州（29），共11个集群进入前30位，其余19个位于第32名至第87名之间
德国	12	法兰克福-曼海姆（12），斯图加特（14），科隆-杜塞尔多夫（16），慕尼黑（20），纽伦堡-埃朗根（28），柏林（30），罗滕堡（53），汉堡（59），海登海姆-阿伦（74），亚琛（82），波鸿（84），汉诺（99）
日本	8	东京-横滨（1），大阪-神户-京都（5），名古屋（9），日立（38），滨松（40），四日市（77），静冈（83），爱媛县（97）
中国	6	深圳-香港（12），上海（19），广州（63），杭州（85），南京（94），苏州（100）
韩国	3	首尔（4），大田（23），釜山（68）
印度	3	班加罗尔（43），孟买（95），浦那（96）
新加坡	1	新加坡（35）

注：以专利申请数量为基准选择了100大集群。

资料来源：摘自康奈尔大学、欧洲工商管理学院与世界知识产权组织2017年《全球创新指数》附录2之表1。

作为新兴的研发据点，中国和印度的地位日益提高。Castelli和Castellani（2013）引用《金融时报》“FDI Markets”资料，从2003年起到2012年8月的直接投资中对技术主导型直接投资进行了详细分类，了解各国的投资比重。① 结果，居全世界跨境应用研发（DDT）及基础研发投资引进第一、第二位的分别是印度、中国。中国引进了全世界基础研发投资的17%（第1位）、应用研发（DDT）投资的12%（第2位）。印度引进了应用研发（DDT）投资的20.3%（第1位）、基础研发投资的14.7%（第2位）。以2012年8月为基准，过去10年间，全世界基础及应用研发投资的30%以上集中于中国和印度两个国家。美国引进基础及应用研发投资皆为7.9%，都位居第三。在同一时期，中国和印度

① UNCATAD的直接投资统计基于各国的统计数据，而FDI Markets的直接投资统计则基于《金融时报》的报道。研究人员基于FDI Markets直接投资资料，将其具体分类为基础研发、应用研发DDT（design，development and testing）、制造业。

在制造业获取的投资分别占第一位和第三位。

除了研发投资的引进外，在对外投资方面印度和中国也均获得了与其收入水准相比相对较高的位次。在同一时期，印度的应用研发投资数量是131项，仅居于美国、德国、英国、日本、法国5个国家之后，基础研发数量排名居于第11位。中国的基础研发投资数量排名第7位，居于上述五国和第6位的瑞士之后。在应用研发投资数量排名中，中国居第11位。可见，印度和中国在基础研究、应用研究领域的引进投资以及对外投资都具备了较高的实力（见表14）。

表14　2003年1月—2012年8月跨境研发投资流入排名前位国家现状

应用研发：DDT（design，development and testing）			基础研发			制造业		
国家（排名）	数量（项）	占比（%）	国家（排名）	数量（项）	占比（%）	国家（排名）	数量（项）	占比（%）
印度（1）	809	20.3	中国（1）	534	16.9	中国（1）	4969	16.3
中国（2）	511	12.8	印度（2）	466	14.7	美国（2）	2776	9.1
美国（3）	316	7.9	美国（3）	249	7.9	印度（3）	1879	6.1
英国（4）	261	6. 6	英国（4）	187	5. 9	俄罗斯（4）	1323	4.3
德国（5）	140	3.5	新加坡（5）	151	4.8	巴西（5）	1061	3.5
新加坡（6）	115	2.9	德国（7）	108	3.4	泰国（6）	941	3.1
日本（16）	59	1.5	韩国（12）	68	2.2	英国（10）	834	2.7
韩国（20）	44	1.1	日本（16）	50	1.6	德国（12）	785	2.6
前两名国家	1320	33.1	前两名国家	1000	31.6	前两名国家	7745	25.4
前五名国家	2037	51.2	前五名国家	1587	50.2	前五名国家	12008	39.3

资料来源：Castelli and Castellani（2013），p.11表2。

五、内容提要及研究结论

以ICT基础设施为基准分析各国的数字实力后发现，总体上，韩国接近美国、日本、新加坡等实力较强国家，中国和印度的实力相对薄弱。ICT基础设施方面，中国和韩国的表现较好；ICT市场规模方面，2016年中国以2580亿美元仅次于美国，韩国和印度分别居于第9位和第10位，分别达到大约730亿美元和680亿美元；ICT商品及服务出口的竞争力方面，中国和印度分别为第1位和第2位；在ICT相关法律方面，韩国居第21位，中国和印度分别是第

49位和第53位，而中国在知识产权保护及盗版软件领域相对落后于印度。

另外，在劳动力市场、教育体制、基础设施、法律制度的灵活性方面，韩国、中国、印度的2016年世界排名分别是第25位、第28位、第41位。韩国的灵活性和数字实力相比较为薄弱，中国和印度的灵活性却相对高于数字实力。

创新性方面，三个国家均取得了快速发展。2017年，韩国的创新指数居世界第1位，高于日本的第14位，与2014年相比提高了5个位次。中国和印度分别居于第22位和第60位，相比2014年分别提高了7个位次和16个位次。特别是中国，在创新效率方面（创新投入：创新产出），2014年和2017年分别达到第2位和第3位。同一时期，印度分别为第31位和第53位，成为中高及中低收入国家中创新实力最高的国家。尤其是中国，在创新质量方面已经超过49个发达国家的平均值，印度高于自己所属的中低组别国家以及中高组别国家平均值，接近发达国家平均水平。

韩国、中国、印度研发、创新集群及全球研发据点的地位持续提高。2008年世界金融危机以后，大部分国家的研发投入减少，有些得到恢复，有些尚未得到恢复。而中韩印三个国家无论是在金融危机时期还是现在，企业及政府的研发投入都在持续增长。在世界100强创新集群中，这三个国家是亚洲国家中除了日本之外投入最多的，尤其是中国和印度，在制造业、基础及应用研发领域投资引进方面都分别位居第一和第二。

韩国、中国、印度开始增长及发展的时期各不相同，但均持续保持增长，是亚洲国家之代表，尤其是中国和印度已经走出亚洲，成为引领世界经济的核心国家。三国经济的持续增长和发展将对世界经济产生积极影响，同时为发展中国家树立了合作的典范。事实上，韩国的第一贸易及投资对象国家是中国，印度的第一贸易对象国也是中国。亚洲地区经济规模排行中，中国居第1位，印度居第3位，韩国居第4位，考虑到这种情况，韩中印的合作关系今后还将持续。

第四次产业革命时代，韩中印三国的实力并不落后于发达国家，虽然在收入、教育水准相关度较高的数字实力及制度、系统的灵活性方面还有欠缺，但是在创新及研发、集群、投资引进等方面具有足够的潜力。第四次产业革命时代，各种不确定性因素日益增加，韩中印三国应进一步加强完善现有的合作体系，继续发挥世界经济增长的引擎作用，同时为发展中国家树立良好的合作典范。

（赵忠济，韩国对外经济政策研究院印度南亚组组长、研究委员）

参考文献：

1. 未来创造科学部（2016），与信息通信产业振兴有关的2016年度报告.

2. Ha Won kyu，Choi Nam hoe（2016）. 第四次产业革命，ETRI（韩国电子通信研究院）.

3. Cornell University，INSEAD and WIPO（2014，2017），The Global Innovation Index 2014，2017.

4. Castelli and Castellani（2013），The Internationalisation of R&D：Sectoral and Geographic Patterns of Cross-border Investment，CIRCLE，Lund University，Paper No. 2013/09.

5. ITU（2016），信息社会年度报告2016.

6. UBS（2016），Extreme Automation and Connectivity：The Global，Regional and Investment Implication of the Fourth Industrial Revolution，USB White paper for the World Economic Forum Annual Meeting 2016.

7. WEF，Networked Readiness Index.

8. http://reports. weforum. org/global-information-technology-report-2016/networked-readiness-index/.

9. OECD stat DB.

新一轮科技革命和产业变革背景下中国服务业发展的趋势与对策

洪群联

内容提要：当前，新一轮科技革命和产业变革正在孕育形成和深入发展，技术创新和消费升级培育产业发展新动能，给全球服务业带来新机遇和新变化。中国服务业在2015年首次超过GDP的50%，占据国民经济半壁江山，迈入新的发展阶段，服务业融合、集聚、创新的趋势更加明显，在产业转型升级、新旧动能转换、吸纳稳定就业等方面的作用更加突出。为迎接新一轮科技革命和产业变革带来的机遇和挑战，必须采取新的措施促进中国服务业持续健康发展。

一、新一轮科技革命和产业变革给中国服务业带来的机遇与挑战

（一）机遇

1. 科技革命和产业变革推动全球服务经济深入发展，服务贸易、投资、消费活跃，为中国服务业发展提供了更加广阔的空间

发达国家在20世纪60年代完成了工业经济向服务经济的转换，发展中国家从20世纪90年代开始向服务经济转型，中国服务业增加值占国内生产总值的比重也在2015年达到了50.5%，未来十年有望达到60%。当前，全球经济正处于金融危机之后经济转型和结构调整的关键时期，也是新一轮科技革命和产业变革孕育兴起的重要阶段，经济服务化趋势更加明显。科技革命和产业变

革带来新技术、新模式、新产业，加速资源和要素的全球配置，贸易、投资、消费的重心从制造业转向服务业，为中国加快向服务经济发展转型提供了契机。

从贸易看，2016年全球服务贸易总额为9.53万亿美元，是十年前的1.68倍；服务贸易占全球贸易总额的23%，比十年前提高了4.07个百分点。① 十年间，中国服务贸易总额增长了2.39倍，占贸易总额比重提高了5.25个百分点，目前货物贸易、服务贸易占全球货物贸易、服务贸易的比重分别为11.54%、6.94%。随着新一轮科技革命和产业变革的深入发展，中国服务贸易仍有很大发展空间。

从投资看，全球服务业跨国投资发展强劲，1990年全球服务业外商直接投资超过第一、二产业之和，占全球跨国投资总额的50.1%，近年来服务业跨国投资比重保持在2/3左右。顺应国际趋势，中国积极承接国际服务业转移，大力吸引服务业投资和发展服务外包，2013年服务业实际利用外资占全部利用外资比重首次超过50%，2016年占比达到70%。新一轮科技革命和产业变革推动服务要素更快流动，为中国服务业吸引跨国投资提供了机遇。

从消费看，发达国家最终消费支出占国内生产总值的比例一般在80%左右，发展中国家一般在70%以上。近年来发达国家服务消费占居民消费总额的比重在65%—70%。2015年中国居民服务消费占比达到53.4%②，虽比2010年提高了10个百分点，但与发达国家和许多发展中国家相比仍有差距。新一轮科技革命和产业变革提供更多新产品、创造更多新供给，消费升级拓展中国服务消费的发展空间。

2. 科技革命和产业变革加速互联网等新技术应用渗透，区域格局和产业升级路径发生变化，为中国服务业发展提供了难得机会

当前全球范围内科技创新加速推进，生物、信息、新材料、新能源等技术的交叉融合引发新一轮科技革命和产业变革，技术、资本、人才等关键要素加

① 2005年至2015年十年间，全球服务贸易年均增长快于同期货物贸易增长1.5%，全球货物贸易中30%是由服务贸易带动。按增加值统计，目前服务贸易占到全球贸易的50%左右。数据来源于WTO数据库。

② 根据中国国家统计局数据，服务消费主要包括居住、交通通信、教育文化娱乐和医疗保健支出。

速流动，带来产业技术、产业组织模式的深刻变化，这为后发国家和后发区域赶超跨越提供了战略机遇，中国服务业加快发展迎来了难得机会。

一方面，新一轮科技革命和产业变革产生以移动互联网、大数据、云计算等新一代信息技术为代表的技术成果，正在改变传统生产生活方式、缩短时间空间距离，使一些偏远地区从“发展末端”变为“区域中心”，使一些传统行业从“夕阳产业”变成“朝阳产业”，使部分消费者、生产者从“孤立个体”变成“网络群体”，为中国后发地区服务业加快发展创造了有利机遇。例如，中国中西部地区和农村地区正在加快应用互联网等新技术，改造传统服务业、催生新兴服务业，加快融入全球和全国服务业大市场。2016 年农村网民规模达 2.01 亿，西部地区互联网普及率达到 48.1%。

另一方面，新一轮科技革命和产业变革催生的新技术、新业态、新模式在中国落地生根、发展壮大，一些领域走在世界前列，有利于中国服务业塑造国际竞争优势。例如，中国已经成为全球最大电子商务和第三方支付市场，2016 年中国电子商务交易额为 26.1 万亿元，交易额约占全球电子商务零售市场的 39.2%，第三方支付交易额为 57.9 万亿元，其中移动支付交易规模为 38.6 万亿元，约为美国的 50 倍，由此带来电子商务服务业成为中国经济发展新亮点。[①] 为迎合全球快速发展的互联网经济，中国率先提出推动 e-WTP 成为互联网时代的全球贸易规则。

（二） 挑战

1. 科技革命和产业变革将重塑国家竞争优势，以科技创新为核心的国家竞争更加激烈，中国服务业发展面临巨大挑战

当前，发达国家正在利用新一轮科技革命和产业变革重塑竞争优势，强化资本和技术回流，全球产业资本和财富在国家间重新配置，特别是以科技创新为核心的国际竞争更为突出、更加激烈，技术保护和垄断将制约中国服务业的发展空间。例如，美国特朗普政府致力于通过推动大幅削减企业税和个人税等

① 近年来，中国电子商务服务业市场规模进一步扩大，市场结构持续优化，分工体系日趋完善。2016 年电子商务服务业营业收入 2.45 万亿元。其中，电子商务交易平台服务商服务内容不断延伸，收入达 4000 亿元；电子支付服务、物流服务、电子认证等市场规模持续高速增长，收入达 9500 亿元；衍生服务领域业务范围不断扩大，收入达 1.1 万亿元。

措施，吸引资本、技术和人才回流，影响了中国服务业利用国际资本的空间。再如，美国依托强大的技术和经济实力，通过掌握互联网核心技术和资源，构建互联网制度规则，不断强化对互联网的绝对控制权，① 限制了中国利用新技术拓展服务业新空间的机会。

2. 科技革命和产业变革将改变产业组织方式，经济发展对体制机制环境要求更加迫切，中国服务业发展面临瓶颈制约

与以往不同，本轮科技革命和产业变革涌现出更多的创新创业主体和新型发展模式，产业组织正在发生深刻变化，个性化、扁平式、创业型活动正在成为经济发展中的主要组织形式，中国现行的体制和环境对服务业组织结构调整和创新创业存在一定制约。例如，新技术带来互联网金融、滴滴打车、共享单车等新业态快速发展，但由于缺乏有效监管，导致服务市场无序竞争，部分领域风险隐患较大，制约了行业健康成长壮大。再如，抓住本轮科技革命和产业变革的机遇，关键要释放各类创新资源活力，要求在产业准入和退出机制、行业监管制度、科研项目管理和评价机制等方面有所创新。但目前中国对科研人员、高校和科研机构的评价机制不合理，多数行业的产业准入标准缺乏科学性和系统性，政府监管制度不完善，与新一轮科技革命和产业变革的发展要求不相匹配，制约了中国服务业创新发展。

二、新一轮科技革命和产业变革背景下中国服务业发展的新趋势

（一） 新技术加快产业融合，服务业与三次产业融合发展趋势更加明显

20世纪七八十年代以来，随着信息技术的快速发展和经济服务化趋势的不

① 美国互联网技术在全球处于遥遥领先的地位，保持旺盛的创新能力，牢牢控制着操作系统、路由器、交换机、服务器、搜索引擎、数据库等的核心技术和工艺，引领着云计算、物联网、大数据、量子通信等新技术变革方向。美国高度重视互联网技术设施的建设和投入，从根服务器、云计算平台到移动互联网生态体系，始终保持对互联网核心资源的掌控。全球仅有的13台根服务器有10台放置在美国，包括1台主根服务器和9台辅根服务器。

断深化，计算机业、电信业、广播电视业和出版业之间率先形成明显的产业融合现象。在新一轮科技革命和产业变革的背景下，技术创新步伐明显加快，互联网、新能源、人工智能等应用不断深化，技术融合促进了产业融合。产业融合发展趋势主要表现在：

一是服务业与制造业高水平融合持续深化。全球化背景下，新技术的产生、应用和扩散比以往来得更加迅猛，一项可能导致产业融合发展的新技术诞生，将会被其他地区迅速采用，从而加快全球范围内产业融合的进程。在新一代科技革命和产业变革背景下，云计算、3D打印等新技术的发展和应用，将促进智能制造等新的制造模式和服务外包、电子商务等新的商业模式快速发展，以消费者为中心，以个性化定制、柔性化生产和社会化协同为主要特征的智能服务网络发展提速。基于自主创新，中国服务业与制造业融合在某些领域取得了领先型的技术突破，形成了在国内乃至国际上具有实力的企业和产品，这种融合发展趋势将延续和深化。例如，现代医学远程诊疗技术是医疗设备制造业与信息网络服务（利用高速网络进行数字、图像、语音的存储和综合传输）融合的结果，中国正在该领域快速发展。①

二是服务业与农业多方式融合持续深化。农业领域正在大规模加速应用物联网、云计算、大数据等现代信息技术，通过引入新兴产业、高端服务行业实现产业升级，催化生成新的业态，实现农产品线上线下交易以及农业信息共享，农业信息化水平将得到大幅提升。例如，北京农信通公司在河南省鹤壁市创建了农业硅谷产业园，整合农村信息服务资源，提供及时便捷的技术和信息服务。这种发展方式在农业领域将越来越普遍。

三是服务业内部跨界融合持续深化。服务业数字化、网络化、智能化趋势更加明显，大数据、云计算、移动互联网、人工智能向商贸、物流、健康、医疗、旅游、教育等领域渗透步伐加快，在形成新业态的同时，将不断提高服务业生产效率。在金融行业，通过运用人工智能的深度学习系统，汇集海量数据

---

① 例如，云南省山灞远程医疗公司是中国最大的远程医疗设备及附属设备、数字化医疗设备、远程教育设备、医疗信息化教育的生产商、经营商和服务提供商，拥有多项自主知识产权的远程医疗设备、软件及系统，并在国内外许多地区建立和提供了远程医疗网络和服务。

供其进行学习，并不断完善甚至能够超过人类的知识回答能力，帮助企业处理风险管理与交易的复杂数据，人工智能的应用将大幅降低人力成本并提升金融风险控制和业务处理能力。例如，根据蚂蚁金服公布的数据，网商银行在小额贷款业务上，使用机器学习把虚假交易率降低了近10倍，为支付宝证件审核系统开发的基于深度学习的光学字符识别系统，使证件校核时间从1天缩短到1秒，同时提升了30%的通过率。蚂蚁金服95%的远程客户服务已由大数据智能机器人完成，实现了100%的自动语音识别。

（二）新技术促进集聚发展，技术领先与服务业空间集聚协同发展趋势更加明显

城市由于人口集聚和设施完善，是服务业发展的主要阵地，一定程度上说，城市经济就是服务经济。新一轮科技革命和产业变革，使得技术领先型的服务业企业建立网络化布局，改变了以往到各个地区开设分支机构的模式，边沿地区通过技术手段接入平台型企业的网络体系中，服务业的空间格局将发生变化。服务业集聚发展趋势集中表现在，由于平台型、领先型服务企业多分布在中心城市，技术渗透和应用将加速相关产业集中，服务业加速向大城市、中心城市、城市群集聚，服务业园区和集聚区发展趋势更加明显。2015年31个直辖市和省会城市中，服务业占比超过50%的城市有19个（表1），全国285个地级市服务业规模占全国服务业规模的比重在65%—70%。例如，阿里巴巴所在地杭州抓住新一轮科技革命和产业变革浪潮，塑造了互联网生态环境，吸引了大量相关技术人才集聚，不仅打造信息技术服务集中地，还不断推动区块链、数字阅读等新技术和新产业快速应用发展①，加速了服务业集聚发展。3年间，杭州市服务业增加值占国民生产总值比重提高了8.3个百分点。

① 2017年中国首个区块链产业园区落户浙江杭州，目前杭州区块链企业数量及技术专利数量均位居前列，在全球区块链产业规范和行业应用均处于尚未统一的“婴儿期”，抢抓创新发展先机，以区块链技术标准化、应用化和产业化为抓手，杭州有望成为全球区块链产业发展“新增长极”。同时，杭州引进了中国数字阅读领军企业咪咕数媒，利用信息产业优势，加强与浙江大学、中国美术学院、浙江音乐学院等深度合作，打造“数字阅读综合性产业创新平台”，拓展文学阅读、专业出版、在线教育、有声阅读、媒体等细分领域，发展“内容产生—内容包装—内容展现与运营—内容用户管理—内容衍生品开发”的生态循环产业链。

表 1　直辖市和省会城市服务业占比情况（%）

城市	2013	2014	2015	2016	城市	2013	2014	2015	2016
北京	77.5	77.9	79.8	80.3	武汉	47.7	49	51	52.8
天津	48.1	49.3	52.0	54.0	长沙	40.8	41.7	43.4	47.6
石家庄	43.0	42.6	45.8	46.8	广州	64.6	65.0	66.8	68.6
太原	54.8	58.5	61.3	62.6	南宁	47.9	49.0	49.7	50.6
呼和浩特	63.0	66.4	67.9	68.6	海口	70.9	73.1	75.7	76.0
沈阳	43.3	45.5	47.3	53.8	重庆	41.6	46.8	49.5	48.4
长春	40.2	40.5	43.7	45.2	成都	50.2	51.0	52.8	53.1
哈尔滨	54.3	54	55.9	57.6	贵阳	54.1	56.6	57.2	57.1
上海	62.2	64.8	67.8	70.5	昆明	49.9	50.7	55.3	56.7
南京	54.4	55.8	57.3	58.4	拉萨	60.6	61.2	58.4	58.1
杭州	52.9	55.1	58.2	61.2	西安	52.2	55.8	58.9	61.2
合肥	39.4	39.3	40.6	44.9	兰州	51.0	53.9	60.0	62.4
福州	45.8	46.5	48.1	50.1	西宁	43.7	44.4	48.6	49.1
南昌	39.8	40.5	41.2	42.8	银川	41.8	41.5	43.0	45.4
济南	55.3	56.4	57.2	58.9	乌鲁木齐	60.8	60.7	69.4	70.2
郑州	41.6	42.2	48.4	50.8					

数据来源：根据各地统计年鉴整理。

（三）新技术催生新模式，服务业创新发展和新旧动能转换趋势更加明显

在新一轮科技革命和产业变革的背景下，服务业利用新技术、发展新模式更加频繁，研发投入和科技成果产出更多，创新发展趋势更加明显。与以往不同，此轮科技革命和产业变革不仅在制造业领域，也在服务业领域产生大量创新成果，中国服务业研发投入力度将不断加大。数据显示，中国企业研发投入占销售收入比重总体上呈上升趋势，从 2008 年的 4.7%上升到 2014 年的 6.7%。其中，信息传输软件和信息技术服务业的企业研发投入占销售收入比重最高，年度平均值为 17.6%。① 2015—2016 年度，软件和计算机服务行业研发投入增长率为 38.3%。② 北京市最近一次开展的企业创新调查显示，2014 年北京金融业，信息

① 中国企业家调查系统：《新常态下的企业创新：现状、问题与对策——2015・中国企业家成长与发展专题调查报告》，《管理世界》，2016 年第 6 期；中国企业家调查系统：《企业进入创新活跃期：来自中国企业创新动向指数的报告——2016・中国企业家成长与发展专题调查报告》，《管理世界》，2016 年第 6 期。

② 《欧盟产业研发投入计分板发布全球态势一览无遗》，凤凰网，2016 年 12 月 31 日。

传输、软件和信息技术服务业，科学研究和技术服务业有创新活动的企业比重分别为 73.9%、67%和 47.8%，明显高于全市有创新活动企业占比 43.2%的水平。①

新一轮科技革命和产业变革正在催生新的服务业态和服务行业，推动新兴服务业发展壮大，加速服务业结构调整。一方面，传统服务业比重正在下降，②一些领域利用现代技术加以改造升级，提高服务效率和精准化水平，加速向现代服务业转型。例如，交通运输、仓储和邮政业应用物联网、大数据技术，加快推进物流信息化建设，运输服务效率得到大幅提升。③ 另一方面，新兴服务业正在快速发展，创意设计、远程诊断、系统流程服务、设备生命周期管理服务等新业态不断涌现，“互联网+”、生态旅游、休闲养老、远程教育、数字家庭、智慧社区等新模式快速发展，服务业新动能培育壮大。更加值得重视的是，以人工智能为代表的前沿技术正在改变服务业行业结构，一些服务行业面临萎缩甚至消亡的可能。例如，无人驾驶在智能技术和互联技术的发展下应运而生，谷歌、百度等互联网企业以及通用、大众、沃尔沃等汽车制造企业纷纷加入研制无人驾驶汽车的队伍中来。根据美国咨询公司 IHS 预测，无人驾驶汽车将在 2025 年上市销售，到 2035 年将达到 1180 万辆，2050 年之后公共道路上行驶的大部分汽车都能够实现自动驾驶。中国科大讯飞研发推出的翻译机 Travis 的人工智能系统已能支持超过 80 种语言的实时翻译。上述技术革新可能给交通、翻译等行业带来重大变化。

三、新一轮科技革命和产业变革背景下中国促进服务业可持续发展的对策

（一） 深化服务业改革，释放发展活力

适应新一轮科技革命和产业变革的发展趋势，改革制约服务业发展的体制

---

① 《2014 年北京市全国企业创新调查系列分析》，北京市统计局网站，2015 年 10 月 21 日。

② 2012 年以来，中国批发和零售业、交通运输仓储和邮政业、住宿和餐饮业等生活性服务业比重有所下降，3 年间占服务业增加值比重下降 1.11 个百分点。

③ 近年来，货物跟踪定位、无线射频识别、电子数据交换、可视化技术、移动信息服务、智能交通和位置服务等先进信息技术在物流行业应用效果明显。2015 年物流信息化监测显示，中国物流企业信息化应用关键绩效指标（KPI）表现突出，平均订单准时率达到 93.5%，80%的企业订单准时率超过 90%。88.9%的企业实现了对自有车辆的追踪，89%的企业实现了全程透明可视化。

机制，充分调动各类创新主体的积极性，释放中国服务业发展活力。一是加快服务业供给侧结构性改革落地生效，深入推进“放管服”改革，加快清理完善涉及民间投资的法规政策，大力拓展民间资本投资渠道和发展空间，进一步放开民用机场、基础电信运营等领域，加快社会资本进入金融、文化、教育、医疗等领域步伐，探索养老产业公私合营试点。二是改进科研项目资助和评价机制，着力完善评审制度，更大程度给科研院所和高校松绑减负，推动更多国家重大科研基础设施和科学数据、仪器设备向各类创新主体开放，打造汇聚各方力量的创新大军。

（二）扩大服务业开放，拓展发展空间

进一步扩大服务业对外开放，学习借鉴国际领先技术和经验，推动服务业新动能成长，拓展中国服务业发展空间。一是着手制定针对高技术服务业的利用外资优势产业列表，简化相关产业外商投资进入程序。二是总结推广服务贸易创新试点区域的经验，充分发挥地方在发展服务贸易中的积极性和创造性，探索适应服务贸易创新发展的体制机制和政策措施，着力构建法治化、国际化、便利化营商环境，打造服务贸易制度创新高地。三是积极参与国际贸易服务协定（TISA）的谈判。

（三）支持服务业创新，增强发展后劲

围绕主动开发和应用新技术、新模式，增强服务业创新能力，提升服务业素质和水平，增强中国服务业发展后劲。一是面向人工智能、量子科学、基因编辑和新材料、新能源等关键领域，依托重大科技工程，通过联合攻关和协同创新，突破更多技术瓶颈，争取在新一轮科技革命和产业变革的抢占先机。加强技术服务平台建设，重点支持企业在信息技术等领域关键技术、战略技术集中力量重点突破，形成有自主知识产权的关键核心成果。二是加强对服务业技术创新和模式创新的支持，根据服务业轻资产特点，调整《高新技术企业认定管理办法》，支持更多符合条件的服务业企业申请成为高新技术企业。支持传统服务业改造升级，鼓励服务企业进行信息化投资和标准化建设。优化研发费用加计扣除政策，取消“研发费中其他相关费用总额不得超过可加计扣除研发费用总额的10%”的限制。加强对商业模式创新的支持，推广合同能源管理、

融资租赁服务等新型商业模式。

（四） 完善服务业环境，营造发展氛围

面对竞争激烈的全球经济格局，重点围绕完善服务业市场监管、要素体系和营商环境，增强对服务业创新要素的吸引力，营造良好发展氛围。一是探索适应服务业新业态新模式特点的监管方式。对缺乏成熟标准或不适应既有监管体系的服务及时开展研究和监测，成立专家组进行跟踪分析，研究监管方式方法。探索服务业跨部门协同监管机制，促进跨界融合监管的信息互换、监管互认、执法互助。对互联网（平台经济、分享经济）、健康服务、数字内容等新生领域，强化行业自律管理，引导市场主体自治。利用大数据等手段，建立开放的服务质量社会监管平台。二是加强服务业人力资本投入。加大对服务业从业人员培训力度，鼓励建立多层次、多形式、多渠道的人才培养机制。未雨绸缪，重视机器人、人工智能等技术进步对服务业发展的新要求和服务业从业人员的新挑战，加强相关技术专业培训，增强对技术变革的适应性。适应90后、00后等新生代劳动力择业就业观念变化趋势，采取鼓励创业、灵活就业等形式，营造良好创业创新生态系统。

（洪群联，国家发展和改革委员会产业经济与技术经济研究所研究室副主任、副研究员）

参考文献：

1. 姜江，洪群联.“十三五”产业新增长点：打造经济发展新引擎［M］. 北京：中国市场出版社，2016. 2.

2. 王晓红，李勇坚. 全球服务业形势分析与展望［J］. 全球化，2016（1）.

3. 迟福林.“十三五”：以服务业市场开放为重点的结构性改革［J］. 行政管理改革，2016（2）.

4. 张茉楠. 全球新一轮产业与科技革命对中国的新挑战［J］. 金融与经济，2016（6）.

5. 亚力克·罗斯. 新一轮产业革命［M］. 北京：中信出版社，2016.

新一轮科技革命和产业变革背景下韩国服务业发展的趋势和战略

玄相柏

内容提要： 在分析韩国服务业发展现状后，进一步了解第四次产业革命时代服务产业的发展方向以及韩国政府的新服务发展战略。韩国服务业在GDP及就业中占较高比重，但同时存在劳动生产率较低、高附加值服务业发展较为迟缓的问题。

在第四次产业革命时代，服务产业主要有两个发展方向："制造业的服务化（Servitization）"和"新服务业的平台化（Platformization）"。2017年5月当选的文再寅新政府希望以服务业为新的发展跳板，最近发布的100大国政课题中许多内容都涉及服务产业，"第四次产业革命委员会"迟早会成立，一旦制定出"服务业创新发展路线图"，韩国将正式讨论服务产业的具体发展方案。

一、绪论

自2016年第四次产业革命成为当年世界经济论坛的议题之后，作为全球经济新动力，各国政府和企业正在探索第四次产业革命的扶植及应对方案。尤其是全球经济进入低增长期，发达国家需要新的发展动力，关于第四次产业革命的讨论正式开始。新兴国家试图脱离传统产业中的追赶战略，趁机在新产业领域获得领先地位。

2012年，德国提出了"工业4.0"战略，之后韩国、美国、日本、中国等国家纷纷制定出和第四次产业革命有关的政策。当前，关于第四次产业革命时代的发展方向多集中于物联网、大数据、云技术等结合ICT技术的制造业创新领域中，而最近又开始了第四次产业革命时代服务产业发展方面的讨论。主要国家已经发展基于移动网络平台的服务业，在移动网络购物、金融科技、共享经济服务等多个领域拓展新服务业。

本文主要研究应对第四次产业革命时代韩国的服务业发展战略。在分析韩国服务业发展现状基础上，了解韩国服务业当前所面临的课题，以及第四次产业革命时代服务产业的发展方向，并讨论韩国政府第四次产业革命时代服务业发展战略。

二、韩国服务业发展现状及课题

韩国于1962年实施经济开发5年计划后，通过轻工业的发展奠定了工业化的基础，1970—1980年，在政府支持下，钢铁、造船、石化等重化学工业得到了迅速发展。1990年起，基于半导体、信息通信、手机、汽车等优势产业，韩国的对外贸易得到了快速发展。2016年韩国成为第五大工业国家、第七大贸易国家、第十一大经济大国。①

如上所述，在韩国政府的政策扶植下，韩国制造业快速增长，而服务业更是随着经济增长及收入增加，以市场为导向发展为韩国经济的主力之一。服务业在韩国GDP和就业中占据较高比重。首先了解制造业和服务业（附加值为基准）占GDP比重，2016年制造业占比29.3%，服务业占比59.2%（见图1）。而且服务业创造了许多就业机会，服务业的从业人数从2006年的11075522名增长到2015年的15314585名，占全产业的比重也从2006年的71.7%增加到73.3%（见图2）。原因分析为，随着制造业从劳动密集型产业提升为知识技术密集型产业，制造业所创造的就业机会逐渐减少，全产业从业人数中，制造业从业人数所占的比重正在减少，而服务从业人数逐渐增加。考虑到美国和欧洲等发达国家的服务业占比超过75%，韩国的服务业依然保有较大的发展潜力。

① World Bank统计。

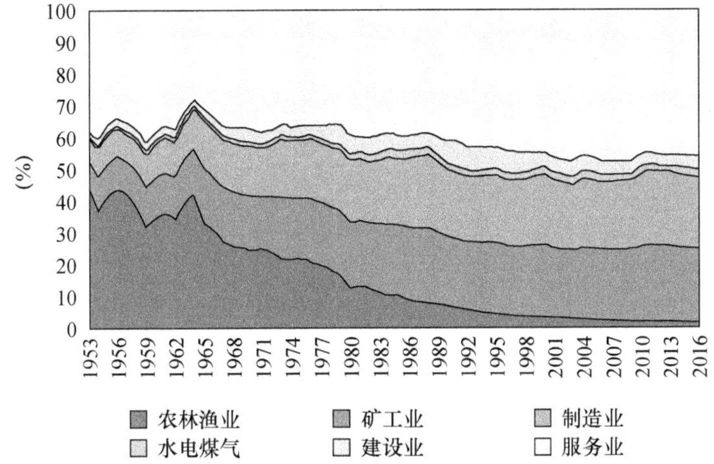

图 1　总附加值为基准各产业比重

注：服务业中包括批零业及餐饮住宿业、运输及仓储，金融及保险业，房地产及租赁业，信息通信业，商业服务业、公共行政及国防，教育服务业，保健及社会福祉服务业，文化及其他。

资料来源：韩国银行。

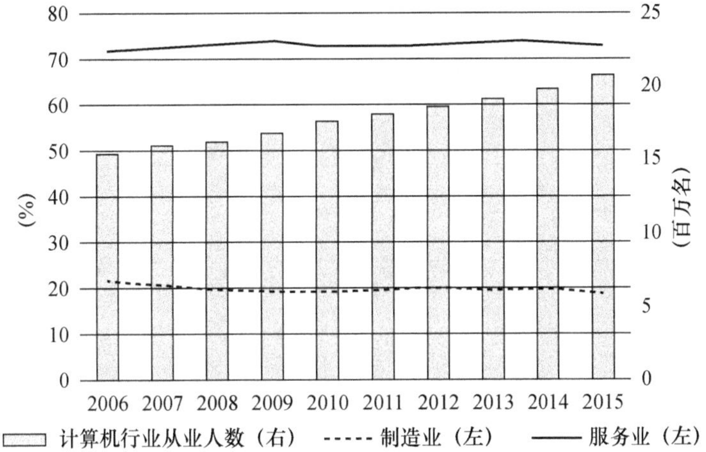

图 2　计算机行业从业人数及制造业、服务业比重

资料来源：韩国银行。

与美国、德国、法国、英国、日本五个国家的服务业进行对比，以附加值分析韩国制造业及服务业的占比。韩国制造业占比是 30.2%，居六个国家首位，服务业占比为 59.6%，处于最低排名（参考图 3）。查看服务业具体领域占比（附加值为准），韩国和大部分比较对象国家依序为公共行政＞流通运输＞房地产业＞专业科学＞金融保险＞信息通信＞其他，比较对象国家的服务业中，信息通信、金融保险、专门科学、公共行政等高附加值服务业占比超过了韩国（参考图 4）。

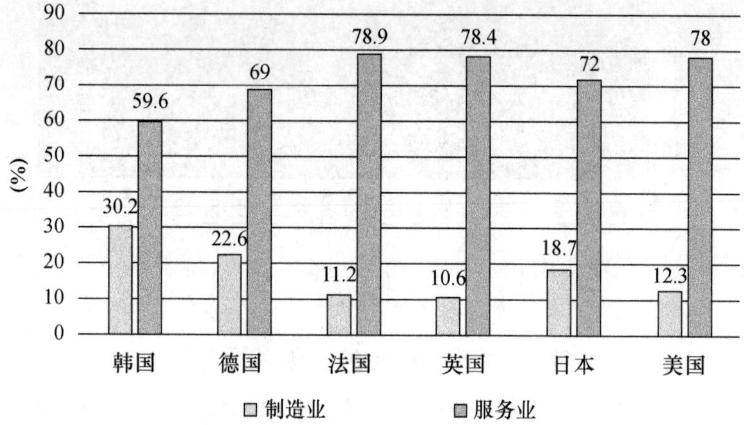

图 3　各国制造业及服务业占比 (附加值为准)

资料来源：2016 年生产力国际对比（韩国生产力中心）。

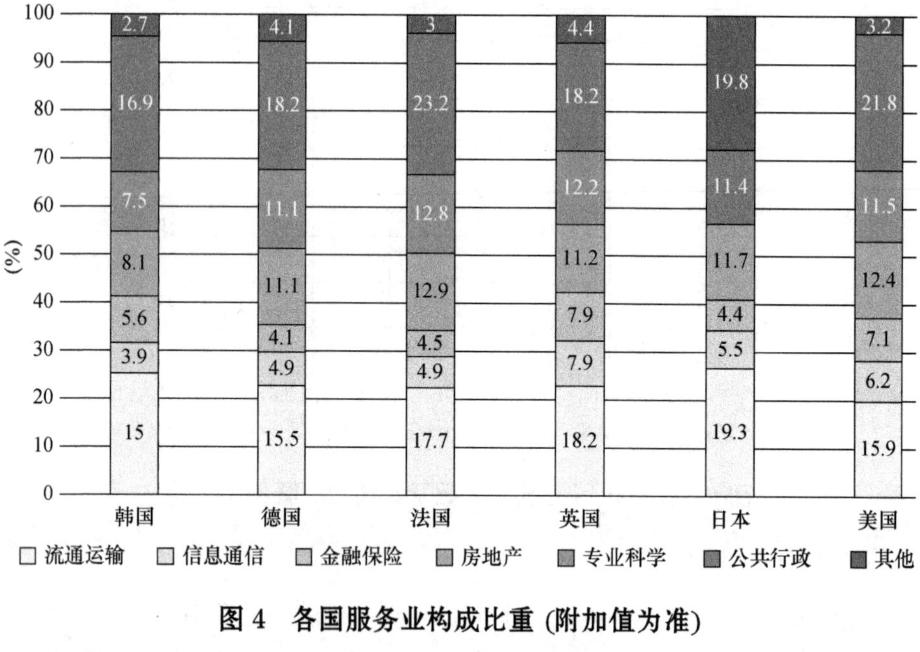

图 4　各国服务业构成比重 (附加值为准)

资料来源：2016 年生产力国际对比（韩国生产力中心）。

从具体领域了解韩国服务业[①]占比趋势，可以发现批零、餐饮、住宿、运输、仓储等传统服务产业比重在下降，而专业科学及技术服务业等高附加值服务业的比重出现小幅增长，但发展速度并不快。按就业人数分析后发现批零、餐饮、住宿、运输、仓储等传统服务业的就业人数增加，专业科学及技术服务业、商业支持服务等高附加值服务业的就业人数显示出更高的增长。从传统服务业就业人数增长但在服务产业中的占比减少，以及高附加值产业就业人数大幅度增长但占比的增幅还不显著等现象来看，表明服务业的雇用效率并不高（见表 1）。

表 1　韩国服务业具体领域占比（A，销售额为基准）及就业人数（B）变化趋势

（%，千人）

分　　类		2001 年	2006 年	2011 年	2006 年
批发及零售	A	15.9	14.1	15.3	13.9
	B	—	3711	3638	3729
餐饮及住宿业	A	5.1	4.5	4.3	4.6
	B	—	2049	1854	2277
运输及仓储	A	7.2	7.0	5.9	6.8
	B	—	1193	1332	1412
金融及保险	A	10.5	10.6	10.9	9.1
	B	—	786	846	797
房地产及租赁	A	15.5	14.4	13.2	13.4
	B	—	500	486	570
出版、影像、广播通信及信息服务	A	8.2	7.8	6.6	6.3
	B	—	651	703	786
专业科学及技术服务业	A	5.7	7.1	8.2	8.9
	B	—	681	961	1102
商业支持服务业	A	3.0	3.3	3.5	3.6
	B	—	819	1086	1293
公共行政及国防	A	10.6	11.5	11.6	12.3
	B	—	801	951	993

① 根据统计厅发表的标准产业分类（KSIC），韩国的服务业可以分类为以下 13 种：（1）批发及销售业；（2）运输业；（3）住宿及餐饮业；（4）出版、影像、广播通信及信息服务业；（5）金融及保险业；（6）房地产业及租赁业；（7）专业、科学及技术服务业；（8）商业设施管理及商业扶持服务；（9）公共行政、国防及社会保障行政；（10）教育服务业；（11）保健及社会福祉服务业；（12）艺术、服务业及休闲相关服务业；（13）协会及团体、修理及其他个人服务业等。

续表 1

分类		2001 年	2006 年	2011 年	2006 年
教育服务	A	8.5	9.6	9.3	8.9
	B	—	1702	1686	1846
保健及社会福祉服务业	A	5.2	5.7	6.5	7.7
	B	—	681	1311	1851
文化及其他服务业	A	4.6	4.5	4.6	4.3
	B	—	1598	1678	1678

资料来源：韩国银行，统计厅。

OECD 发表的各国生产力数据中，关于韩国服务业生产力数据部分参考韩国生产力中心发布的生产力相关指标。根据韩国生产力中心发布的劳动生产率指标①（附加值为准），2016 年服务业劳动生产率指标为 104.7（2010＝100），低于全产业劳动生产率指数（105.3）和制造业劳动生产率指数（108.0）。服务业劳动生产率自 2013 年起连续 4 年保持增长，不过增长速度低于制造业。②

韩国生产力中心基于 OECD、IMF、各国统计厅数据计算出的另外一个生产力评价指标——就业人员人均劳动生产率③，2014 年制造业该指标为 11.3 万美元，服务业为 5 万美元，服务业人均生产率相当于制造业的 45.1%，和 2005 年的 60.7%相比有较大缩水。分析原因为 2006—2014 年制造业的劳动生产率增长 4.89%，而服务业劳动生产率增长 1.43%，即韩国的投资资金集中于产品创新及工程创新等制造技术创新领域，制造业的劳动生产率增速超过服务业④（见图 5）。以 2014 年为基准对韩国和六个主要国家进行比较，韩国仅次于美国位居第 2，但服务业劳动生产率却处于最后一个位次（见图 6）。

从韩国的服务业贸易情况来看，2000 年韩国的贸易收支达到 156.3 亿美元黑字，之后持续保持着黑字，2011 年以后呈现较快的增速，2016 年创下了 1204.5 亿美元黑字。相反，服务收支仍然没有走出赤字局面，而最近赤字幅度

---

① 劳动生产率或者产业生产率指数表示劳动投入量和附加值之比，用于比较产业效率，韩国生产力中心每季度一次调查发表劳动生产率指数动向，具体分为计算机行业、制造行业、服务业。

② 韩国劳动力中心（2017）《2016 年劳动生产率指数动向》。

③ 各国实际附加值（以购买力平价或者汇率为准）除以总就业人数。

④ 韩国生产力中心（2017）《2016 年劳动生产率指数动向》第 53 页。

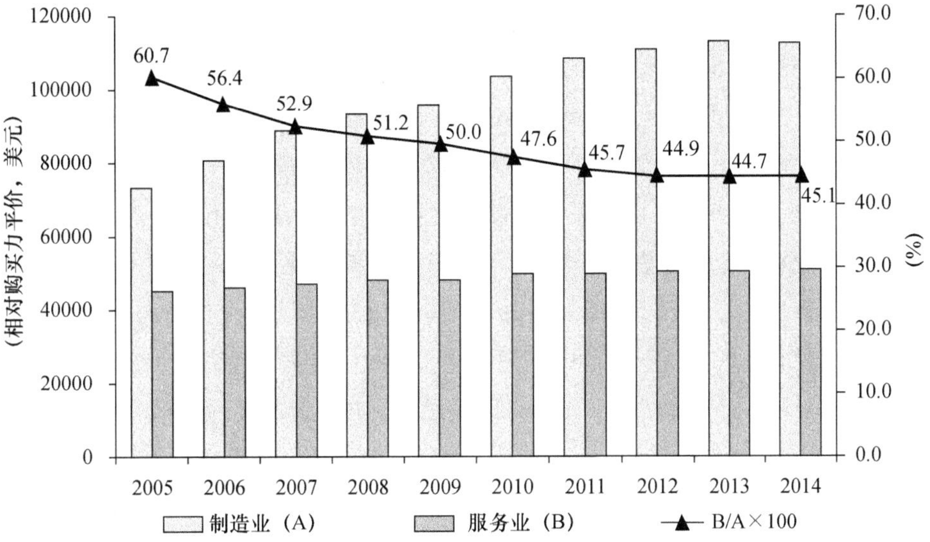

图 5　韩国制造业和服务业就业人数人均劳动生产率变化

资料来源：引用 2016 年生产率国际对比（韩国生产力中心）。

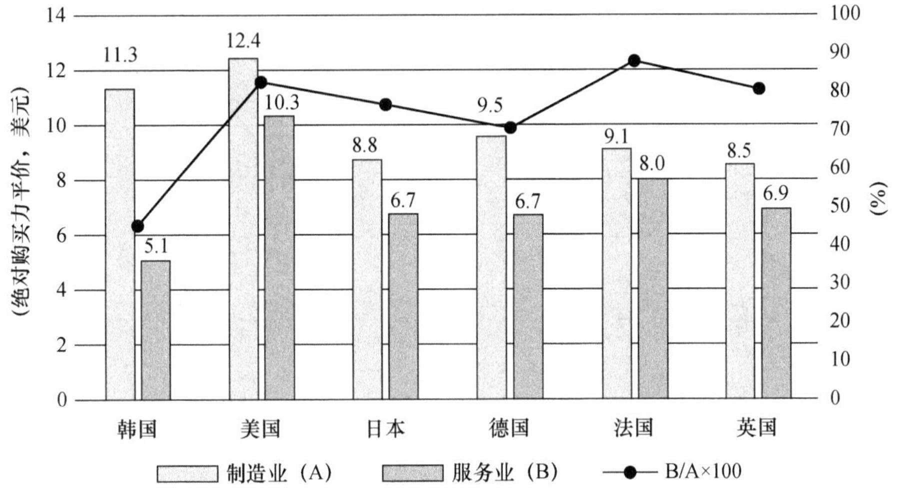

图 6　2014 年各国就业人数人均劳动生产率变化

资料来源：参考 2016 年生产率国际对比（韩国生产力中心）整理。

进一步扩大，于 2016 年达到 176.1 亿美元。服务出口自 2009 年起出现增长，2014 年达到 1121.1 亿美元的最高值后开始下跌（见图 7）。我们可以认为，在全球市场上，和制造业相比韩国服务业的竞争优势并不高，今后应提高服务商品的竞争力增强其全球比较优势。

研究韩国最大的贸易对象国中国的服务贸易后发现，韩国对中国服务贸易额1998年为27亿美元，2016年达到368.8865亿美元；在世界服务交易中所占的比重1998年是5.2%，2016年达到18.1%。对中国服务收支在1998年创下3.25亿美元赤字，之后在黑字和赤字之间反复，2012年创12.25亿美元黑字之后一直保持着贸易黑字，2014年创最大贸易黑字为78.73亿美元，2016年下降到40.79亿美元（见图8）。从2016年对中国服务收支结构来看，服务收支黑字规模40.79亿美元中，贸易黑字较大的部门依序为旅游业收支（64.27亿美元）>运输收支（20.31亿美元）>知识产权使用费收支（17亿美元），加工服务收支（−54.94亿美元）达到最大规模，今后应探索可以扩大中韩两国服务贸易的合作方案。①

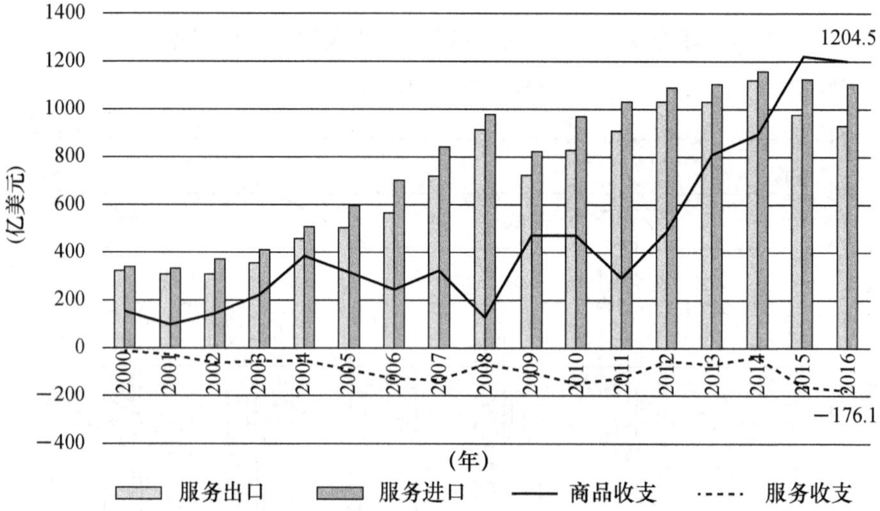

图7　韩国商品收支及服务贸易趋势

资料来源：韩国银行。

韩国服务业占GDP及就业的比重较高，在韩国经济发展中处于重要地位。但因为韩国政府在产业政策扶持方面以制造业为主，服务业的劳动生产率水准非常低。韩国国内经济中服务业比重较高，但服务业内部不同行业之间，在生

① Hyeon Sangbaek等（2017）.《中韩建交25周年：经济合作成果及课题》,《KIEP今日世界经济》. Vol. 17 No. 26. 对外政策研究院。

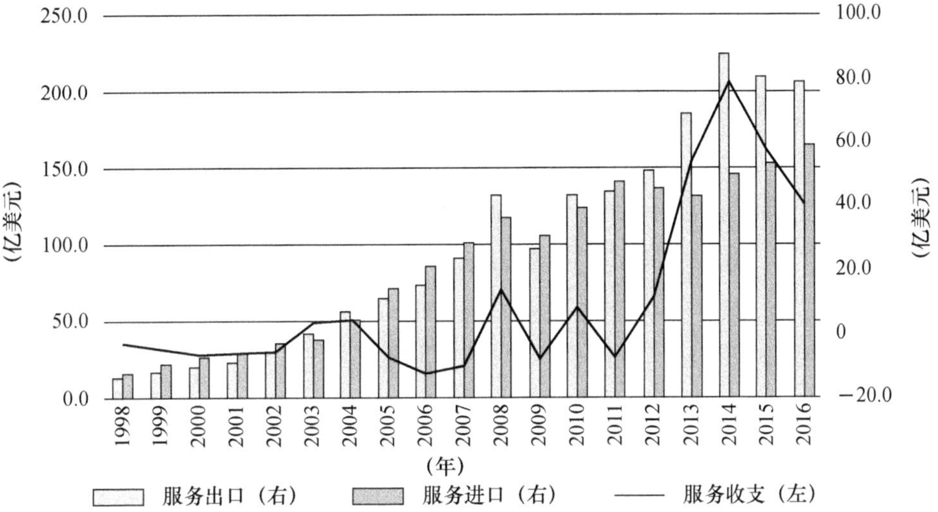

图 8　中韩服务贸易趋势

资料来源：韩国银行。

产力及就业效应比重的特点上存在较大差异。信息通信、金融、保险、商业服务、教育、保健、社会福祉、文化、其他服务业等基于知识的服务呈现较高的生产率和较低的就业效应占比。另外，消费者及流通服务呈现较低的生产率和较高的就业效应占比，而生产商服务则呈现出较高的生产率和较低的就业效应占比。和美国、英国、德国、日本等发达国家相比，韩国制造业具有全球竞争力，而服务业则呈现较低的国际竞争力。

ADB 报告①（2012）指出，导致韩国服务业发展迟缓的原因是：①快速的后工业社会进程中服务业之不完全雇用；②政府过度的限制和限定；③较低水准的研发投入及 ICT 投资；④服务贸易壁垒及 FDI 规定。OECD（2016）每年发行的《韩国经济报告》② 也指出，韩国服务业应解决的课题为：①服务领域过度的行政负担及复杂的限制规定；②因较高的服务贸易导致的较低的对外竞争力及生产力；③研发和创新水准低于制造业。即今后韩国服务业应走出量的增长，放宽管制及对外屏障，扶持高附加值服务业，提升服务业生产力，提高

① Donghyun Park，Kwanho Shin（2012）．“Performance of the Service Sector in the Republic of Korea：An Empirical Investigation”．ADB Economics Working Paper.

② OECD（2016）．“Economic Survey of Korea 2016”．

服务业研发投入及提升创新等课题。

三、新科技革命中服务业的发展方向

从GDP和就业的角度看，服务业虽在韩国经济中占据重要的地位，却带有劳动生产率较低、发展比较缓慢等问题。而且，医疗、教育服务业领域的公共性争议，现有服务业既得势力的反对，大企业和中小企业之间的差距等，令韩国在服务业发展相关的解除管制、制定制度方面在过去十年处于原地踏步状态。

为迎接第四次产业革命时代，2017年上任的文在寅政府希望除了制造业外还扶持和创新服务业，以创造优质工作岗位及以收入引领的经济增长，是文在寅政府的经济发展理念。在了解韩国新政府的服务业战略之前，我们先探讨第四次产业革命时代服务业的发展方向。

使用达沃斯论坛克劳斯·施瓦布主席的关键词解释第四次产业革命，是人工智能（AI）、大数据（Big Data）、物联网（IoT）、云计算（Cloud Computing）等ICT技术创新所带来的产业体系的变化。第一次产业革命（18世纪末—19世纪初）的特征是蒸汽机和机器，第二次产业革命（19世纪末—20世纪初）的特征是电力的广泛应用，第三次产业革命（20世纪末至今）的特征是互联网、半导体等信息通信技术。在前三次产业革命时期人类追求的是通过资本、劳动的积累实现生产的革新，第四次产业革命则通过ICT技术的积累和其他产业技术的融合追求生产、流通、销售的创新。第四次产业革命之所以受到广泛关注，是人类期望通过跨技术融合获得新的增长动力和新的服务模式。

第四次产业革命提出不久，包括制造业和信息通信产业在内的所有领域开始了关于创新变化的热烈讨论。尤其是制造业领域，通过和ICT技术融合，可以显著节约劳动和资本的边际成本，同时可以通过生产、流通、销售的创新大大改善收益性。信息通信产业将通过ICT技术的融合与平台更新使消费者更加便利。与此同时，也会出现机器人等自动化设备导致就业岗位减少，平台运营商自然垄断导致不平等加剧等风险因素。

展望第四次产业革命可能带给经济、产业、社会等各个领域的变化，从主要国家开始的以制造业领域创新为焦点的讨论正迅速扩散。① 尤其是第四次产业革命话题的引领者德国、日本等国家因制造业的技术水准较高，同时又具备国际竞争力，非常关注基于制造业的创新。

第四次产业革命的核心是工厂、汽车、家电、机械等硬件因素和 ICT、AI、大数据等软件因素的融合（见图 9）。第四次产业革命将使制造业和服务业之间的边界模糊，同时还将为服务产业提供新的发展机会。第四次产业革命将对制造业的创新带来更大的影响，同时还会为服务业带来更多的变化。

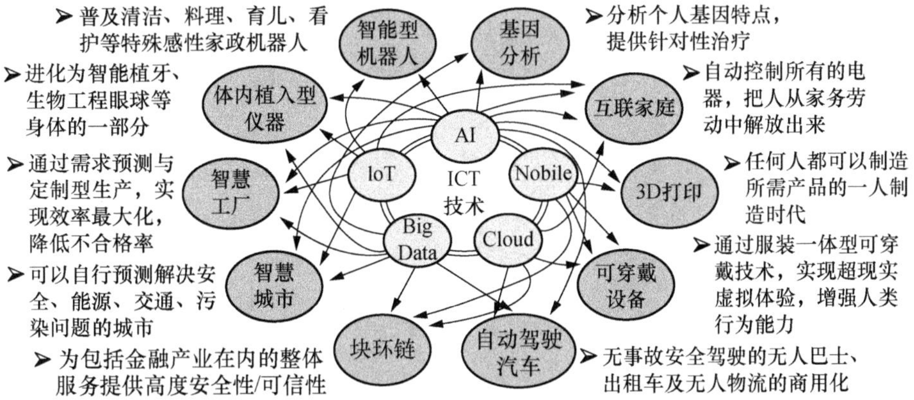

图 9　智能信息技术和其他产业技术的融合

资料来源：引用跨部门合作成果②（2016.12）。

第四次产业革命引发的基于数字的信息服务进化及发展分为“服务化”和“平台化”两种方式。

第一，第四次产业革命将促进“服务化（Servitization）”，即制造业的服务化，为了提升制造业的发展和竞争力，创新结合产品和服务，创造新的混合价值，基于具有极度自动化、极度连接（Hyper-Connection）、极度智能化（Hyper-intelligent）特点的网络物理系统，为现有硬件产品的制造及组装为主的生产方式带来划时代的变化。尤其是产品和装备加装软件和通信系统，加速实现产品的智能化、连接化、系统化。除了产品制造、工序领域的创新，在产品策

① 主要国家希望通过制造业创新政策如美国的“先进制造业合作委员会（AMP）”，德国的“工业 4.0”，中国的“中国制造 2025”等增强产业竞争力。

② 跨部门合作，《应对第四次产业革命的智能信息社会中长期综合对策》，2016 年 12 月。

划、研发、试制、供应链管理（SCM）、售后服务、流通管理、客户管理等整个价值链中通过划时代的费用节省和增值以及相互连接，使制造业和服务加速融合（见图 10）。

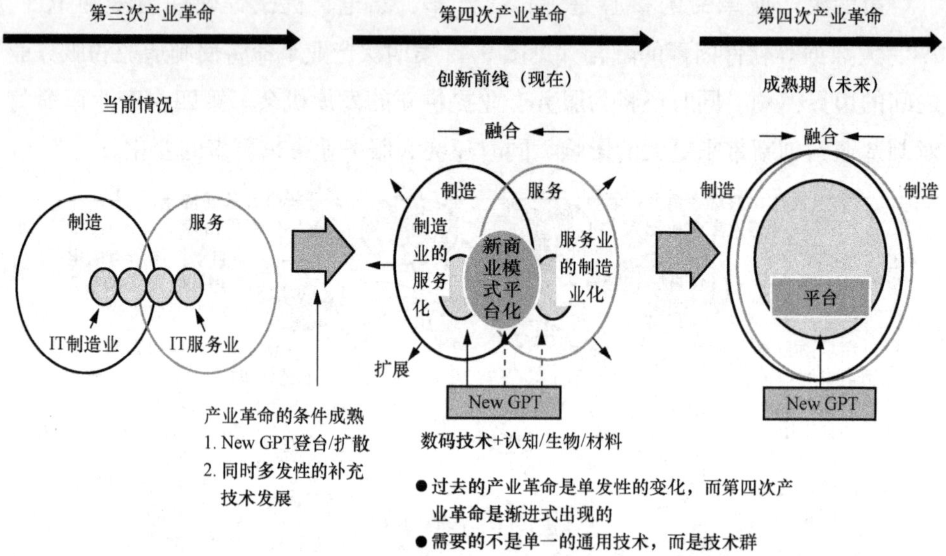

图 10　第四次产业革命时代制造业和服务业的融合

资料来源：Kim Yeongsu，Kim Hyeon u（2017）.《第四次产业革命为韩国制造业带来的影响和启示》，产业研究院政策资料 2017-297，2017.5.

第二，第四次产业革命时代，传统的消费者服务业将会发生平台化变化。随着物联网、云技术及移动技术的融合发展，基于极度连接的平台将会得到发展，O2O、共享经济等新的服务商业模式陆续出现。平台商业并非直接生产财富，而是引导财富的供应商和潜在购买者在平台内部进行交易，由此创造价值获取利益的商业模式。快速扩散的应需性经济（On-demand）① 和共享经济是最具代表性的商业模式。“共享经济”是代表性平台商业模式。产业的数字化转换、共享经济及应需性经济等新经济领域愈发重视消费者经验和数据中心的服务，软件、人工智能、大数据、企业间各种合作，令制造业、服务业、IT 经

① 应需性（On-demand）经济表示通过移动技术在内的信息通信技术（ICT），按消费者需求即可提供定制型产品及服务的经济活动，2002 年 10 月由 IBM 公司的萨缪尔·帕米沙诺首席执行官作为 IBM 公司新一代商业战略概念提出，随着第四次产业革命时代的到来，再次成为 IT 行业的热门话题。

济的区分和边界更加模糊，长期可以实现三个领域的融合。①

除了制造业的创新，第四次产业革命还会为服务业带来划时代的变化。基于信息通信技术（ICT）的网络化使物与物、人与人之间互联，可分析出积累的消费者信息以提供更便利迅速的服务。高速通行（Hi-pass）是其初步阶段产物，如果扩散到加油站、维修厂、停车场，将会给驾驶人员带来更多的方便。而且消费者的个别嗜好反映于服务计划阶段后，按照消费者嗜好实时变更服务方式的消费者定制型“大规模定制（Mass customization）”服务将会得到普及。例如，酒店结合消费者嗜好搜集和信息系统可为所有消费者提供定制型特色服务。ICT 和大数据分析的融合通过智能化提高生产商的效率和效果。服务供应商分析消费者的购买方式、使用行为等数据后基于这些数据实施有效的营销活动。例如，信用卡公司对用户的刷卡数据进行分析后，基于分析结果针对用户个人研发出针对性的信用卡，让用户享受更多服务。②

四、第四次产业革命时代韩国的服务发展战略

全球经济陷入长期低迷，各国政府关注基于物联网、大数据、云技术的第四次产业革命所带来的新增长动力，并准备着相关的扶持战略。

为了克服低增长、青年失业、老龄化、新增长动力不足等问题，韩国政府也制定了应对第四次产业革命时代的各项政策。2017 年 5 月上任的文在寅政府将大力发展物联网（IoT）、人工智能、大数据、云计算等第四次产业革命的核心技术，将其扶持为国家的经济增长动力。韩国政府成立了“第四次产业革命委员会”作为扶持第四次产业革命时代新产业发展的组织机构，由该组织制定出第四次产业革命推进计划。

韩国政府选择发展落后于制造业的服务业为发展的新跳板，迎接第四次产业革命时代的到来。文在寅政府的经济发展理念和目标是创造就业机会，由收入引领发展，而在创造就业机会和扩大内需市场的过程中，服务业的发展是不可或缺的因素。

---

① Kim Yeongsu，Kim Hyeon u（2017）.《第四次产业革命为韩国制造业带来的影响和启示》. 产业研究院政策资料 2017-297，2017. 5.

② 参考韩国西江大学 Seo Chang seok 教授的韩国经济撰稿文（2017.7.2.）

韩国新政府于2017年7月发表的《文在寅政府国政运营5年计划》之一百大国政课题中，涉及服务产业的国政课题占较高比重。主要内容是：构建社会服务公共基础设施和扩大就业岗位（国政课题第7号，企划财政部主管）；创造优质就业岗位的服务产业创新（第20号，企划财政部）；金融产业结构的先进化（第2号，金融委员会）；提高社会经济活力（第26号，企划财政部）；大中小企业的和谐发展（第27号，中小风险企业部）；提高微型企业、个体户实力（第28号，中小企业风险部）；重新设计民生和创新的规定（第30号，国情调整室）；通过软件强国地位，ICT复兴，打好第四次产业革命的基础（第33号，科学技术部）；挖掘扶持创造高附加值的未来型新产业（第34号，产业部、科技部、国土部、福祉部等）。

为了推进"创造优质就职岗位为目的的服务产业创新"，企划财政部于2017年11月制定出《服务产业创新路线图》，以发展服务业投资和扶持服务业海外投资为主要内容。该路线图推出后将会出台未来5年韩国服务业发展具体方案。韩国政府计划扶持新增长、有潜力的服务业，截至2017年末完成现状调查，2018年将制订出共享经济综合计划。

韩国政府的构想是：为了创造新的服务、促进行业融合，提供制度改善等配套支持；为了引导新产业投资，正在考虑是否采用"监管沙盒"。"监管沙盒"好比孩子们的沙子游乐场，在局部环境中放开制度限制，验证新事业的可行性。针对需要快速应对的新产业领域，放开一切制度上的限制，找出今后可能成为问题的部分转为"全面限定制度"，集中取缔影响创造就业机会及服务发展的制度。英国于2015年在金融科技领域第一次尝试本制度，而日本继2013年的国家战略特区于2017年5月采用本制度取得了促进企业投资，提升增长率的效果。为了取缔服务产业的限制制度，排除进入屏障，需要尽快完善"自由区特别法"及"服务产业发展基本法"等相关法律和制度。

表2　韩国服务业发展及取缔制度相关法律（已提交国会）

	制度自由区特别法	制定服务产业发展基本法
概要	为了在除首都之外的14个城市集中扶持生物健康、智能设备、自动化行驶汽车等27项战略产业，通过"限制方式"改善制度，在财政及税务制度等方面提供支持	● 制订5年为单位的服务产业发展基本计划和各年度执行计划 ● 民间和官方一起建立服务产业先进化委员会，审议服务也先进化推进计划 ● 指定并支持服务产业特性化教育机关

续表 2

	制度自由区特别法	制定服务产业发展基本法
背景	应对第四次产业革命时代，在发展创新技术的同时，促进地方经济，实现全国范围内均衡发展	过去重点扶持制造业的制度也适用于服务业，扶持服务业，鼓励进军海外市场
反对原因	● 存在为大企业提供特殊优待的顾虑 ● 存在完全废除社会公共政策相关制度的顾虑	● 存在破坏医疗、教育、铁路、天然气等社会公共服务的公共性的顾虑 ● 医疗民营化带来费用上升

资料来源：引用媒体报道。

因韩国新政府尚未发表服务产业发展路线图，我们通过韩国政府最近发表的服务发展战略①了解韩国服务产业发展战略的具体方案。韩国政府 2016 年 7 月发表的《服务经济发展战略》指出，韩国服务业的发展方向是：①服务业和制造业的融合发展；②服务经济基础设施创新；③针对性扶持增长空间较大的七大服务业。服务业、制造业的融合发展包括：修改制造业为主税务制度、金融、采购、选址等政府扶持政策，解除国家制度上对服务业实施的差别对待，扩大制造支援服务、制造融合服务以提高制造业竞争力等。服务经济基础设施的创新包括：扩大政府、民间对服务业研发的投资；改善影响服务业发展的进入、行为等方面的制度；培养服务产业专业人力；扶持服务企业的海外发展；选择七大朝阳服务业②，在税务制度、金融、人员培养、海外进军等方面集中提供支持，创造高附加值服务。③

表 3 《2016 服务经济发展战略》推进战略

推进战略	具体内容
服务、制造业融合发展	解除服务、制造业之间差别待遇
	通过服务业提升制造业附加值
	促进产业融合

① 参考韩国政府于 2016 年 7 月发表的《服务经济发展战略》。韩国政府发表的服务发展战略及计划：2007 年《知识产权服务产业扶持战略》，2008 年《增强服务产业竞争力综合对策》，《服务产业先进化方案》，2010 年《积极推进服务研发方案》，2012 年《挖掘和制造业一同成长的新服务，实施知识服务产业发展战略》，《服务产业海外进入的促进方案》等。

② 七大朝阳服务产业是：医疗（智能医疗，精密再生医疗，进军海外、吸引国外患者），旅游（基于 ICT 的旅游服务，MICE），文化（电影、音乐、严肃游戏），教育（电子学习），金融（金融科技），软件（物联网、云技术、大数据、移动），物流（无人机，自动行驶卡车）。

③ Bang Hogyeong 等（2017）《中日韩附加值服务贸易现状及新政策比较》，《KIEP 今日世界经济》，2017.5.29.

续表3

推进战略	具体内容	
服务经济基础设施创新	构建服务研发指挥塔	
	改善规定及服务的多样化	
	培养服务业人力	
	支援海外市场开拓	
扶持七大朝阳服务业	医疗	智能医疗，精密再生医疗，海外进军、吸引海外患者
	旅游服务	基于ICT的旅游服务，融合旅游
	内容服务	动画、角色、电影、网络漫画、音乐，严肃（教育、治疗）游戏
	教育服务	电子学习
	金融服务	金融科技
	SW服务	物联网、云技术、大数据、移动
	物流服务	物流新技术、新运输手段

资料来源：引用韩国政府（2016. 7）《2016年服务经济发展战略》，BangHogyeong等（2017）。

五、内容提要和结论

在分析韩国服务产业发展现状基础上，我们进一步了解第四次产业革命时代服务产业的发展方向以及韩国政府的新服务发展战略。

韩国的服务业在GDP及就业中占较高比重，但同时具有劳动生产率较低、高附加值服务业发展较为迟缓的问题。第四次产业革命时代的服务产业主要有两个发展方向："制造业的服务化（Servitization)"和"新服务业平台化（platformization)"。尽管韩国制造业持有一定的国际竞争力，但在制造业和高附加值生产商的服务业之间衔接并不紧密，所以不利于第四次产业革命时代所要求的制造业和服务业的融合，即不利于制造业的服务化。而且烦琐的进入门槛、已有企业的反对等，导致基于平台的服务业发展陷于停滞状态。

2000年代中期开始，韩国政府陆续发布跨部门综合服务产业增强竞争力政策，尤其是制造业和服务业的共同成长，通过服务业和制造业融合创造高附加值新服务，最终增强国家竞争力。① 不过，政府出台的服务业扶持战略未得到国会的通过，加之现有企业的反对及涉及医疗、教育服务的公共性等原因而无法取得显著成果。第四次产业革命时代到来之际，韩国新政府希望从制造业以及服务业取得发展的契机。文在寅政府发表的一百大国政课题中，许多内容都涉及服务产业，“第四次产业革命委员会”会成立后，一旦制定出“服务业创新发展路线图”，韩国将正式讨论服务产业的具体发展方案。中韩两国在服务产业发展战略中拥有许多共同点，应和制造业领域的合作一样，基于各自的比较优势摸索出合作方案。

（玄相柏，韩国对外经济政策研究院中国组副研究委员）

参考文献：

1. 国政企划咨询委员会. 文在寅政府国政运营5年规划，2017.7.

2. 相关部委合作. 应对第四次产业革命的智能信息社会中长期综合对策，2016.12.

3. 韩国政府. 2016年服务经济发展战略，2016.7.

4. 韩国生产力中心. 2016年劳动生产率指数动态，2017.

5. Kim Yung soo，Kim Hyun woo. 第四次产业革命对韩国制造业的影响与启示，产业研究院政策资料，2017-297.

6. Bang Ho kyung 等，中日韩附加值服务贸易现状与近期政策比较. KIEP今天的世界经济，2017.

7. 玄相柏等. 中韩建交25周年：经济合作成果与课题. KIEP今天的世界经济，2017. Vol.17 No.26.

8. KIET. 第四次产业革命时代加强产业间联系的必要性：制造业、服务业生产联系网络分析. i-KIET产业经济问题. 2017-06. 产业研究院.

9. Shin Min yung 等. 服务业创新中寻找内需发展之路，LGERI报告，2015.

---

① Bang Hogyeong 等（2017）《中日韩附加值服务贸易现状及新政策比较》，《KIEP今日世界经济》，2017.5.29.

10. Donghyun Park, Kwanho Shin. Performance of the Service Sector in the Republic of Korea: An Empirical Investigation. ADB Economics Working Paper, 2012.

11. OECD, Economic Survey of Korea 2016, 2016.

12. 韩国银行相关经济统计.

13. 统计厅服务业相关统计.

新一轮科技革命和产业变革对中国东北老工业基地振兴的影响和应对

张哲人

内容提要：十多年来，在各方面共同努力下，东北振兴取得了重要阶段性成果。近年来，伴随国际金融危机深层次影响持续，中国经济发展新常态特征更加显著，东北地区经济发展遇到了一些新困难，进入了转型发展的关键时期。新一轮科技革命为东北地区改造提升传统工业带来新压力、升级装备制造业提供新机遇、加快发展特色和新兴产业提供新契机、进一步完善区域创新体系提出新要求、扩大开放融入全球大势提供新路径。在这一背景下，东北老工业基地振兴要妥善应对挑战、科学把握机遇，树立国际化视野，统筹推进各项任务。

一、引言

中国东北地区（辽宁省、吉林省和黑龙江省）位于东北亚中心、区位条件优越，资源、产业、科教、人才、基础设施等支撑能力较强，沿边沿海开放优势明显，是中国重要的工业基地和经济增长极，拥有一批关系国民经济命脉的战略性产业和快速成长的新兴产业，发展空间和潜力巨大。

2003 年，为扭转东北地区经济社会发展面临的严峻形势，中国实施了东北老工业基地振兴战略。十多年来，在各方面共同努力下，东北振兴取得了重要阶段性成果，体制改革、产业发展、民生改善、生态建设等方面工作持续深化。但是近年来，伴随国际金融危机深层次影响持续，中国经济发展新常态特征更加显著，东北地区经济发展遇到了一些新困难，进入了转型发展的关键时期。

当前，新一轮科技革命和产业变革蓄势待发，大量新技术、新产业、新业态、新模式正在逐步形成，人工智能、虚拟现实、3D打印、新能源等领域的技术创新方兴未艾，给全球产业分工格局、制造业生产模式、能源利用版图带来深刻影响。这既给东北振兴带来难得新机遇，也带来不少困难和挑战。本文接下来将在归纳东北地区经济社会发展态势的基础上，深入分析科技革命和产业变革对东北振兴的影响，并提出新形势下加快东北振兴的思路和举措。

二、东北老工业基地振兴的现状

依托新一轮振兴发展政策，东北地区以供给侧结构性改革为主线，着力完善体制机制，着力推进结构调整，着力鼓励创新创业，着力保障和改善民生，经济新动能正在逐步形成和壮大，但尚不能完全弥补传统动能减弱的缺口，结构调整过程中的阵痛仍在持续。

（一）经济下行得到遏制

进入21世纪以来，伴随着东北振兴战略的深入实施，东北地区经济增速持续快于中国平均水平。国际金融危机爆发后，东北地区经济复苏较快，但2013年经济增速出现大幅回落，2014年、2015年比中国平均水平还要低，尤其是辽宁下滑较快。2016年，辽宁经济出现“负增长”，而吉林、黑龙江略有回升。当年，东北地区经济总量5.2万亿元，增长2.7%，增幅较上年回落1.9个百分点。2017年上半年，辽宁、吉林、黑龙江经济分别同比增长2.1%、6.5%、6.3%，虽然仍然低于中国平均水平，但较上年均有不同程度回升，特别是辽宁经济增长“由负转正”。2010年，东北地区经济总量占中国比重为8.6%，由于近年来经济增长相对较慢，该比重已滑落至6.8%。(参见表1、图1)。

表1 中国四大区域板块经济增长速度

地区	占比（%）		加权平均增长率（%）	
	2016年	比上年增长	2016年	比上年增长
东部	52.3	0.8	7.6	−0.4
中部	20.6	0.3	8.0	−0.2
西部	20.3	0.2	8.2	−0.4
东北	6.8	−1.3	2.7	−1.9

资料来源：根据各地区《国民经济和社会发展统计公报》整理。

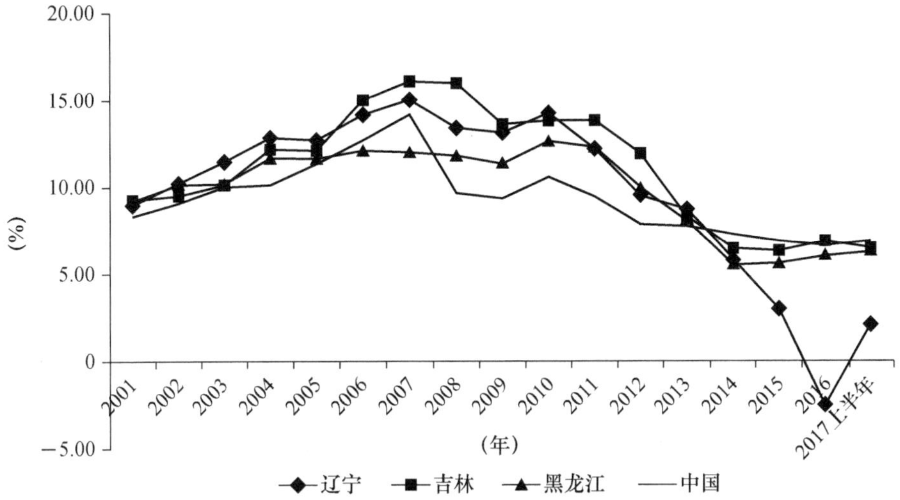

图 1　东北地区与中国 GDP 增速

资料来源：《中国统计摘要》。

整体看，东北经济仍处于筑底过程中，经济下滑势头虽已得到有效遏制，但增长的内生动力依然不足。从投资看，2016 年东北地区固定资产投资（不含农户）3.1 万亿元，下降 6.9%，降幅虽比上年收窄 4.2 个百分点，但最具拉动作用的民间固定资产投资大幅下降 24.4%。在区域分布上，受工业产能过剩、重大项目开工不足等影响，辽宁固定资产投资大幅下降 63.5%。从消费看，受部分领域企业经营困难、居民收入增长趋缓等影响，东北地区社会消费低位徘徊，2016 年社会消费品零售总额 2.9 万亿元，增长 7.6%，增幅较上年回落 0.8 个百分点，其中吉林、黑龙江消费增长相对平稳，辽宁消费大幅下滑。从外需看，2016 年东北地区进出口总额 1215 亿美元，比上年下降 10.2%，其中出口下降 16.7%、进口下降 4.4%。

（二）　结构调整持续推进

2016 年，东北地区第一、二、三次产业增加值分别增长 1.6%、−0.6%、6.0%，而中国平均水平是 3.3%、6.1%、7.8%，也就是说，东北地区服务业增长基本接近中国平均水平，而农业、工业增长远低于中国平均水平，成为经济增长下行的重要因素。当年，东北地区三次产业比重为 12.1%、38.4%、49.5%，中国平均水平是 8.6%、39.8%、51.6%，可见东北地区二、三产业比重与中国平均水平接近，农业比重偏高。这种结构优化符合东北振兴战略确定的方向，但考虑到经济特别是工业下行压力依然较大，结构调整的阵痛期仍未渡过。

近年来，东北现代农业发展水平不断提高。黑龙江耕种收综合机械化水平达95%，建设“互联网+”高标准绿色有机种植示范基地1170个；农业种植结构得到优化，玉米种植面积减少1922万亩，经济作物增加177.7万亩。吉林完善农业基础设施，建成209万亩集中连片高标准农田。东北地区积极推进钢铁、煤炭行业去产能，加快国有企业改革进程，做强做优高端装备制造业，积极加快现代服务业发展，着力激发市场活力，新的经济增长动能正在逐步形成和发展。比如，吉林着力打造医药产业，重点扶持一批产业化医药项目转型升级，通过兼并重组近20户企业提高产业集中度和竞争力。比如，辽宁在工业经济下行压力较大的背景下，以互联网、物流等行业为重点带动服务业快速发展。比如，黑龙江通过促进旅游、养老、健康、文化、体育等产业融合培育新的市场需求。

（三）社会民生继续改善

经济下行对东北地区社会民生造成一定压力，但总体看这种压力造成的影响还是可控的。2016年，东北地区城乡居民收入差距缩小，城镇居民人均可支配收入28740.5元，增长6.1%，涨幅较上年回落1个百分点；农村居民人均可支配收入12294.4元，增长6.8%，涨幅较上年扩大0.5个百分点。当年，中国城镇居民人均可支配收入33616元，增长7.8%，农村居民人均可支配收入12363元，同比增长8.2%。通过对比可以发现，东北地区城镇居民收入低于中国的平均水平，农村居民收入基本与中国的平均水平相仿。东部地区是中国经济最为发达的地区，东北地区城乡居民人均可支配收入分别相当于东部地区的67.1%和65.5%，提升民生福祉保障水平依然任重道远。以上如表2、表3所示。

表2 中国四大区域板块城镇居民人均可支配收入对比

地区	规模和增速		各地区与东部地区之比	
	规模（元）	增速（%）	比值（%）	比上年增长（%）
东部	42861.8	8.3	100.0	—
中部	28912.0	7.7	67.5	−0.4
西部	28315.0	8.3	66.1	−0.1
东北	28740.5	6.1	67.1	−1.5

资料来源：根据各地区《国民经济和社会发展统计公报》整理。

表 3　中国四大区域板块农村居民人均可支配收入对比

地区	规模和增速		各地区与东部地区之比	
	规模（元）	增速（%）	比值（%）	比上年增长（%）
东部	18777.8	8.7	100.0	—
中部	11771.1	8.0	62.7	−0.5
西部	9874.9	8.9	52.6	0.0
东北	12294.4	6.8	65.5	−1.2

资料来源：根据各地区《国民经济和社会发展统计公报》整理。

（四）深层问题依然突出

东北地区是中国重要的老工业基地，曾为中国改革开放和现代化建设做出历史性贡献。同样，也是源于老工业基地，东北地区产业结构偏重，特别是初级产品生产和原料加工业比重偏高，包括钢铁、煤炭、电解铝等。国际金融危机爆发后，全球经济在各国大规模经济刺激政策的作用下一度快速复苏，但2013年以后包括中国在内的广大新兴经济体经济下行压力加大，国际能源资源产品价格于2014年四季度开始大幅下挫。由于特殊的经济结构，相对于中国其他板块，东北地区在这一过程中面临的下行压力更大。这是直接原因，根本原因还在于体制机制。相对而言，东北地区营商环境欠佳、民营经济活力不足、国有企业大而不强，这一系列问题导致东北地区在转变经济发展方式的过程中相对落后，产业结构沿着惯性发展、优化调整力度不够，在市场出现变化后经济增长随即面临较大困难。解决这些问题，从根本上讲要靠改革开放。东北地区在国家实施“一带一路”、新一轮东北振兴战略和推动重点领域改革的背景下，经济发展将获得更大空间。

三、新一轮科技革命和产业变革对东北老工业基地振兴的影响

相对于以蒸汽机为代表的第一次科技革命、以电力为代表的第二次科技革命、以信息技术为代表的第三次科技革命，新一轮科技革命和产业变革的路径和重点目前仍难以确定，或者说其本身具有多元化和分散化的特征。可以预期

的是，未来新一轮科技革命和产业变革还将继续深入发展，新一代信息技术、新能源、新材料、3D打印、机器人等任何一项技术或产业的重大突破都将对人类生产生活方式和全球产业分工模式造成颠覆性影响。在这一过程中，东北地区振兴发展将同时面临新机遇和新挑战。

（一）为东北地区改造提升传统工业带来新压力

就目前情况看，信息技术的推广和渗透将催生新产业、新业态，成为新一轮科技革命和产业变革的重要推动力。2012年，麦肯锡预测了12项最有可能成为2020年主导产业的新兴技术，其中有6项与信息技术有密切关系，分别为移动互联网、智能软件、物联网、云计算、新一代机器人和3D打印。在传统工业领域，智能制造、智能交通、智能家居等从概念逐步走入现实，迈入快速发展期。企业生产核心由传统的产品制造转向提供更加丰富的产品和服务。制造业互联网化成为大趋势是可期的，并将催生全球制造业体系重构。

如前文所述，东北地区传统工业比重高，其中不少是资源密集型。这些产业涉及就业人群多，面临产能过剩问题比较严重，还存在一些“僵尸企业”。一方面，如果顺应全球科技进步大趋势，给东北地区传统工业插上“互联网”的翅膀，延伸拓展产业链和价值链，就能提升这些产业发展的质量效益。另一方面，如果改造提升进程滞缓，东北地区传统工业将在全球制造业体系重构中进一步被边缘化，甚至由此引发社会问题，这些产业所在的资源型地区发展将更加困难。改造提升传统工业是东北振兴的重大课题，面临“不进则退”的严峻形势。

（二）为东北地区升级装备制造业提供新机遇

就目前情况看，以机器人、3D打印、智能制造为代表的高端制造成为新一轮科技革命和产业变革的重要内容。美国发布了《先进制造伙伴计划》，大力推进3D打印、智能机器人等领域的技术创新和制造业合作。德国推出“工业4.0”战略，试图通过打造智能车间和智能工厂，持续提升制造业的数字化和智能化水平。法国对“新工业法国”计划进行了修订，提出“一个核心、九大支点”的总体布局，其中“一个核心”即未来工业，主要内容是实现工业生产向数字制造、智能制造转型，以生产工具升级带动商业模式升级。日本发布

《制造业发展白皮书》，强调大力发展以智能化为特征的“下一代”制造业。

东北地区是中国重要的装备制造基地，拥有中国第一重型机械集团公司、哈尔滨电气集团公司、沈阳机床集团公司、沈阳鼓风机集团股份有限公司、大连船舶重工集团有限公司等一批骨干企业。《东北振兴“十三五”规划》提出，重塑产业竞争优势，把东北老工业基地打造成为“中国制造 2025”的先行区。依托装备制造优势，东北地区在发展高端制造上已经迈出坚实步伐。比如，新松机器人自动化股份有限公司自主研发的复合型机器人综合了工业机器人和智能移动机器人的特点，其精度达到世界领先水平，该公司也成为全球第一家将复合型机器人投放市场的企业。比如，哈尔滨博实自动化股份有限公司研制的（高温）炉前作业机器人在示范应用中取得成功。未来，全球制造业向智能化、高端化方向转型，有利于东北地区依托基础优势增强发展动力。

（三） 为东北地区加快发展特色和新兴产业提供新契机

新技术、新产业、新业态、新模式不断涌现是新一轮科技革命和产业变革的重要外在特征，也是世界各国对冲经济下行压力、实现新旧动能转换、汇聚经济发展能量的重要着力点。近年来，美国围绕清洁能源、先进制造、生物经济等积极发展新经济和新业态，并通过制定国家创新战略和出台行动计划加以支持。欧盟发布“分享经济指南”（European Agenda for the Collaborative Economy），旨在破除分享经济发展所面临的法律政策壁垒，明确政府和企业职责定位，搭建分享经济发展的制度框架。日本政府出台重塑企业竞争力的“产业振兴计划”，开拓健康、医疗和农业等成长领域的“战略市场创造计划”，以及拓展和分享海外市场发展成果的“国际市场开拓战略”，同时积极推进医疗等领域改革，放松管制，释放活力。

近年来，东北地区战略性新兴产业快速发展，为其抓住外部机遇、顺应全球大势，实现新旧动能转换奠定了基础。例如，“吉林一号”卫星于 2015 年 10 月 7 日发射成功，是中国第一颗自主研发的“星载一体化”商用卫星，也是中国第一颗自主研发的米级高清动态视频卫星。又如，战略性新兴产业占长春工业增加值比重由 2010 年的 8.5%提升至 2015 年的 17.1%，增幅显著高于工业平均增速，其中又以光电信息、生物及医药、新能源汽车、新材料、大数据等领域增长最为突出，长春由此逐步摆脱高度依赖汽车制造业的工业发展格局。

同时，东北地区还拥有很多特色产业，包括北药、家具、陶瓷、泳装、袜业、旅游用品等。相对于装备制造和传统工业，这些特色产业虽然知名度不高、规模不大，但拉动就业作用明显、市场需求广阔，以此为依托加快发展新技术、新产业、新业态、新模式，提升产业发展质量和辐射带动作用，前景将十分广阔。

（四） 为东北地区进一步完善区域创新体系提出新要求

东北地区拥有近500家研究与开发机构，拥有哈尔滨工业大学、吉林大学、大连理工大学、东北大学等276所高校，占中国的9.5%，远高于东北地区GDP占中国比重。国家级科研机构在东北地区布局也比较密集，比如在中科院下属65家北京之外研究单位中，东北地区占有7家，优势领域遍布化学、物理、材料、机械、环境等各个领域。依托重点高校及科研院所，目前东北地区已经建立了28个国家重点实验室和21家国家工程技术中心，分布于农业、材料、能源、交通、制造、轻纺、医药卫生等多个领域。

但是，东北地区丰富的科技资源并未进行有效转化，导致科技进步对经济增长的支撑作用不足。据统计，东北高校和科研院所的科研成果中有70%—80%未在本地转化。根据《东北振兴“十三五”规划》，2015年东北地区研究与实验发展经费投入强度（R&D/GDP×100）为2%，而中国平均水平是2.2%，每万人发明专利拥有量为1.7件，而中国平均水平是3.3件。其中主要原因在于区域创新体系不完善，包括研发投入相对较低、科研人才流出较多、风险投资不活跃、科技成果转化资源配置不合理等。东北地区适应新一轮科技革命和产业变革发展趋势，要求以企业为主体、以市场为导向，构建政府、产业、高校、科研机构紧密结合的区域创新体系，把科技资源优势转化为发展动力。

（五） 为东北地区扩大开放融入全球大势提供新路径

从历史上看，在18世纪，由英国作为策源地的第一次科技革命，使人类进入了机械化时代；在19世纪末至20世纪上半叶，由德国、美国作为策源地的第二次科技革命，使人类进入了电气化、原子能、航空航天时；在20世纪下半叶，由美欧发达国家作为策源地的第三次科技革命，使社会生产力再次大提高，劳动生产率再次大飞跃。这三次科技革命极大提高了社会生产力和人类生活水平，缩小了国与国、地区与地区、人与人的空间和时间距离，地球变成了一个“村庄”。新一轮科技革命和产业变革根植于以往的科技产业进步，当前发达和发展中国家都在加大科技投入，试图在未来科技和产业发展中赢得先机，因此未来科技革命可能出现多个策源地，而非以往的一个或几个策源地。同时，在“地球村”时代，技术研发往往都是基于全球科技资源加以推进的，科研成果也将面向全球市场。也就是说，新一轮科技革命和产业变革先天具有全球化特征。

对外开放是促改革促发展促创新的重要一招。对外开放搞得好的地方，经济发展速度比较快、人民生活改善比较多、创新创业活力比较强。近两年，东北地区经济遭遇较大困难，增速滑坡明显，市场活力不足，优质要素外流。这不仅反映了东北地区经济动能转换的困难，也反映了东北对外开放步伐的滞后。事实上，东北地区交通区位优势独特，科技、产业、资源支撑能力强，对外开放条件和基础较好。在新一轮科技革命和产业变革进程中，通过以要素集聚为动力促进产业升级、以现代产业为载体集聚更多要素，做强产业链、增强创新链、提升价值链，完全可以走出一条以开放促发展的振兴之路。

四、新一轮科技革命和产业变革背景下加快东北老工业基地振兴的对策建议

新一轮科技革命具有分散型、跳跃式、全球化发展特点，将对人类生产生活产生广泛而深刻的影响。在这一背景下，东北老工业基地振兴要妥善应对挑战、科学把握机遇，树立国际化视野，统筹协调推进各项任务。

（一） 加快改造提升传统产业

推动钢铁行业开发关键钢材品种及高端钢材产品，打造精品钢材基地。引导有色金属产业发展精深加工，促进资源综合利用。推进石化产业炼化一体化，加快发展精细化工产业。壮大煤炭清洁高效利用产业，积极发展绿色建材。推进钢铁、有色、化工、建材、轻工、印染等传统制造业强化技术创新和

管理，增强绿色精益制造能力，大幅降低能耗、物耗和水耗水平。推行循环生产方式，大力发展再制造产业。支持企业开发绿色产品，推行生态设计，实施绿色战略、绿色标准、绿色管理和绿色生产。按照企业主体、政府推动、市场引导、依法处置的办法，因地制宜、分类有序处置过剩产能。推进企业兼并重组，推动亏损严重的“僵尸企业”市场化破产。彻底淘汰落后产能，严格控制增量。

（二） 大力推进装备制造业提档升级

依托雄厚产业基础，做优做强电力装备、石化和冶金装备、重型矿山和工程机械、先进轨道交通、新型农机装备、航空航天装备、海洋工程装备等先进装备制造业。更加注重质量和品牌，提高重大装备产品技术、生产工艺、能效环保等水平。引导中小企业发挥“专、特、精、新”优势，积极参与装备制造产业链，形成分工高效的产业集群。加快信息化与工业化深度融合，推动政府、企业、科研机构、用户开展联合攻关，开发高档数控机床、工业机器人、增材制造装备、复杂环境感知设备等智能装备和产品。引导发展智能制造，促进工业互联网、云计算、大数据在企业研发设计、生产制造、经营管理、销售服务的综合运用。推进装备制造业生产设备智能化改造，提高精准制造、敏捷制造能力。

（三） 积极发展特色和新兴产业

加快发展节能环保、新一代信息技术、卫星应用、节能环保设备、激光、生物医药、稀土永磁新材料、新能源汽车、光伏产品、化学传感器等有基础、有优势、有竞争力的战略性新兴产业。充分发挥特色资源优势，打造高性能纤维、软塑包装材料、矿泉水、人参、现代中药等特色产业集群。促进电子商务与三次产业深度融合发展，发展农村电商、行业电商和跨境电商。鼓励企业利用移动社交、新媒体等新渠道，发展社交电商、“粉丝”经济等网络营销新模式。积极发展供应链物流、互联网金融、互联网益民服务等新兴业态。

（四） 进一步完善区域创新体系

强化企业创新主体地位，加快建立以企业为主体、市场为导向、产学研相结合的技术创新体系。打造高效创新平台，完善共性技术研发和服务平台及科技成果转化平台，加快发展多层次的科技成果交易市，支持东北地区建设一批国家工程实验室和国家工程中心。大力引进国内外科技创新领军人才和团队，鼓励企业通过兼并收购、投资参股等方式“走出去”设立研发中心，与国内外科技型企业开展合作。鼓励高校和科研院所开设大学生创新创业教育课程，依托科技企业孵化器、大学科技园等搭建创业教育实践平台，培育壮大创业者群体。深化中国科学院与东北地区企业和科研机构合作。

（五）以“一带一路”引领大开放

主动参与“一带一路”建设特别是中蒙俄经济走廊建设，加快推进国际产能和装备制造合作，优化对外开放布局。建立健全中蒙俄经济走廊地方政府合作机制，对接沿线国家发展战略，促进政策沟通。在国际运输通道、边境基础设施和跨境运输组织等方面的合作深化与沿线国家合作，共同开发建设公路、铁路、航空、港口、口岸等基础设施，加强在能源矿产资源、高技术、制造业和农林牧等领域合作。积极加强与亚洲基础设施投资银行、金砖国家新开发银行、上海合作组织银行联合体、丝路基金等金融机构的沟通衔接，丰富人文交流层次。加强内陆地区口岸和基础设施建设，开辟跨境多式联运交通通道，进一步发挥辽宁沿海经济带和沿边地区的开放带动作用，促进沿海沿边内陆协同开放。

（张哲人，国家发展和改革委员会对外经济研究所研究室主任、副研究员）

新一轮科技革命和产业变革背景下中国东北地区的中韩合作方案

李贤泰

内容提要： 新常态时代，中国东北地区的增长率大幅度减少。产业升级迟缓，低端技术产业成为主力产业，高端技术产业的比重持续下降。东北地区进口结构也有别于中国整体，进口最多的不是尖端技术产品而是中端技术产品，从韩国进口占比最高的也是中端技术产品。韩国对中国的投资集中于尖端行业和中高端技术行业，而对东北的投资则集中于低端技术行业。

未来，韩国－东北经济合作应改变过去的老路子，向兼顾东北产业升级及韩国利益的方向发展。我们应关注振兴东北政策，该政策强调产业升级及对外开放，谋求东北经济和产业体质的改善，即在振兴东北政策重点扶持的新兴产业领域探索产业合作，积极参与国际生产能力及装备工业领域合作的推进，充分利用东北的“对外开放合作平台”。

一、绪论

中国东北包含辽宁省、吉林省、黑龙江省三大省份，接壤朝鲜半岛、俄罗斯、蒙古。东北三省与韩国地理相邻，居住着和韩国在语言、文化上非常接近的朝鲜族。因此，在中韩建交初期，贸易、投资活动较为活跃。后因中国沿海地区的强大吸引力，东北三省的地位下降，而这种情况至今还在持续。不过，东北三省所具有的丰富的自然资源、发达的工业及交通基础设施、不断壮大的消费市场、积极的招商引资政策、对朝交易中心等因素，仍然为这片土地赋予了巨大的魅力。

此外，东北是实现韩国新北方政策的重要合作区域。2017 年，韩国政府正通过“朝鲜半岛新经济制度”、东北亚＋共同体建设等构想推进可以增进朝鲜半岛、欧亚地区之间互联互通的新北方政策。① 中国政府也将邻接东北的中-蒙俄走廊选定为“一带一路”建设的主要经济走廊，正积极推进区域内国际合作平台。东北地区具备了可以成为中韩经济合作重要据点的政策条件。

快速变化的东北经济情况也需要我们研究东北合作战略。2012 年以后，中国告别了高速增长的时代，经济增长保持在 6%—7%，进入中高速时代。② 东北地区的增长率下降更为严重，最近几年内，在中国创下了最低的经济增长率。这是因为东北地区的产业结构、技术水准、对外开放程度低于其他地区。为此，2016 年中国国务院发布了新一轮东北振兴战略、东北三省各省发展战略等，制定了新的地区经济发展政策。东北的结构、政策在发生新的变化，韩国-东北合作方案理应探索新的方式。

本文主要关注东北地区的产业升级情况和韩国的参与方案。因东北地区的产业升级水准低于其他地区，因此迫切需要可以打开这种局面的政策，而积极开展对外开放是重要的政策性手段。韩国可以凭借高水准的技术、充足的资本，通过贸易、投资等经济交流合作，成为为东北经济的发展做出贡献的合作伙伴。为此，我们需要了解东北地区的经济发展及产业状况，对世界、对韩国贸易是否符合东北的产业升级，为今后的韩国-东北合作找出发展方向。

二、东北地区的经济发展现状

（一） 经济增长率降低：新东北现象的到来

中国东北地区包括辽宁、吉林、黑龙江三省。过去，东北地区是中国代表性的重工业基地，以制造、汽车、钢铁、造船、军需工业为发展中心，引领过国家的工业化发展，而改革开放后东部沿海地区成为发展的中心，东北三省的

① 国政运营 5 年计划，2017.7. 国政规划咨询委员会。

② 可以称为新常态（new normal），中速增长期。

经济活力下降，在中国经济中所占比重也出现了下降（见图1）。

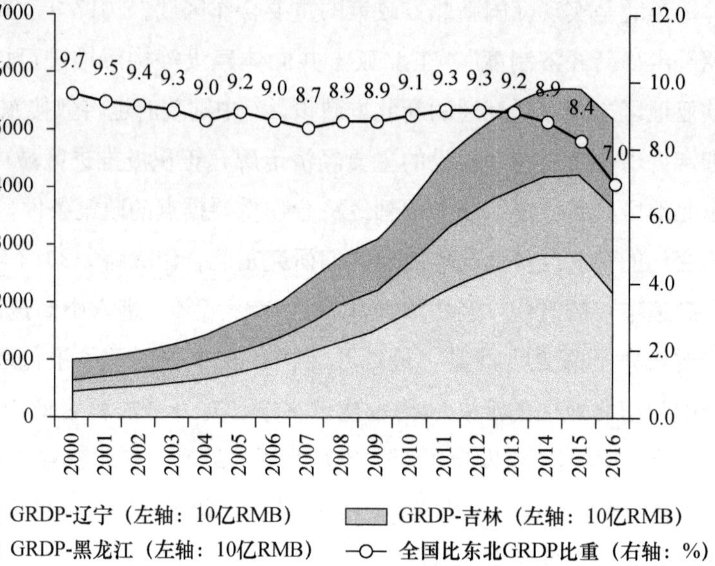

（1）经济规模国内占比

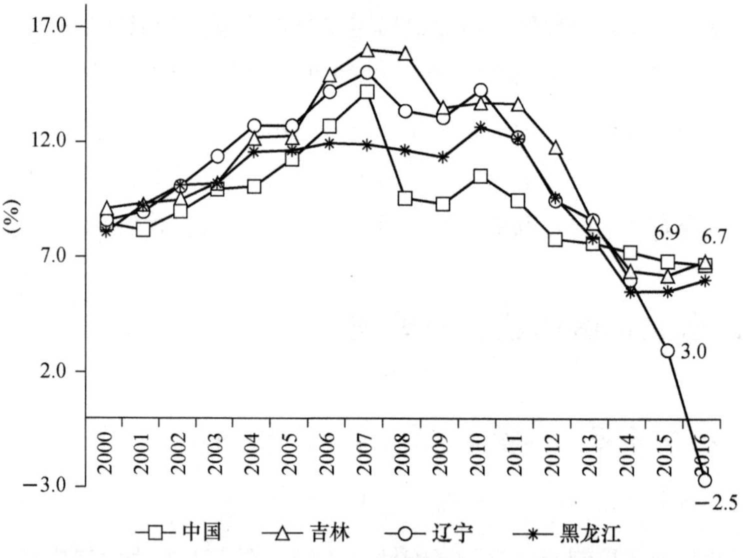

（2）增长率趋势

图1　东北三省的经济规模及比重、增长率趋势

资料来源：CEIC（检索日期：2017.7.10）。

2013年后，中国经济进入新常态，增速放慢，经历了经济结构转换、发展动力变化等，增长率正在“钝化”。而除了中国经济普遍面临的问题之外，东北地区还面临结构、体制上的困难，经济增长出现大幅度的下降。东北三省的经济增长率从2013年以后显著低于全国平均水平，跌入倒数的5个区域，尤其是占东北经济一半规模的辽宁省，在2015—2016年，竟录得全国最低的增长率。因急剧的增长放缓，东北地区经济占全国比重也在2013年以后快速缩小（见图1）。

我们称在改革开放后东北地区经济落后于东部沿海地区的现象为“东北现象”。按照其发生时间，东北现象可以分为第一次、第二次、第三次东北现象，尤其是第三次东北现象期间，2014年起因投资骤减和国有企业低效率的扩散，经济增长急速下滑。我们称该时期东北地区的增长率快速下滑为“增长断崖”。

东北地区的增长下跌在所有产业同时出现。2000年以后东北三省在第一、第二、第三产业均取得了超过全国平均值的快速发展。① 而这种趋势在2014年出现了逆转，各个产业增长均低于全国平均值（见图2）。各产业对东北地区经济增长的贡献度也发生了变化。在21世纪初期，第二产业引领经济增长，2014年以后，第三产业贡献度超越了第二产业，成为新的增长动力（见图3）。2014年是新常态的开始，增长动力由过去的工业（第二产业）转换为服务业（第三产业）。从投资增长率来看，工业部门和服务业的增减速度比较接近，但是在整体投资规模中，服务业远远超出工业，投资提高了对服务业增长和经济增长的贡献度。②

（二）产业结构转换

1949年以来，东北地区依靠原材料和石化产业为中心的重工业产业结构实现了经济增长。尤其是2003年正式推出东北振兴政策，大幅度扩大工业领域投资，东北地区的第二产业大大超过了全国平均水平。但东北地区以第二产业为中心的经济结构于2011年起发生了变化。

---

① 2003—2012年期间，东北三省的年平均经济增长率是12.7%，超过全国平均水准（10.7%）。

② 以2015年为基准，东北地区的不同产业投资比重是第一产业5.4%，工业37.3%，服务业49.5%，对服务业的投资比重超过了对工业的投资比重。唯独吉林省对工业投资比重（45.8%）超过了对服务业投资比重（39.8%）。资料来源：CEIC（检索日期：2017.7.13）。

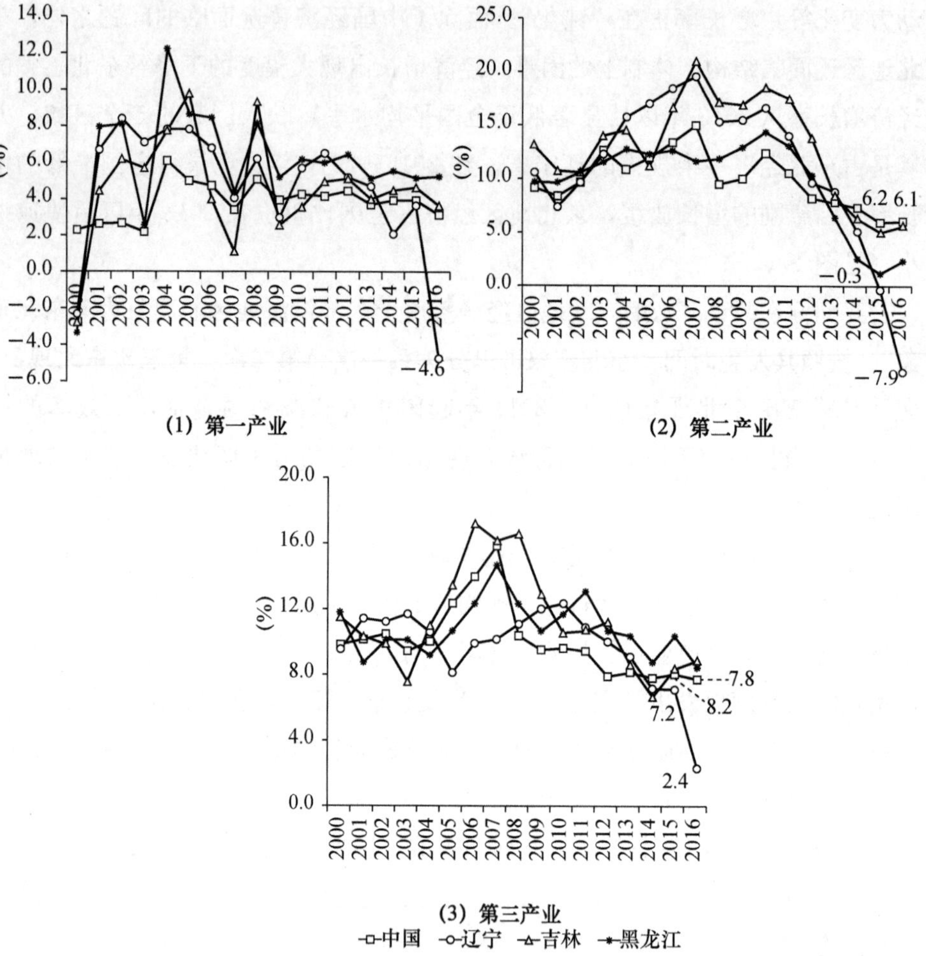

(1) 第一产业　(2) 第二产业　(3) 第三产业

图 2　东北地区各产业增长率趋势

资料来源：CEIC（检索日：2017.7.10）。

第二产业的比重以 2011 年的 54.7%为顶点，之后开始出现下降，尤其是 2014 年以后出现快速跌落，2016 年比重下跌到 38.6%。相反，第三产业于 2011 年出现最低点 36.7%之后开始反弹，到 2016 年达到了 51.5%。2015 年起，东北地区的第三产业比重开始超过第二产业比重。总体上，中国以 2012 年为起点开始出现第三产业超越第二产业的局面，不过东北地区的产业结构变化稍微有些滞后。笔者认为，这是因为东北经济中第二产业比重高于其他地区，因此产业结构的转换迟缓于其他地区（见图 4）。如果按照不同省份分析，三省当中，黑龙江省的第二产业和第三产业之间的结构变化最快，2013 年进入第三产业为主导的经济模式，辽宁省则在 2016 年出现了产业结构的逆转。吉林省 2012 年在产业比重上曾出现过趋势变化，但到目前为止第二产业仍然在经济结构中处于优势（2016 年为准，第二产业 48.0%）。

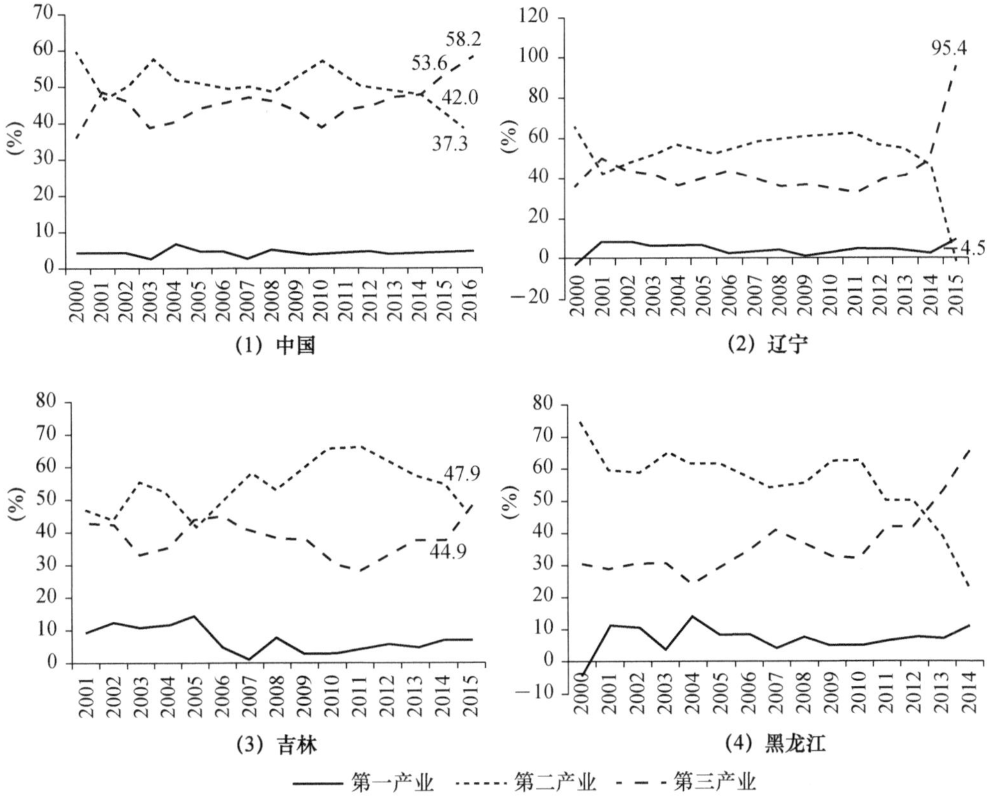

图 3　中国及东北三省各产业的增长贡献度趋势

资料来源：CEIC；辽宁省统计局（www. ln. stats. gov. cn）；吉林省统计局（tjj. jl. gov. cn）；黑龙江省统计局（www. hlj. stats. gov. cn）（检索日期：2017. 7. 13）。

（三）产业提升的延缓

为了梳理曾以第二产业为主导的东北地区赖以发展的具体行业拥有的比较优势，以及第二产业内部是否发生着产业升级，笔者分析了工业的具体行业比重变化（见表 1）。和 1997 年相比，销售额比重增长较大的行业是 1997—2015 年之间增长最为快速的新兴产业。如果按区域分析，我们可以发现，辽宁省的

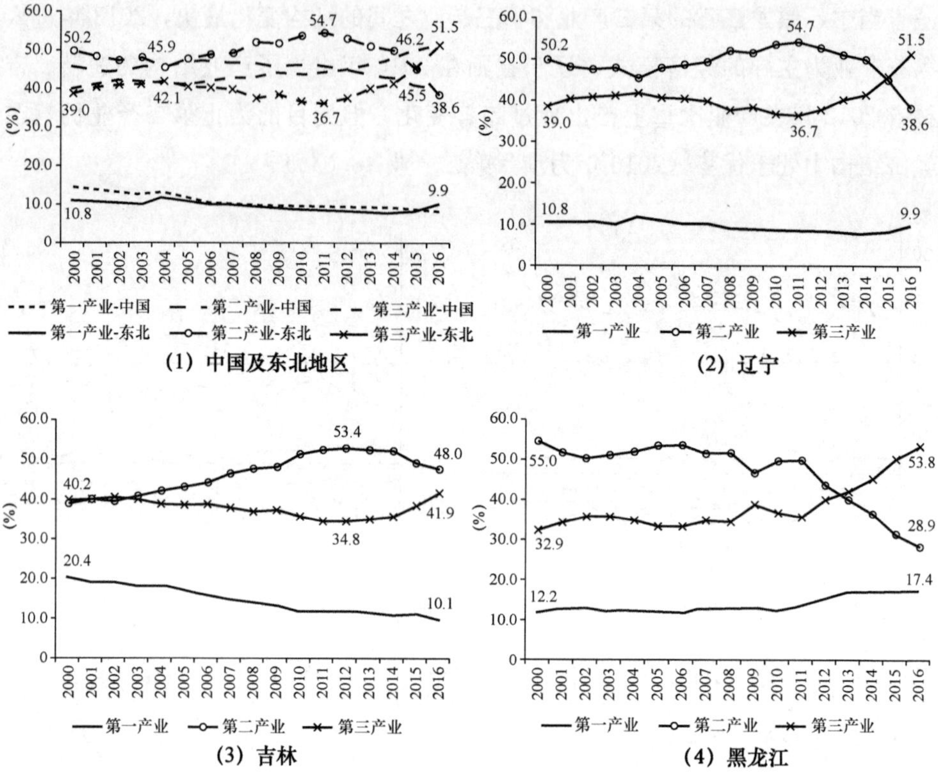

图 4　中国及东北地区不同产业比重趋势

注：2003 年比较价格，2003 年＝100。
资料来源：CEIC（检索日期：2017.7.10）。

新兴产业是橡胶产品、塑料产品工业（8.2%p），非金属矿物产品工业（6.1%p），食品工业（4.8%p）；吉林省的新兴产业是其他机械装备工业（28.8%p），食品工业（11.2%p），橡胶产品、塑料产品工业（7.5%p）；黑龙江的新兴产业是食品工业（20.0%p），橡胶产品、塑料产品工业（4.6%p），医疗用品、药品工业（1.5%p）。食品工业和橡胶产品、塑料产品是三省共同快速增长的行业，但东北三省的新兴增长行业大部分都是技术水准较低的行业。

相反，和 1997 年相比销售比重大幅度下降的行业可以视为在 1997—2015 年之间在相关地区丧失竞争力的行业。按地区来看，辽宁省有第一金属工业（−11.5%），汽车、其他运输装备工业（−3.8%），电子配件、计算机、影像、音响、通信设备工业（−2.4%）；吉林省有汽车、其他运输装备工业（−33.6%），化学原料、化学产品工业（−8.9%），第一金属工业（−4.7%）；黑龙江省有焦炭、煤炭、石油提炼产品工业（−6.5%），汽车、其他运输装备工业（−4.5%），非金属矿物产品工业（−3.6%）是失去竞争力而被淘汰的行业。而这些行业是技术水准较高的行业，间接说明1997—2015年期间东北地区工业内部产业提升严重滞后。

东北地区的产业是否得到提升，也可以从各种技术水准的占比变化进行了解。① 为了按照不同技术水准分析东北三省工业，笔者采用了OECD（2003）产业分类方法，将各行业具体分类为：尖端技术（High-Technology），中高端技术（Medium-High-Technology），中低端技术（Medium-Low-Technology）和低端技术（Low-Technology）四大产业群。②

总体上看，1997—2015年期间，中国尖端技术产业和中低端技术产业比重出现增长，而低端技术产业的比重却大幅度减少，可以看出中国正开展着迅速而有序的产业升级。而东北三省技术水准较高产业（尖端技术+中高端技术）的比重总体出现下降，而技术水准较低的产业比重却出现增长，产业升级进展延缓。按照地区来看，吉林省已经开始转向技术水准较高的产业，相反，黑龙江省则转向低端技术产业。

表1　中国及东北地区各行业占比及不同技术水准行业占比（%）

行业	全国		辽宁		吉林		黑龙江	
	2015年	比重变化	2015年	比重变化	2015年	比重变化	2015年	比重变化
不同行业占比								
食品工业	8.8	0.3	11.1	4.8	**17.3**	11.2	**37.3**	20.0
饮料工业	1.8	−1.0	1.1	−0.4	2.7	−0.1	3.6	−0.6
烟草工业	0.9	−1.5	0.3	0.0	0.7	−0.2	1.2	−1.0

① 若想正确了解产业升级情况，应了解中国的相关产业在价值链中的地位，即中国生产出的产品的附加值、工程竞争力。考虑统计资料的易得性等因素，本文从不同技术水准的产业群比重变化了解产业升级进程。

② OECD以不同产业的平均研发集中度（Intensity）为基准分类成尖端技术产业、中高端技术产业、中低端技术产业及低端技术产业。本文将各技术水准产业群分类如下：尖端技术产业——医疗物质、药品工业，电子配件、计算机、影像、音响、通信设备工业，医疗、精密、科学仪器、钟表工业；中高端技术产业——化学物质、化学产品工业，其他机械设备工业，汽车、其他运输设备工业，电器设备工业；中低端技术产业——焦炭、煤炭、石油提炼产品工业，橡胶产品、塑料产品工业，非金属矿物产品工业，第一金属工业，金属加工产品工业；低端技术产业——食品工业，饮料工业，烟草工业，纤维产品工业，服装、毛皮、皮革、鞋工业，木材、木制品工业，家具工业，纸浆、纸、纸制品工业，印刷、记录载体复制，其他产品工业。关于OECD的行业分类请参考Lee Munhyeong，Kim Gapsu，Park Jung-gu（2007）《中日韩工业不同技术水准竞争和合作分析》，韩国技术创新协会学术交流会，第274页。

续表1

行业	全国		辽宁		吉林		黑龙江	
	2015年	比重变化	2015年	比重变化	2015年	比重变化	2015年	比重变化
纤维产品工业	4.8	−4.5	0.9	−2.7	1.1	−2.4	1.0	−3.1
服装、毛皮、皮革、制鞋业	3.7	−1.2	1.9	−0.6	0.7	−0.2	1.2	0.2
木材、木制品工业	1.4	0.4	1.0	0.3	4.4	2.6	5.1	0.9
家具工业	0.8	0.3	0.6	0.3	0.7	0.2	0.9	−0.2
纸浆、纸、纸制品工业	1.4	−0.6	0.7	−0.5	0.7	−1.2	0.8	−1.6
印刷、记录媒介复制业	0.7	−0.2	0.3	−0.5	0.4	−0.3	0.3	−0.5
焦炭、煤炭、石油提炼产品工业	3.5	−1.3	**11.3**	−4.2	0.9	−1.8	**11.3**	−6.5
化学原料、化学产品工业	8.5	0.5	6.9	−1.4	7.2	−8.9	5.9	1.2
医疗用品、药品工业	2.6	0.4	2.1	0.6	8.1	4.7	4.4	1.5
橡胶产品、塑料产品工业	**9.1**	5.4	10.9	8.2	**9.3**	7.5	**7.7**	4.6
非金属矿物产品工业	6.4	0.3	**11.2**	6.1	2.7	−2.6	1.6	−3.6
第一金属工业	9.0	−0.6	6.5	−11.5	2.7	−4.7	2.2	−2.3
金属加工产品工业	4.8	1.4	7.6	4.2	2.3	0.9	3.8	0.8
其他机械装备工业	**10.8**	2.8	**14.2**	3.5	**33.1**	28.8	5.2	−3.3
汽车和其他运输装备工业	1.9	−5.5	3.5	−3.8	1.9	−33.6	2.3	−4.5
电器设备工业	7.0	1.3	4.6	−0.3	1.9	0.6	2.5	−0.9
电子配件计算机、影像、音响、通信设备工业	**9.3**	2.4	2.1	−2.4	0.4	−0.8	0.3	−1.7
医疗、精密光学仪器、钟表工业	0.9	−0.2	0.5	−0.1	0.2	−0.2	0.3	−0.2
其他产品工业	1.9	1.1	0.5	0.4	0.4	0.4	1.1	0.8
合计	100.0	—	100.0	—	100.0	—	100.0	—

续表 1

行业	全国		辽宁		吉林		黑龙江	
	2015 年	比重变化	2015 年	比重变化	2015 年	比重变化	2015 年	比重变化
不同技术水准行业占比								
尖端技术	12.8	2.5	4.7	−1.8	8.8	3.7	5.0	−0.4
中高端技术	28.2	−0.8	29.3	−2.0	44.1	−13.1	15.9	−7.4
中低端技术	32.7	5.3	47.6	2.8	18.0	−0.6	26.6	−7.0
低端技术	26.3	−7.0	18.4	1.1	29.1	10.0	52.5	14.9
合计	100.0	—	100.0	—	100.0	—	100.0	—

注：2015 年占比表示各行业在工业销售额中所占的比重；技术水准区分遵照 OECD (2003) 分类标准；比重变化表示 2015 年占比与 1997 年占比相比发生的变化。黑体数字表示各地区销售额占比前 3 名行业。

资料来源：作者根据《中国工业统计年鉴》(1998 年、2016 年) 数据计算。

为了了解东北三省的比较优势产业①或者特色产业的技术水准，我们使用表示地区产业相对比重的工业布局系数（LQ）找出了比较优势产业（见表 2)。② 东北三省的具体情况是，黑龙江省在 8 个行业拥有比较优势，辽宁省在 7 个行业持有比较优势，吉林省在 6 个行业持有比较优势。和 1997 年相比，比较优势的行业数量上辽宁省和吉林省分别增加 2 个，总体上看东北地区的比较优势有所增强。不过，三省共同的比较优势行业均为低端技术或中低端技术行业群。尖端技术产业中，吉林省和黑龙江持有比较优势的产业是医疗用品、医药品工业。

表 2　东北三省各地区各行业的工业布局系数（LQ）

行业	技术水准	辽宁		吉林		黑龙江	
		2015 年	工业布局系数变化	2015 年	工业布局系数变化	2015 年	工业布局系数变化
食品工业	低端	**1.26**	0.52	**1.95**	1.25	**4.22**	2.20
饮料工业	低端	0.62	0.07	**1.51**	0.52	**2.05**	0.55
烟草工业	低端	0.31	0.19	0.78	0.38	**1.24**	0.33

① 比较优势产业（或者是特色产业）表示，一个地区特定产业相比其他地区的产业所具有的相对竞争力，本分析中使用各行业销售额数据计算出了工业布局系数后筛选出特色产业。

② 一般情况下，工业布局系数（LQ：Location Quotient coefficient）值为 1 以上，表示特定地区相关产业比全国其他地区有特色，和 1 相同时，和全国的产业构成比相同。工业布局系数超过 2，表示特色化程度很高。工业布局系数的计算方法如下：$LQ_{ij}=\frac{X_{ij}/X_j}{X_i/X}=\frac{i\text{行业在}j\text{地区占比}}{i\text{行业在全国占比}}$，$LQ_{ij}$ 是 j 地区 i 产业的工业布局系数，X 表示全国制造业的销售总额，X_i 是全国 i 行业的销售额，X_j 是 j 区域工业总销售额，X_{ij} 表示 j 地区 i 行业的销售额。

续表2

行业	技术水准	辽宁		吉林		黑龙江	
		2015年	工业布局系数变化	2015年	工业布局系数变化	2015年	工业布局系数变化
纤维产品工业	低端	0.19	−0.19	0.22	−0.14	0.22	−0.22
服装、毛皮、皮革、鞋工业	低端	0.50	−0.01	0.19	0.00	0.33	0.12
木材、木制品工业	低端	0.73	0.00	**3.11**	1.28	**3.59**	−0.62
家具工业	低端	0.81	0.21	0.88	−0.03	**1.09**	−1.09
纸浆、纸、纸制品工业	低端	0.51	−0.10	0.52	−0.41	0.56	−0.62
印刷、记录媒介复制业	低端	0.35	−0.39	0.52	−0.20	0.44	−0.39
焦炭、煤炭、石油提炼产品工业	中低端	**3.23**	−0.03	0.26	−0.32	**3.22**	−0.52
化学原料、化学产品工业	中高端	0.81	−0.24	0.86	−1.18	0.70	0.11
医疗用品、药品工业	尖端	0.80	0.15	**3.13**	1.57	**1.68**	0.37
橡胶产品、塑料产品工业	中低端	**1.20**	0.47	**1.03**	0.54	0.85	0.00
非金属矿物产品工业	中低端	**1.76**	0.92	0.43	−0.44	0.25	−0.61
第一金属工业	中低端	0.73	−1.17	0.30	−0.48	0.25	−0.22
金属加工产品工业	中低端	**1.60**	0.58	0.48	0.07	0.81	−0.09
其他机械装备工业	中高端	**1.32**	−0.02	**3.06**	2.53	0.48	−0.58
汽车其他运输装备工业	中高端	**1.82**	0.83	0.97	−3.82	**1.21**	0.29
电器设备工业	中高端	0.66	−0.21	0.27	0.04	0.35	−0.24
电子配件、计算机、影像、音响、通信设备工业	尖端	0.22	−0.42	0.05	−0.14	0.03	−0.26

续表 2

行业	技术水准	辽宁		吉林		黑龙江	
		2015 年	工业布局系数变化	2015 年	工业布局系数变化	2015 年	工业布局系数变化
医疗、精密光学仪器、钟表工业	尖端	0.61	0.07	0.28	−0.09	0.38	−0.09
其他产品工业	低端	0.25	0.10	0.23	0.15	0.59	0.22

注：工业布局系数变化表示 1997 年工业布局系数相比 2015 年工业布局系数的变化情况，正值表示比较优势的改善，负值表示比较优势的降低。黑体数字表示在各地区工业中持有比较优势（工业布局系数为 1 以上）的行业。

资料来源：引用《中国工业统计年鉴》（1998 年，2016 年）数据计算。

对比分析 1997 年和 2015 年工业布局系数后发现，一些行业从比较劣势转为比较优势，辽宁省是食品工业，橡胶产品、塑料产品工业，非金属矿物产品工业，汽车、其他运输装备工业；吉林省是食品工业，饮料工业，橡胶产品、塑料产品工业，其他机械装备工业；黑龙江省是烟草工业，汽车、其他运输装备工业转为比较优势产业。转为比较优势产业的行业大部分属于低端技术或者中低端技术行业群，表明东北三省的工业升级情况并不看好。

（四）产业结构提升和贸易、投资结构

表 3 是东北三省不同行业进口结构。从东北三省进口排名前 5 位来看，东北三省共同包含的行业是其他机械装备工业和汽车、其他运输装备工业。此外，辽宁省还有焦炭、煤炭、石油提炼产品工业，化学原料、化学产品工业，食品工业；吉林省还有电子配件、计算机、影像、音响、通信设备工业，医疗、精密光学仪器、钟表工业，电器设备工业；黑龙江省还有焦炭、煤炭、石油提炼产品工业，木材、木制品工业，化学原料、化学产品工业。三省的进口结构特点是偏重于特定行业，辽宁省和黑龙江省主要偏重于焦炭、煤炭、石油提炼产品工业（分别为 38.6%，63.8%），吉林省偏重于汽车、其他运输装备工业（58.6%）。

和 2000—2001 年相比，进口比重较高的行业于 2015—2016 年期间出现进口较大幅度增长，辽宁省和黑龙江省焦炭、煤炭、石油提炼产品工业分别增加

20.6%，59.7%，吉林省汽车、其他运输装备工业出现16.4%的进口增长。相反，辽宁省在电子配件、计算机、影像、音响、通信设备工业（－13.2%p）和其他机械装备工业（－3.3%p），吉林省在其他机械装备工业（－10.4%p）和化学原料、化学产品工业（－5.6%p），黑龙江省在化学原料、化学产品工业（－16.9%p）、纸浆、纸、纸产品工业（－11.6%p）中出现大规模的进口减少。①

分析不同技术水准与进口比重变化可以发现，总体上，中国的进口结构是技术水准越高进口比重越大，尤其是中高端技术产业的进口比重出现减少而尖端技术产业的比重却增加了13.5%，引领着进口的提升。总体上，东北三省的进口结构呈现了尖端技术产业的进口比重减少，低端技术产业的进口比重却出现增长的特点。不过，吉林省只在技术水准较低的产业中出现进口比重减少，而技术水准较高的产业中却出现进口比重的显著增加。如果按地区分析，吉林省是中高端技术产业的进口比重最大，辽宁省和黑龙江省中低端技术产业进口比重最大。由此可见，东北地区之所以出现尖端技术产业进口比重减少并不是因为该地区产业发展提高了配件的国产化程度，而是地区内尖端产业发展延缓，导致进口需求相对减少。

表3　中国及东北三省不同行业进口结构

行业	中国		辽宁		吉林		黑龙江	
	2015/2016年（%）	比重变化（%p）	2015/2016年（%）	比重变化（%p）	2015/2016年（%）	比重变化（%p）	2015/2016年（%）	比重变化（%p）
不同行业占比								
饮料、食品工业	3.6	1.1	**7.4**	2.8	2.8	1.9	1.9	0.5
饮料工业	0.3	0.3	0.3	0.2	0.4	0.4	0.1	0.1
烟草工业	0.1	0.0	0.1	0.1	0.1	0.1	0	－0.1
纤维产品工业	1.3	－2.4	0.8	－3.2	0.4	－1.2	0.8	－2.8

① 和出口比重变化相比，辽宁省的电子产品、计算机、影像、音响、通信设备制造业和吉林省的化学物质、化学产品工业的出口和进口比重均出现减少，辽宁省的汽车、其他运输装备制造业，吉林省的化学物质、化学产品工业，吉林省的化学物质、化学产品制造业，黑龙江省的化学物质、化学产品工业和纸浆、纸、纸产品工业的进口比重减少，出口比重却出现增加。

续表 3

行业	中国		辽宁		吉林		黑龙江	
	2015/2016 年(%)	比重变化(%p)	2015/2016 年(%)	比重变化(%p)	2015/2016 年(%)	比重变化(%p)	2015/2016 年(%)	比重变化(%p)
服装、毛皮、皮革、鞋工业	1.4	0.4	2.1	1.3	0.9	0.9	0.4	0.4
木材、木制品工业	1.4	−0.5	0.6	−0.3	0.7	−1.6	**11.7**	−1.4
家具工业	0.2	0.1	0.1	0.1	0.4	−1.5	0.1	0.1
纸浆、纸、纸制品工业	1.5	−0.9	0.3	−0.6	0.2	−1.9	2.3	−11.6
印刷、记录媒介复制业	0.1	−0.1	0	−0.1	0	−0.1	0	0
焦炭、煤炭、石油提炼产品工业	**13.3**	5.5	**38.6**	20.6	0.8	−2.8	**63.8**	59.7
化学原料、化学产品工业	**10.2**	−7.8	**14.4**	2.1	2.5	−5.6	**4.2**	−16.9
医疗用品、药品工业	1.5	1.0	1.4	1.0	0	0	0	−1.7
橡胶产品、塑料产品工业	1.8	−0.1	1.6	−0.6	1.6	0.8	0.2	−0.6
非金属矿物产品工业	1.5	0.1	0.4	−0.2	0.2	0	0.1	−0.6
第一金属工业	5.0	−4.9	3.5	−2.8	2.6	−3.4	2.2	−9.4
金属加工产品工业	1.0	−0.3	1.6	0	2.9	0.6	0.3	−0.1
其他机械装备工业	**6.5**	−4.8	**8.2**	−3.3	**7.1**	−10.4	**6.3**	−6.2
汽车其他运输装备工业	**8.4**	3.1	**8.5**	−0.5	**58.6**	16.4	**2.4**	0.1
电器设备工业	3.7	−2.6	2.7	−2.4	**2.9**	−0.3	0.7	−1.4
电子配件、计算机、影像、音响、通信设备工业	**32.5**	12.3	4.9	−13.2	**8.0**	4.7	0.3	−5.8

续表 3

行业	中国		辽宁		吉林		黑龙江	
	2015/2016 年（%）	比重变化（%p）	2015/2016 年（%）	比重变化（%p）	2015/2016 年（%）	比重变化（%p）	2015/2016 年（%）	比重变化（%p）
医疗、精密光学仪器、钟表工业	3.8	0.3	2.2	−0.5	**6.9**	2.9	1.9	−2.3
其他产品工业	0.8	0.2	0.3	−0.3	0.1	0.0	0.1	0.1
合计（%）	100.0	—	100.0	—	100.0	—	100.0	—
工业出口总额(百万美元)	1411538		46909		12967		8668	
不同技术水准行业占比								
尖端技术	37.8	13.5	8.5	−12.7	14.8	7.5	2.2	−9.9
中高端技术	28.9	−12.1	33.8	−4.2	71.1	0.1	13.6	−24.3
中低端技术	22.6	0.4	45.6	16.9	8.1	−4.7	66.7	49.0
低端技术	10.8	−1.8	12.1	0.0	5.9	−2.9	17.5	−14.7
合计（%）	100.0	—	100.0	—	100.0	—	100.0	—

注：2015/2016 年是 2015—2016 年各行业占工业进口平均值的比重；比重变化表示 2000—2001 年平均值的比重与 2015—2016 年平均值的比重之变化；黑体数字表示各地区进口占比前 5 位行业。

资料来源：引用韩国贸易协会（www.kita.net）贸易统计（检索日期：2017.7.4）数据计算。

按照不同加工阶段分析进口结构，总体上中间材料的进口比重（53.5%）最高，而和 2000—2001 年相比，初级商品和生活资料进口出现相对较大的增幅。原因分析为，在经济发展过程中，因收入增加导致进口生活资料需求增加，产业生产所需的原材料需求也大幅度增长。东北三省中，吉林省的中间材料进口比重（54.2%）最大，生活资料进口比重大幅度增长，和中国整体的进口结构相似，这是吉林省独有的。相反，辽宁省和黑龙江省的特点是，初级商品的进口比重最大，而且该比重和 2000—2001 年相比增长的幅度最大（见表 4）。

表 4　中国及东北三省的不同加工阶段自世界进口结构

分类	中国		辽宁		吉林		黑龙江	
	2015/2016 年（%）	比重变化（%p）	2015/2016 年（%）	比重变化（%p）	2015/2016 年（%）	比重变化（%p）	2015/2016 年（%）	比重变化（%p）
初级商品	22.4	9.7	45.8	20.9	12.2	1.0	70.0	48.4
中间材料	53.5	1.1	37.7	−6.4	54.2	−7.4	20.6	−34.2

续表 4

分类	中国		辽宁		吉林		黑龙江	
	2015/2016 年（%）	比重变化（%p）	2015/2016 年（%）	比重变化（%p）	2015/2016 年（%）	比重变化（%p）	2015/2016 年（%）	比重变化（%p）
生产资料	15.8	−3.1	8.9	−8.9	13.5	−4.9	7.2	−10.8
生活资料	7.9	4.1	7.3	1.5	19.6	17.0	1.5	0.7
未分类	0.4	−11.8	0.3	−7.1	0.5	−5.7	0.7	−4.1
进口总额（百万美元）	1562242	—	53676	—	14331	—	9342	—

注：不同加工阶段分类遵照 UN 的 BEC 分类方式；2015/2016 年表示 2015—2016 年平均进口中各个加工阶段所占比重；比重变化表示和 2000—2001 年平均值比重相比 2015—2016 年平均值比重的变化。

资料来源：引用韩国贸易协会（www. kita. net）贸易统计（检索日期：2017.7.4）数据计算。

中国和东北三省自韩国进口排名前 5 位的行业大致上和自世界进口的行业排名一致（见表 5）。总体来看，中国的电子配件、计算机、影像、音响、通信设备工业进口比重是 56.2%，占绝对比重，和 2000—2001 年相比进口比重提升了 35.7%p，进口集中程度显著提高。东北三省自韩国进口额较高的产品主要是，辽宁省的化学原料、化学产品和其他机械装备，吉林省的第一金属工业产品和化学原料、化学产品，黑龙江省主要进口其他机械装备和第一金属工业产品。与 2000—2001 年相比，辽宁省的化学原料、化学产品进口大幅度增长，而电子配件、计算机、影像、音响、通信设备的进口大幅度减少，而吉林省电子配件、计算机、影像、音响、通信设备进口大幅度增长，化学原料、化学产品进口大幅度减少。黑龙江省的其他机械装备工业进口出现增长，化学原料、化学产品的进口降低 42.9%p。总体上，东北三省自韩国进口偏重于特定行业，大体上与各省主导产业相关的行业进口金额较大，无关产业结构提升。[①]

从不同技术水准行业进口结构看，中国总体是技术水准越高的行业自韩国进口比重越高，尤其是尖端技术产品自韩国的进口比重（58.3%）或比重变化（36.8%p）均高于自世界进口。而在东北三省，比起尖端技术产品，中高端技

① 主导产业（Leading Industry）可以定义为在经济发展的各个阶段，引领相关地区或者是国家的经济增长的产业，本文将在制造业总销售额中占比较高的行业定义为主导产业。

术产品的进口比重更高，和2000—2001年相比，辽宁省的中高端技术产品、吉林省的尖端技术产品和黑龙江省的中低端技术产品的进口出现大幅度增长。

表5　中国及东北三省不同行业对韩国进口结构

行业	中国		辽宁		吉林		黑龙江	
	2015/2016年(%)	比重变化(%p)	2015/2016年(%)	比重变化(%p)	2015/2016年(%)	比重变化(%p)	2015/2016年(%)	比重变化(%p)
不同行业占比								
食品工业	0.4	−0.1	1.6	0.6	1.5	1.5	1.2	0.8
饮料工业	0.1	0.1	0.5	0.5	0.2	0.2	0	0
烟草工业	0	0	0.1	0.1	0	0	0	0
纤维产品工业	0.7	−4.8	2.3	−11.9	2.6	2.6	0	−0.4
服装、毛皮、皮革、鞋工业	0.4	−0.6	0.4	−2.0	0	0	0	0
木材、木制品工业	0	−0.3	0	−0.3	0	0	0	0
家具工业	0.1	0.1	0.4	0.4	0	0	0	0
纸浆、纸、纸制品工业	0.2	−1.6	0.3	−1.1	0.9	0.9	1.2	1.2
印刷、记录媒介复制业	0.0	−0.1	0	−0.1	0	0	0	0
焦炭、煤炭、石油提炼产品工业	3.9	2.4	2.7	2.6	0	0	**14.8**	13.1
化学原料、化学产品工业	**14.7**	−20.5	**61.5**	38.4	**19.2**	−14.7	8.6	−42.9
医疗用品、药品工业	0.1	−0.1	0	−0.2	0	0	0	−15.3
橡胶产品、塑料产品工业	2.2	0	1.8	−1.4	3.9	−1.5	0	−1.3
非金属矿物产品工业	0.8	−0.2	0.1	−0.1	0.4	0.4	0	0
第一金属工业	3.9	−9.3	3.0	−7.9	**25.0**	5.3	**16.0**	12.1
金属加工产品工业	1.1	−0.4	1.6	−0.4	3.7	3.7	2.5	2.5

续表 5

行业	中国		辽宁		吉林		黑龙江	
	2015/2016 年(%)	比重变化(%p)	2015/2016 年(%)	比重变化(%p)	2015/2016 年(%)	比重变化(%p)	2015/2016 年(%)	比重变化(%p)
其他机械装备工业	**5.8**	−1.3	**6.7**	1.4	10.7	−10.7	**33.3**	22.4
汽车其他运输装备工业	4.5	3.2	**6.3**	3.4	6.3	6.3	4.9	4.1
电器设备工业	2.6	−2.6	3.8	0.5	8.9	−7.2	2.5	−2.8
电子配件、计算机、影像、音响、通信设备工业	**56.2**	35.7	5.7	−20.9	**13.9**	13.0	7.4	0.4
医疗、精密光学仪器、钟表工业	2.0	1.2	0.8	0.2	2.8	0.1	3.7	2.4
其他产品工业	0.2	−0.7	0.3	−1.7	0.2	0.2	3.7	3.7
合计	100.0	—	100.0	—	100.0	—	100.0	—
工业出口总额(百万美元)	166156		4700		271		41	
不同技术水准								
尖端技术	58.3	36.8	6.5	−20.8	16.6	13.1	11.1	−12.5
中高端技术	27.5	−21.2	78.4	43.6	45.1	−26.3	49.4	−19.2
中低端技术	12.0	−7.6	9.3	−7.1	32.9	7.9	33.3	26.3
低端技术	2.1	−8.0	5.9	−15.7	5.4	5.4	6.2	5.3
合计	100.0	—	100.0	—	100.0	—	100.0	—

注：2015/2016 年表示 2015—2016 年各行业在工业进口平均值中所占比重；比重变化表示 2000—2001 年平均值比重相比 2015—2016 年平均值的比重变化。黑体数字表示各省进口排名前 3 位（比重）。

资料来源：引用韩国贸易协会（www.kita.net）贸易统计（检索日期：2017.7.4）数据计算。

从不同加工阶段进口结构来看，韩国对中国进口中，中间材料占绝对比重，中间材料和生产资料的进口比重出现增长。韩国对东北三省进口也以中间材料为主，除了辽宁省之外，吉林省和黑龙江省相对来说生产资料进口比重较大，绝对进口规模较小，但生活资料进口比重略微高出中国总体水准。

表6 中国及东北三省不同加工阶段对韩国进口结构

分类	中国		辽宁		吉林		黑龙江	
	2015/2016年（%）	比重变化（%p）	2015/2016年（%）	比重变化（%p）	2015/2016年（%）	比重变化（%p）	2015/2016年（%）	比重变化（%p）
初级商品	0.5	0	0.6	−0.4	1.8	1.8	0	0
中间材料	79.0	12.5	87.5	25.0	68.8	24.8	57.3	−18.4
生产资料	18.0	7.3	6.2	−8.8	16.1	−0.8	21.9	11.2
生活资料	2.5	0.2	4.0	0	4.3	4.3	5.2	4.4
未分类	0.1	−20.1	1.8	−15.8	9.0	−30.2	15.6	2.7
进口总额（百万美元）	166526	—	4797	—	302	—	48	—

注：不同加工阶段分类遵照UN的BEC分类；2015/2016年表示2015—2016年平均进口额中各个加工阶段所占比重；比重变化表示和2000—2001年平均值比重相比2015—2016年平均值比重的变化。

资料来源：引用韩国贸易协会（www.kita.net）贸易统计（检索日期：2017.7.4）数据计算。

过去，除了贸易之外，韩国对东北直接投资也比较活跃，而近年却出现骤减，2007年直接投资是5.9亿美元，2016年只有1亿美元（降低到1/6）。同期，韩国对中国投资也从56.8亿美元下降到33.0亿美元（降低到3/5）。韩国对东北投资的下跌幅度较大，从10.5%下跌到3.2%。全面进入中速增长期后，2012—2016年韩国对东北总投资额是7.7亿美元（年平均1.5亿美元），远不及2007—2011年总投资额26.9亿美元（年平均5.4亿美元）。同期韩国对中国总投资额从193.2亿美元小幅下降到186.6亿美元，证明进入中速增长期后东北正快速丧失着作为投资目的地的魅力。

从分行业投资来看，以2007—2016年总投资额为基准，辽宁省前三位依次为其他机械工业、其他运输设备工业、汽车及拖车工业，吉林省为饮料工业、食品工业、汽车及拖车工业，黑龙江省为食品工业、汽车及拖车工业、化学原料及化学产品工业。吉林省和黑龙江省因大小兴安岭、长白山、三江平原、松嫩平原等自然资源（农产品资源、水资源、森林资源）十分丰富，对食品、饮料工业的投资比重较高。① 从不同技术水准来看，韩国对中国投资以电子、通信、音响设备制造等尖端行业和汽车等中高端行业为主，对东北三省投

① 中韩经济合作20年回顾与展望：东北三省，Kim Buyong，Kim Mingyeong（2012），韩国对外经济政策研究院。

资则是饮料工业、食品工业、其他产品工业等低端行业排名靠前。

表 7　韩国对东北三省五大制造业投资行业（2007—2016 年）（%）

排名	中国全体		辽宁省		吉林省		黑龙江省	
	行业	比重	行业	比重	行业	比重	行业	比重
1	电子、通信、音响设备制造	28.4	其他机械及装备工业	21.7	饮料工业	48.4	食品工业	44.0
	尖端		中高端		低端		低端	
2	汽车及拖车工业	11.9	其他运输设备工业	18.6	食品工业	29.1	汽车及拖车工业	14.3
	中高端		中高端		低端		中高端	
3	化学产品工业（不包括医药品）	5.3	汽车及拖车工业	16.9	汽车及拖车工业	8.3	化学产品工业（不包括医药品）	13.1
	中高端		中高端		中高端		中高端	
4	其他机械及装备工业	4.2	金属加工产品制造（机械，家具除外）	11.9	电器设备工业	4.6	其他产品工业	7.6
	中高端		中低端		中高端		低端	
5	第一金属工业	3.5	第二金属工业	10.2	金属加工产品制造（不包括机械、家具）	2.1	电子、通信、音响设备制造	5.8
	中低端		中低端		中低端		尖端	

注：行业中分类占比以 2007—2016 年累计投资额为基准。

资料来源：根据韩国进出口银行海外投资统计（stats. koreawexim. go. kr，检索日期：2017.7.20）整理。

三、东北振兴“十三五”规划

为了克服增长率下降和产业升级迟缓问题，东北地区需要制定新的地区发展战略。[①] 为此，2014 年起中国政府陆续发布东北地区经济振兴新政策，以解决东北当前面临的问题。2016 年 11 月发布的《东北振兴“十三五”规划》，具体制定出截至 2020 年中期发展目标和扶持政策。[②]《东北振兴“十三五”规划》

① 中国社会科学院工业研究所相关人员本地采访（2017.6.28）。

② 国家发展和改革委员会东北振兴司相关人员本地采访（2017.6.28）。

（以下简称“新东北振兴政策”）针对东北地区老工业基地全面振兴提出了四大基本要求，包括体制完善、推进结构调整、奖励创新创业、保障及改善民生等。该政策提出到2020年在体制改革和创新、发展方式转换等方面取得大的进展，实现全面建设小康社会目标的同时，提出了持续健康发展经济、增强创新驱动发展、结构调整、提高人民生活水平质量、提升生态环境保护水平五大领域具体的发展目标，同时强调了本文研究主题产业结构升级问题和对外开放平台构建等问题。

（一）产业提升

新东北振兴政策旨在提高东北地区工业效率，引导分工及合作发展，强化现代服务业对工业升级的支持，促进互联网有深度、有广度应用，提升产业竞争力，培育新的增长动力。具体目标是，推进装备工业提升，调整优化传统产业结构，积极发展新产业和新业态，促进服务业有效发展（见表8）。

表8 东北地区产业升级推进情况

分类	行业/地区	主要内容
装备工业提升	电力装备	原子能发电装备，大型高效率煤炭发电装备，超大容量水力发电装备，超高压电力输送装备，智能电网等
	宇宙航空装备	直升机、一般飞机，轻量级多用途飞机、无人机、人工卫星、宇宙飞船装备、新型航空引擎、航空及动力传输系统、核心配件等
	轨道交通装备	高铁电车、新型内燃机汽车，货运火车，有轨电车，城市高速轨道列车等轨道交通装备，城市轨道交通管制系统、汽车信号设备等核心设备及配件
	智能制造装备	高精密、高性能检测设备，高精密数码控制设备、3D打印机设备，机器人及关键配件
	农机装备	综合收获打谷机，精密播种、施肥机，整地机械，畜产用机械，大型农机械控制系统等
	船舶、海洋工程装备	高科技船舶，大型远洋船舶，豪华游轮，海洋矿产资源开发装备，深海探测、检测装备，海上作业装备等
	新能源装备	风力发电装备，高性能太阳能电池，分布式太阳能发电
	石化产业装备	大型石化产品相关生产线，大型天然气液化生产线，大型煤炭化工生产线，大型高品质石油提炼装备，石油开采装备等
	冶金产业装备	大型高效金属耐热机，钢铁高效精密设备，铁矿提炼设备，尖端轧钢设备等

续表 8

分类	行业/地区	主要内容
战略性新型产业集群的扶持	辽宁省	民用航空产业集群（沈阳），机器人产业集群（沈阳-大连），海洋工程装备产业集群（大连-盘锦），新能源汽车产业集群（沈阳），生物医药产业集群（大连-本溪），激光应用产业集群（鞍山），信息技术及服务产业集群（大连），集成电路设计及设计及制造产业集群（大连）
	吉林省	生物医药产业集群（长春，通化，延边），电子产品制造产业集群（长春-吉林），高性能化纤复合材料产业集群（吉林-通化），人工卫星及应用产业集群（长春），轨道车辆制造产业集群（长春），汽车电子产业集群（长春）
	黑龙江省	生物医药产业集群（哈尔滨-大庆-牡丹江），云计算产业集群（哈尔滨），黑铅新材料产业集群（鸡西），机器人能产业集群（哈尔滨），清洁能源装备产业集群（哈尔滨-齐齐哈尔），高科技石化产业集群（大庆）

资料来源：中国国家发展和改革委员会（2016），《东北振兴“十三五”规划》。

为了提升装备工业，新东北振兴政策计划积极发展尖端装备工业，促进信息化和产业化的紧密融合，促进军民融合产业发展。以具备国际竞争力的尖端装备工业基地和重要技术装备战略基地的建设为目标，加快推进装备工业的转换及提升，通过装备工业创新中心的成立，加强核心配件、先进基础技术等工业部门的基础能力。发挥东北地区的传统工业基地比较优势，完善独立创新体系，加强基础研究及关键技术研究，推进内燃机及飞机引擎等领域的重要项目。

新东北振兴政策积极施行“中国制造 2025”及“互联网+”政策，将其适用于东北地区的产业结构升级政策，以转换为新的增长动力。为了提升各产业的竞争力，在主导产业领域内高度重视装备工业的升级，建立先进装备制造基地及主要装备制造基地，积极扶持 CNC 车床、工业机器人等智能制造装备领域。

传统产业领域，以有效解除供应过剩设备和提高精密加工水准为主要目标。在传统工业领域，为了技术改造和提升，计划推进智能制造、亲环境制造、精密制造、服务型制造。特别是能源消耗、环境保护、安全生产没有达标或者质量不合格产品，则计划依照法律和规定逐渐停止生产及退出市场，同时强调，有效实施征税扶持政策和不良资产处理，剩余劳动力分配，奖金（或者补助金）政策等，积极推进企业并购结构调整，依照市场化方法令僵尸企业逐渐退出市场。

为了服务业的有效发展，新东北振兴政策计划发展现代物流业、软件外包的尖端化、会议产业等生产者服务，开展以生产者服务业为中心的国家服务业综合和改革示范工作。为了推进工业和服务的转换，发展工业企业的产品研发和设计，奖励解决方案设计等尖端服务业的发展，实现从生产制造型到生产服务型产业的转换。此外，促进消费者服务业的发展，扶持旅行、文化、健康、养老、医疗等新的消费增长点。

（二）国际生产能力及装备工业的协助发展

东北地区计划推进“一带一路”建设的同时，以优势产业为先导领域，企业采取直接（Green-Field）投资、并购投资等方式在资源开发、钢铁、有色金属、石油化工、建材、机械制造、农产品加工、木材加工、轻纺织等行业推进国际生产合作。

充分利用对外投资、设计-采购-施工的总承包（EPC）、对外援助、对外贸易等方式，推进装备工业领域内国际合作。将重点放在发电站设备、铁道车辆、新型农机、石化、数控机床、轨道交通、汽车、原子能发电、船舶、海洋项目、宇宙航空等优势领域，加快东北地区装备工业的海外投资。与此同时推进境外整车组装基地和轨道交通装备生产基地的建设。

（三）建立多元化的开放合作平台

东北地区持续推进中德（沈阳）尖端装备制造产业园，中德（沈阳）企业合作基地的建设，大连中日韩循环经济示范基地及跨境电商综合实验区等，积极建设开放型经济合作平台。促进二连浩特、满洲里、绥芬河、黑河、珲春、和龙、丹东等边境经济合作区的发展，在条件成熟的地区追加建设新的边境经济合作区。

新东北振兴政策以辽宁省自由贸易实验区建设为契机，加快体制改革，积极推进结构调整，为提高东北传统工业基地整体竞争力和对外开放水准提供新的动力。[1] 2017年3月发表的《中国（辽宁）自由贸易实验区总体方案》（以下简称“总体方案”）中，辽宁自由贸易实验区包括沈阳市、营口市、大连市的部分地区，总面积达到119.89平方公里。沈阳的目标是提高东北地区科学技术创新水准，营口的目标是建设成国际海运及铁路综合运输线的主要节点，大连的目标是提高东北亚开放合作的水准（见表9）。尤其是沈阳，机场、铁路、道路等交通基础设施完善，具备有利于对外开放的条件，具有代表性的资源、重工业依赖型产业结构，适合作为和未来东北地区传统工业基地发展方式有关的政策实施试点。

表9　辽宁自由贸易实验区各地区助理产业

地　　区	主 力 产 业
沈阳地区	装备制造、汽车及配件、航空装备等高科技工业，金融、科学技术、物流等现代服务业
营口地区	物流、电商、金融等现代服务业，下一代信息技术、高科技装备工业等占旅行战略性新兴产业
大连地区	海运、航空物流，金融服务，高科技装备制造等产业

资料来源：中国国务院（2016），《中国（辽宁）自由贸易试验区总体方案》。

四、内容提要及结论：韩国-东北合作方案

2013年以后，中国经济总体进入新常态，经济增长开始放缓。而东北地区除了中国经济普遍经受的问题之外还带着自身结构问题，成为增长率最低的地区。从产业上看，东北以食品工业、橡胶产品、塑料产品工业、其他机械装备工业等低端技术行业为主力产业，进入21世纪后高端技术产业比重持续下降，产业升级出现延缓。进口则以终端技术产业产品最多，各地区在特定行业的进口比重很高。自韩国进口结构中，不同于中国总体，东北三省中端技术产品的进口比重高于尖端技术产品。韩国对东北直接投资最近也出现大幅度缩小，按照技术水准来看，对中国投资以尖端行业和中高端行业为主，但东北三省集中于低端行业。

① 自由贸易实验区至今分三次选择了对象区域，2013年选择一个区域（上海市），2014年选择3个区域（广东省、天津市、福建省），2016年又追加选定了7个区域（辽宁省、浙江省、河南省、湖北省、重庆市、四川省、陕西省）。

未来韩国-东北经济合作应改变过去的老路子，向促进东北产业升级与谋求韩国利益双赢的方向发展。我们应关注强调产业升级和对外开放，谋求东北经济和产业体制改善的新东北政策。韩国应在新东北振兴政策有望取得成果的产业领域为企业提供积极的经济协助。例如，从新东北振兴政策强调的新兴产业领域寻找韩国的经济合作空间。和中国的其他区域相比，东北地区新兴产业的基础优势并不强。基础设施不足、人才流失等问题令东北地区新型产业发展处于原地踏步状态。通过和韩国的经济合作扶持新兴产业，对东北三省和韩国是双赢。

而且新东北振兴政策强调推进国际生产能力及装备工业合作。韩国应通过直接（Green-Field）投资、企业收购投资等方式在资源开发、钢铁、有色金属、石油化工、建材、机械制造、农产品加工、木材加工、轻纺织等行业探索与中国开展生产合作的道路。东北三省比较发达的装备工业领域也应推进国际合作。发电站设备、铁道车辆、新型农机、石化、数控机床、轨道交通、汽车、原子能发电、船舶、海洋项目、宇宙航空等是“十三五”期间东北重点实现产业升级的领域，拥有优秀技术的韩国企业均有合作空间。

最后，应积极应用新东北振兴政策所提出的“开放合作平台”。尤其是辽宁省一直推进中德（沈阳）尖端装备制造产业园建设，中德（沈阳）企业合作基地建设，大连建设中日韩循环经济示范基地及跨境电商综合实验区等，积极建设着开放型经济合作平台。我们可以借鉴德国和辽宁的先例，研究出韩国和东北可以共同开展合作的产业，建立中韩产业合作基地，共同获得利益。

韩国-东北的经济交流迄今在东北的产业升级方面并没有起到很大的作用。当然，东北国有企业改革不力等内在原因也导致了产业升级延缓。最近为了持续实现技术进步，达到产业升级目的，中国做出了“东北振兴‘十三五’规划”等政策方面的努力。韩国应深层分析东北的政策方向，和东北持续开展交流，最终找出理想的经济合作方案。

（李贤泰，韩国对外经济政策研究院中国组、副研究委员）

参考文献：

1. 中国国务院. 中国（辽宁）自由贸易试验区总体方案，2016.

2. 中国国家发展和改革委员会，东北振兴“十三五”规划，2016.

3. 中国工业统计年鉴，1998，2016.

4. 韩国进出口银行海外投资统计（stats. koreawexim. go. kr，检索日期：2017. 7. 20）.

5. 金芙蓉，Kim Min kyung. 中韩经济合作20年回顾与展望：东北三省，韩国对外经济政策研究院，2012.

6. Lee Moon hyung，Kim Kab soo，Park Joong goo. 中日韩三国的工业不同技术水平竞争与合作分析，韩国技术创新学会学术大会，2007.

7. 韩国国政企划咨询委员会. 国政运营5年计划，2017. 7.

8. 辽宁省统计局（www. ln. stats. gov. cn）.

9. 吉林省统计局（tjj. jl. gov. cn）.

10. 黑龙江省统计局（www. hlj. stats. gov. cn）.

11. 韩国贸易协会（www. kita. net）.

12. CEIC（全球经济数据库）.

13. CNKI（中国工业统计年鉴，http://tongji. oversea. cnki. net）.